服装篇

服装品牌
设计运作与营销

FUZHUANG
PINPAI
SHEJI YUNZUO
YU YINGXIAO

周辉 主编　　吴圆圆　张杏 副主编

化学工业出版社

·北京·

《服装品牌设计运作与营销》一书将品牌认知、市场调研、品牌策划、产品设计、市场营销等内容贯穿起来，图文并茂。

书中内容结合大量图片表格加以说明，同时引用典型案例进行分析，引导并培养读者形成自己的产品策划与营销方案。

由于目前服装市场与网络结合日益紧密，《服装品牌设计运作与营销》一书特别就服装品牌的网络管理和网络销售进行阐述，使得本书所涵盖的内容兼具专业性与时效性的特点。

《服装品牌设计运作与营销》一书可供服装企业品牌策划人员、营销人员阅读，也可供服装专业院校师生参考。

图书在版编目（CIP）数据

服装品牌设计运作与营销/周辉主编. —北京：化学工业出版社，2016.1（2023.4重印）
（看图学艺·服装篇）
ISBN 978-7-122-25702-4

Ⅰ.①服… Ⅱ.①周… Ⅲ.①服装-品牌营销-图解 Ⅳ.①F768.3-64

中国版本图书馆CIP数据核字（2015）第282200号

责任编辑：陈 蕾 刘 丹　　　　　　装帧设计：尹琳琳
责任校对：王素芹

出版发行：化学工业出版社（北京市东城区青年湖南街13号　邮政编码100011）
印　　装：北京天宇星印刷厂
787mm×1092mm　1/16　印张21　字数534千字　2023年4月北京第1版第8次印刷

购书咨询：010-64518888　　　　　　　　　售后服务：010-64518899
网　　址：http://www.cip.com.cn
凡购买本书，如有缺损质量问题，本社销售中心负责调换。

定　　价：59.80元　　　　　　　　　　　　　　　　　　　版权所有　违者必究

前言

　　服装专业是一门理论和实践结合较为紧密的学科，而服装品牌的策划与营销更是如此，流行性、技能性、实战性、市场性强是其突出的特点。随着社会市场化和信息化程度的不断提高，部分理论教学内容和理论型教材已经不能满足服装专业人才和服装市场的要求，服装教育的灵活性和应变性足以影响服装专业人才在社会就业中的竞争力。根据相关媒体统计数据，许多普通院校往届服装设计专业毕业生中，有很多未从事与服装设计及服装策划营销相关的职业，而且即使是从事服装设计及服装策划营销相关职业的往届毕业生也普遍反映在校所学知识大部分无法直接应用到具体的服装设计及服装策划营销工作中去，通常需要一个在工作中二次学习和适应的过程。这充分说明了当前理论教学内容和理论型教材与市场需求已经开始脱节，造成了服装设计毕业生就业竞争力下降现象。对此，改善教学内容、更新教学所用教材迫在眉睫。撰写本书的意图，就是要将课堂理论教学内容与实践教学及市场需求紧密结合，培养满足社会市场就业要求的理论和实践兼具、可直接参与设计及服装策划营销工作的实用型人才。

　　本书拟以服装品牌的策划与营销为主线，将品牌认知、市场调研、品牌策划、产品设计、市场营销等内容贯穿起来，采用图文并茂的撰写方式，结合大量的图片表格加以说明，同时引用丰富且典型的案例进行分析，使书中内容深入浅出，引导培养学生与读者形成自己各具特色的产品策划与营销方案，使理论与实践紧密结合。鉴于目前服装市场与传媒网络结合越来越紧密，发展前景一片看好的实际情况，本书将专门安排部分章节，就服装品牌的网络管理和网络销售进行阐述，力求整本书所涵盖的内容兼具全面性、专业性、深入性、新颖性、时效性、实践性、市场性的特点。

　　本书主要适用于各院校服装专业师生和品牌服装企业陈列工作人员等。

　　本书由南通大学纺织服装学院周辉任主编，南通大学杏林学院吴圆圆、南通大学纺织服装学院张杏任副主编，并由周辉统稿。第三、五、六章由周辉编写；第二、四、七章由吴圆圆编写；第一章由张杏编写。

本书编写过程中，整理数据、制作表格、编辑图片实际上是比文字撰写更为复杂的工作过程，为此，编者们一是到国内中心城市以及香港、韩国调研市场；二是由服装企业的同学朋友赴日本和欧美各国出差时提供所掌握的资料以及提供国内外服装界已公开发布的极富参考价值的数据和照片等资料，在此，向老同学黄永利、高孝萍及学生杜震、常超、张立国、刘鹏海、王玉琼、魏冰表示诚挚的谢意！

由于编者学识和经验有限，书中难免会有不足之处，衷心期望专家、读者不吝赐教。

编　者

目 录

第一章　服装品牌综述　　1

第一节　品牌的内涵与构成　　1
一、服装品牌的定义　　1
二、服装品牌的构成　　2
三、服装品牌的特征　　3
四、服装品牌的作用　　5

第二节　服装品牌分类　　6
一、以品种分类　　6
二、以风格分类　　7
三、以价格分类　　7
四、以性别年龄分类　　7
五、以推介方式分类　　7
六、以销售方式分类　　7
七、以主次分类（公司或集团内）　　8

第三节　服装品牌构建　　8
一、品牌构建要素　　8
二、品牌构建的识别设计　　9
三、品牌构建的延伸设计　　10

第二章　服装品牌调研　　13

第一节　调研的意义与方法　　13
一、调研的意义　　13
二、调研的方法　　14

第二节　调研的内容　20

一、品牌调研　20

二、产品信息调研　22

三、消费需求调研　26

四、时尚信息调研　29

第三节　调研的过程　31

一、调研的一般过程　31

二、调研的注意事项　32

三、调研报告的格式　33

四、调研报告案例　34

第三章　服装品牌策划　53

第一节　服装品牌命名　53

一、BI 计划　53

二、品牌的命名　54

三、品牌命名的策略　54

四、品牌命名案例分析　55

第二节　目标市场的设定　57

一、目标市场设定及过程　57

二、市场细分　57

三、目标市场的选择　61

四、市场定位　62

五、目标市场的营销策略　65

六、目标市场营销策略案例分析——雅戈尔　68

第三节　流行趋势预测与设计　69

一、流行趋势的信息来源　69

二、流行趋势设计的内容　75

第四节　品牌理念风格的设定　84

一、品牌理念认识的现状　85

二、理念设定的意义　　　　　　　　　　85
三、品牌理念的层次　　　　　　　　　　86
四、品牌理念细分的评价体系　　　　　　87
五、理念定位表达的步骤　　　　　　　　91
六、品牌商品季节理念主题的设定　　　　91
七、品牌理念的核检　　　　　　　　　　92
八、品牌理念风格案例分析　　　　　　　92

第四章　服装品牌产品设计　　　94

第一节　服装品牌设计的三大要素　　94
一、设计风格　　　　　　　　　　94
二、产品系列　　　　　　　　　　102
三、设计元素　　　　　　　　　　106

第二节　设计的准备　　113
一、储备设计资源　　　　　　　　113
二、修炼专业水平　　　　　　　　117
三、端正工作心态　　　　　　　　118
四、分析设计任务　　　　　　　　118
五、制订设计计划　　　　　　　　119

第三节　服装总体设计　　121
一、主题设计　　　　　　　　　　121
二、款式设计　　　　　　　　　　123
三、色彩设计　　　　　　　　　　132
四、材料设计　　　　　　　　　　145
五、品牌产品设计案例分析　　　　160

第四节　服装品类组合　　171
一、服装品类组合内容　　　　　　171
二、实施原则　　　　　　　　　　175
三、确定依据　　　　　　　　　　177
四、品类组合案例分析　　　　　　178

第五章 服装品牌运作——品牌推广　182

第一节 服装品牌运作　182
一、服装品牌运作的概念　182
二、服装品牌运作的特征　182
三、服装品牌运作的主要环节　183
四、服装品牌运作的模式　184

第二节 新产品开发流程　191
一、服装新产品开发流程及现状　191
二、基于新产品开发流程的开发模式　193
三、我国品牌服装新产品开发应注意的问题　195

第三节 产品推广与品牌推广策略　196
一、推广的策略组合　196
二、产品推广和品牌推广　197
三、产品营销的生命周期　197
四、推广中的工具使用　200
五、推广中的促销运作　201
六、推广控制　207

第四节 品牌推广案例分析　214

第六章 服装品牌商品营销　218

第一节 服装品牌商品营销管理　218
一、质量管理　218
二、技术管理　218
三、财务管理　219
四、信息系统管理　219
五、供应链管理　221

第二节 服装品牌营销分析与策划　222
一、服装品牌营销运行模式　222
二、服装市场竞争者与合作者分析研究　223

  三、服装营销策略的运用　　225

第三节　服装品牌营销渠道的特点　　229
  一、服装品牌发展现状　　229
  二、服装品牌营销渠道的特点　　230
  三、服装品牌营销渠道存在的问题分析　　230
  四、品牌服装营销渠道整合的策略分析　　230

第四节　服装品牌营销创新　　231
  一、服装营销的发展趋势分析　　231
  二、服装品牌扩张　　232
  三、品牌创新　　234
  四、市场创新　　234
  五、营销创新　　235

第五节　服装网络营销　　237
  一、研究现状评述　　237
  二、网络营销的内涵及特性　　237
  三、服装网络认知特性　　243
  四、服装网络购买决策　　245

第六节　中国服装业品牌营销的战略发展方向　　248
  一、服装市场未来的消费特点　　248
  二、中国服装市场整体现状　　248
  三、中国服装企业品牌营销现状及误区　　249
  四、适合中国服装企业现状的品牌营销战略策略　　250

第七章　模拟训练——为某一服装品牌做策划与营销　　252

  第一节　服装品牌策划书　　252
  第二节　产品策划案　　253
  第三节　策划模拟格式　　254
  第四节　服装品牌策划营销案例　　257

参考文献　　326

第一章 服装品牌综术

第一节 品牌的内涵与构成

一、服装品牌的定义

　　品牌最早出现于16世纪的欧洲。当时威士卡酿酒商以木桶外形或在木桶上打上生产者的名字，让消费者识别区分生产者，这种辨别的基本功能延续至今。如今，市场竞争到了一个全新的阶段，大型企业集团走向成熟，人们的消费开始出现高档化、多样化的特点。企业对品牌的理解已经不再是一种标记，而是一个含义更广、更抽象的概念，存在于消费者心中，成为企业最重要的无形资产。

　　品牌是由品牌名称和品牌标志组成，这是品牌最基本的概念。然而在现代，品牌已经超越了它最初的识别区分的功能，成为企业形象的标识和社会文化的象征。国外对于品牌的定义有着多重解释，从品牌的本质属性理解，品牌就是一种识别符号；从品牌的社会文化理解，品牌就是一种消费象征；从品牌的价值内涵理解，品牌就是一种无形的资产；而从品牌的心理学内涵理解，品牌是消费者对于某一个名称的认知度和接受度。对于消费者来说，服装已不仅是一种商品，更是一种生活文化的表现，它包括了社会经济基础、设计背景、设计手法和设计美学以及市场情况等，而且服装还凝结了某一个特定时期的文化内涵和审美个性。因此，服装品牌这种以服装产品为载体的品牌形式，其运作方式必须符合服装产品的特点。服装品牌可以从不同的理解角度去定义，它可以是一种服饰文化的符号，也可以是某一个特定人群的社会生活方式象征，还可以是消费者对服装的一种认知关系，例如，H&M是享誉全球的服装品牌，在美国也是人尽皆知，成为美国年轻人衣柜里必备的服装品牌（如图1-1）。总之，不同的人对服装品牌有着不同的理解。

图1-1 H&M的品牌标志和服装产品

二、服装品牌的构成

美国营销学权威 Philip Kotler（菲利普·科特勒）在《资本市场营销，全球化品牌》（2003）一书中认为：" 品牌是一个名字、名称、符号或设计，或是上述的总和。它可以传达属性、利益、价值、文化、个性、使用者这六种意义给消费者"。

现代服装品牌是企业形象和文化的象征，消费者从企业的形象和文化中能感受到消费该品牌产品或享受服务时所带来的心理上的价值利益，因此，品牌最持久的含义是其价值、文化和个性，他们构成了品牌价值的实质。因此，我们认为构成服装品牌最重要的因素是其个性和文化内涵。一个好的服装品牌应该具有自己独立的特征和代表一定群体的社会文化，并且能与消费该品牌的人群形成价值、个性的共鸣。

服装品牌的构成模式主要如下。

（一）清晰的目标市场定位

品牌的市场定位是指通过市场细分，找到品牌与目标消费群体的对应关系。市场定位是品牌策划成败的关键。品牌的策划、制作、销售、形象推广、产品延伸及市场拓展等都是围绕着市场定位展开的。市场定位首先是定位市场空缺，以此确定目标消费群体；调查消费群体的特征，如职业、收入、工作环境、嗜好、消费观、生活模式、生活环境、教育状况、宗教信仰和审美倾向等；其次，根据调查结果来进行品牌形象的定位与设计，即服装的类别、品质、价位、销售策略及渠道等。

（二）完美的品牌形象塑造

一个成功的品牌，不仅是提供给消费者产品，还是向大众传达着它的文化、它的观念。奔驰品牌象征着高贵、庄严，夏奈尔品牌象征着高雅、简洁、易于搭配，迪奥品牌象征着优雅、华丽、高贵、至上。消费者对品牌的印象是整体的，不是单个产品的特征。服装品牌的形象塑造，是由多方面因素形成的，如市场定位（目标消费群体）、服装风格、市场价位、广告形式、销售策略、产品包装和企业形象（CIS）等都对品牌的形象有很大影响。CI（企业策划）＝VI（视觉形象设计）＋MI（企业经营理念设计）＋BI（员工行动准则设计）。CI是信息化社会中的一种经营战略行为。在企业策划具体实施中，MI是第一位的，VI只是将企业内部的诉求转变为对外诉求，向大众传达，产生一系列的信息反馈效果。反馈信息到企业内部后，企业将如何作出回应，如何解答外界对企业MI的质疑则是BI了。一个品牌不只是单纯的语言、标志和形象，它是企业理念的凝缩。创造好的品牌，就要在VI中注入更多的思想和信息的价值，这是创造品牌即得价值的关键。品牌一经建立，具有无限的生命周期，产生更大的累计价值。

（三）独特的设计风格

独特的设计风格和品位是服装品牌重要的核心要素之一，成功的服装品牌都有其独特的设计风格和不同的品位。这种风格决定着服装品牌在消费者面前的最终形象，设计师往往根据对目标消费群体的了解，再迎合他们的某一特质进行策划和设计品牌风格。如美国爱斯普瑞特（Esprit）品牌的休闲装，营造的是"健康、自信、活力和自在"的着装形象，迎合当前大众关心环境的心态推出了环保服装。

服装品牌的风格表现分为两大类：一类是突出品牌自身风格和品位；另一类是突出设计师风格。前者在运作时，不一定要聘请著名设计师，像埃斯卡达（Escada）、爱斯普瑞特（Esprit）、贝纳通（Benetton）等服装公司需要，宣传品牌产品的本身，很少表现设计师的个人风格，自然设计师的姓名也显得不那么重要了。后者是在品牌产品上突出设计师个人风格，如克里斯汀·迪奥品牌就是以突出设计师风格为表现作品的，它历经了伊夫·圣·洛朗、纪梵希、马可·伯海姆、詹弗兰科·费雷和约翰·格利爱诺五代设计师，每一代设计师都有鲜明的个人特色，但总的来说，也在遵循着迪奥品牌的优美华丽的风格主线进行。

（四）高品质的制作工艺和材料

高级女装和高级成衣品牌产品，必须具备高品质的制作工艺和材料。织锦缎、天鹅绒、花缎、丝绸、抽纱、蕾丝、塔夫绸及高档羊毛、棉、麻织物配以立体裁剪和大量的手工制作，使得高级女装和高级成衣处处体现出做工的精湛和细致以及品位档次。成衣品牌产品中，价格低廉、有一定外观风格的纺织品在品牌产品的实际运作中大展身手。定染、定织面料可以使品牌面料风格独特，防止被仿制。在面料种类的选择方面，像二线品牌D&G，面对的是活泼好动的年轻人，它的面料多采用针织品、平绒、斜纹布等，其柔和、朴素、方便的风格恰是对年轻的诠释。卡尔·拉格菲尔德品牌则用柔美的丝绸来体现自然脱俗。古姿皮装采用精细的猪皮革，价格比羊皮、牛皮低廉而不显低档。在工艺制作上，成衣品牌在面料和辅料的搭配、局部件的工艺设计上精益求精，以区别于其他产品。细节设计处理是否得当决定着该品牌能否突出于其他产品，同时也是分辨真伪品牌的方法，如拉链、纽扣、针距等的细部设计既可以体现整体风格，又可以标新立异。

（五）品牌的延伸

服装流行的周期与其他产品的流行周期相比是较短的，一个服装品牌的成功是有时间限定的，它不可能永远地生存。服装品牌要想延长生命，就必须采取恰当的措施，延伸品牌就是解决的办法之一。品牌产品的属性要随市场环境的变动而改变，古琦就是一个延伸品牌的典型案例，早期的古琦品牌产品是皮制品，随着皮制品的衰落，古琦的决策者及时将品牌产品延伸到服装产品，获得了极大的成功。另一个成功的案例是皮尔·卡丹品牌，高级女装在世界范围内的衰落使得欧洲各高级女装品牌举步艰难，皮尔·卡丹看到了成衣市场的潜力，在高级女装品牌中最早将其有较高威望的皮尔·卡丹品牌应用于成衣中，获得了极大的成功并且成为服装界巨富。有关服装品牌的延伸，在本章第三节中会进行详细阐述。

三、服装品牌的特征

中国的服装文化源远流长，但国内服装工业的崛起还是近二十年的事，而且总体上还处于加工和劳动密集型发展阶段，有关现代服装工业的高端设计与生产技术、全球化营销管理、自主品牌的开发与运营等关键技术的研究与发达国家还相差甚远。有关国际贸易冲突和仿冒名牌、假洋牌等不合理的现象比较普遍。有效利用我国的资源与劳动力优势、研发具有自身文化特点的国际品牌，对于我国未来服装产业的升级非常重要。服装品牌作为一种标识性标记就必须要有自身的特征。无论在其经营模式和企业文化上都是需要明显区别于其他品牌的。这就意味着服装品牌从自身的设计上就必须要凸显出其品牌特性。

服装品牌设计的四大特征。

（一）完整性（Completeness）

品牌服装设计的完整性在于保证各环节的工作完备和整齐。品牌服装与非品牌服装的区别就是品牌风格的延续或创新。既然设计风格是服装品牌生存的灵魂，那么，哪些部分需要延续、原有设计风格应该延续多大比例、哪些部分需要创新、创新设计风格的类型和程度如何，这些问题都关系到品牌的风格走向。设计方案的完整性是指整个设计方案要求包括产品计划、产品框架、故事版、产品设计等全部内容，仅产品设计就包括诸如产品编号、款式造型、款式细节、配色方案、面料方案、装饰方案、尺码、工艺要点等内容。只有这些内容达到尽可能完美的程度，才能保证产品开发的顺利进行。

（二）规范性（Standardization）

品牌服装设计的规范性在于建立统一可行的游戏规则。由于品牌运作过程是一个计划性非常强的过程，强调各个团队之间运作上的配合，它是集体合作的结果。由于是高度配合的运作过程就必须要求各环节的工作人员依据一定的规章制度来实施操作，每个操作流程也都会有自身的规范要求，只有遵守了这些规范要求才能在高度统一的基础上去完成整体性工作，也可以实现同一条件下的事半功倍的效果。

（三）计划性（Planning）

品牌服装设计的计划性在于严格执行以时间节点为纽带的工作计划。由于受到供货商和经销商等诸多合作伙伴的系统性制约，品牌运作需要很强的计划性做保障，在产品系列的设定上也能体现明显的计划性特征。因此，品牌服装设计的计划性很重要，决不能因为设计方案缺少计划性或者计划不严密而影响整个品牌运作的实施。由于品牌服装设计方案非常完整，要求包括多项内容，比如市场调研、产品设计、面辅料订货、样品试制等，因此，计划的周密性显得至关重要。

（四）识别性（Recognition）

鉴于服装品牌有关国际贸易冲突和仿冒名牌、假洋牌等不合理的现象比较普遍；并且服装品牌是一种识别性的标记。那么服装品牌的另一个重要特征—识别性就显得尤为突出。服装品牌的识别性是服装品牌战略者希望创造和保持的、能引起人们对服装品牌美好印象的联想物，这些联想物暗示着服装企业对消费者的某种承诺。服装品牌的识别性是一个内涵相当丰富的概念，它可以推动所有的品牌创建工作。

这些特征对于一个服装品牌的策划和建立而言都是相伴而生的。并且对于一个有心致力于发展服装品牌的企业而言，其规范性是必需的，几个特征都是相辅相成的存在于企业架构里。在这几大特征里面最为引人所知和重视的就是服装品牌的识别性，因为企业最终就是要在消费者心中建立起自身的品牌特质，这一点会在后面的一节详细分析。

四、服装品牌的作用

品牌先驱David Aaker认为，品牌就是产品、符号、人、企业与消费者之间的联结和传播（《品牌危机管理》，余明阳、刘春章）。也就是说，品牌是一个全方位的架构，牵涉到消费者与品牌传播的方方面面，并且品牌更多地被视为一种"体验"，一种消费者能亲身参与的更深层次的关系，一种与消费者进行理性和感性互动的总和。

Chematony and Mc Willam（1989）认为品牌可以从四个角度来定义（《服装品牌识别、传播和体验研究》朱诗源），本节将利用Chematony and Mc Willam的品牌定义观点来阐述服装品牌的作用：

（一）品牌具有识别功能，借以与竞争者有所区别

服装品牌的作用首先应该是具有识别功能，借以与其他服装品牌进行区别的作用。这个对于消费者来说并不难理解，我们对于一个服装品牌的认知度不仅仅是自身的消费体验，也是受到服装品牌不同形式和各种渠道的宣传来得知和熟悉的，在这个过程中服装品牌的识别作用就应运而生。其识别不仅是要在名称上区别于其他品牌更是需要通过品牌宣传在服装设计理念和消费体验上去区别其他品牌，这样才能真正让消费者去接受和加深品牌的认知。

（二）品牌是企业品质的承诺与保证

从这个方面解释服装品牌的作用，其重点在于对消费者的一种承诺。一个好的服装品牌不仅是其宣传和设计理念能够深入人心，更是品牌产品优秀品质的认可。在市场营销还没有那么纷繁复杂，在宣传手段和服务方式还没有那么日新月异的时期，一个商家的产品质量就是全部，一个好的口碑就是商家最有力的宣传方式。这一点即使是在花样翻新的广告时代下依然是消费者关心的，好的质量带给消费者的不仅是一次好的购物体验，更是一种潜在的消费延伸。因为消费者会带来好的口碑，这些口碑都是品牌无形而强大的资产，是胜过所有宣传手段最有效的广告形式。因此，服装品牌的一个重要作用就是以品牌自身为担保为消费者提供优秀服装产品质量的保证。

（三）品牌是投射自我形象的方式

品牌形象是消费者连接品牌名称的联想，主要是经由广告、包装、企业识别、公共关系及促销活动等所提供的讯息，经由认知处理后在消费者心中产生的品牌联想，尤其是经由视觉表现的讯息更使消费者对品牌产生印象形成联想。所以服装品牌的一大作用就是无时无刻不展现出自身品牌特质和性格的载体，消费者往往倾向于使用与自身个性相仿的品牌，或者是自己所期望的理想个性相同的品牌，这也就意味着服装品牌具有投射自己独特的性格魅力的功能，通过消费者的选择体现出这种魅力的价值。清晰的品牌形象可以使消费者易于辨认产品，评估产品品质，降低购买时的认知风险，确认品牌所能满足的需求，以得到差异化的感受和满足感。产品或服务提供者的形象也是驱动品牌形象的重要因素。人们常认为提供者的形象硬性的指标有科技能力、企业规模、资产状况、服务状况、人员素质等，在品牌形象的树立过程中营销者也常利用已有的品牌形象来促进销售。

（四）品牌是消费者做决定的辅助工具

从这一点上解释出品牌的作用在于帮助消费者做出购买决策，尤其是现代激烈的品牌竞争下，很多消费者都已经是在品牌认知前提下的消费行为，这样对他们来说才有品质的保证。消费者购买决策是指消费者谨慎地评价某一产品、品牌或服务的属性并进行选择、购买能满足某一特定需求的过程。消费者购买决策的影响因素本身是具有复杂性的，是受到多方面的因素影响和制约，比如人的个性、气质、兴趣、爱好、生活水平以及收入水平等，还包括空间环境、社会文化环境和经济环境等各种刺激因素，这其中包括了产品本身的属性、价格、企业信誉和服务水平以及各种促销形式，而这些形式又是品牌形象中的重要因素。因此，当消费者认识到自己有某种需要时，是其决策过程的开始，这种需求在实施的过程中很可能就有一些品牌已经先入为主的成为消费者选择、考虑购买的范围，那些品牌也通常是跟消费者已有的消费经历和购买评价相关联，所以说服装品牌也是促使消费者购买服装的一种因素，例如Giordano（佐丹奴）和GAP都是休闲服装品牌，但却是两种截然不同的风格，为消费者提供了更为细化的休闲服装品牌市场（如图1-2～图1-4）。

图1-2　Giordano（佐丹奴）的产品风格1

图1-3　Giordano（佐丹奴）的产品风格2

图1-4　GAP的产品风格

第二节　服装品牌分类

一、以品种分类

（一）衬衣品牌（如阿玛尼、普莱诗、先驰、H&H、爱马仕、品克）

（二）西装品牌（如阿玛尼、卡尔文·克莱恩、拉尔夫·劳伦、范思哲）

（三）风衣品牌（如VEROMODA、Burberry、Moschino、e.Misssixty）

（四）毛衫品牌（如贝纳通、恒源祥、Missoni米索尼、L'ALPINA袋鼠）

（五）大衣品牌（如Gianni Versace范思哲、Giorgio Armani阿玛尼）

（六）皮装品牌（如Gucci古琦、Louis Vuitton路易威登、FENDI芬迪）

（七）裤装品牌（如Levi's李维斯、Calvin Klein卡尔文·克莱恩、GUESS）

二、以风格分类

（一）休闲品牌（如美特斯邦威、JACK&JONES杰克·琼斯、E-LAND衣恋）

（二）职业品牌（如Giorgio Armani乔治·阿玛尼、Givenchy纪梵希、VERSACE范思哲）

（三）运动品牌（如Nike耐克、Adidas阿迪达斯、Converse匡威、PUMA彪马）

三、以价格分类

（一）高档品牌（如CHANEL香奈尔、D&G、Louis Vuitton路易威登）

（二）中档品牌（如GUESS、Polo保罗、Y-3、Pierre Cardin皮尔卡丹）

（三）低档品牌（如Kappa背靠背、Shanshan杉杉、Lining李宁、Puma彪马）

四、以性别年龄分类

（一）男装品牌（如Givenchy纪梵希、HUGO BOSS波士、Versace范思哲）

（二）女装品牌（如Chanel香奈尔、FENDI芬迪、GUCCI古琦、Dior迪奥）

（三）淑女装品牌（如Fairyfair淑女屋、E-LAND衣恋）

（四）少女装品牌（如ZARA、H&M、GAP、Esprit、Giordano）

（五）童装品牌（如Pepe Jeans London、巴拉巴拉、巴布豆、佐丹王子）

五、以推介方式分类

（一）设计师品牌（如Giorgio Armani乔治·阿玛尼、Burberry巴宝莉）

（二）名人品牌（如dVb David&VictoriaBackham—维多利亚和贝克汉姆）

（三）制造商品牌（如美特斯邦威、森马、班尼路、PUMA彪马、特步）

（四）供应商品牌[如伊都锦集团（日本）、绫致集团（丹麦）、ESPRIT集团（美国）]

六、以销售方式分类

（一）零售品牌（如ZARA、H&M、C&A、UNIQLO、GAP）

（二）批发品牌（如欧莎、韩尚依、韩依依、阿里巴巴、淘宝网）

（三）代理品牌［ASIQ（香港服装品牌）、麦卡思（意大利）、珊珊服饰、绫致时装（丹麦）］

七、以主次分类（公司或集团内）

（一）主牌：Dolce&Gabbana

副牌：D&G

（二）主牌：Armani Prive——高级定制服，优雅的阿玛尼高定

副牌：Giorgio Armani——高级成衣（包含男女装，阿玛尼正装中最贵的一个系列）

Armani Collezioni——成衣（为高端白领推出的系列，价格比Giorgio Armani便宜25%左右）

Emporio Armani——成衣（阿玛尼的年轻系列，价格在阿玛尼产品中最便宜）

第三节　服装品牌构建

一、品牌构建要素

现在的市场竞争主要划分为两种：产品竞争和品牌竞争。

产品是无生命的，但是品牌却是有感情的。产品会有时间周期，会时刻面临着被淘汰和被模仿的危机，但是品牌却是独一无二的。构建强势品牌对于一个企业来说是一件意义深远的事情，是企业获得核心竞争力的基础。

品牌构建要素包括以下几方面。

（一）品牌构建是建立产品差异化竞争优势的手段

随着产品供过于求，产品的同质化日益明显的情况下，顾客购物趋于理性化和成熟，竞争者在市场中突出其产品优势，都千方百计地通过强化品牌个性，提供产品附加值特别是情感类价值来形成独特的差异性。

（二）品牌是一种消费象征，品牌构建创造利润

市场竞争转化为品牌竞争，其中最重要的一个原因就是品牌代表着一个企业的产品独有权和服务所有权，换而言之品牌是财富所有权的象征。谁生产或者销售产品已经不是最重要的，重要的是拥有一个品牌的所有权。在世界品牌中，这一点更是显而易见。例如NIKE的产品，在全世界范围内都有销售，但是他自身并不做生产，而是把生产的业务外包给其他的代加工厂商，自己则专注于产品的设计和品牌的运作以及推广。但是在商品的整体利润中，NIKE却是占有很大一部分的。由此可见，加工生产只是低利润部分，而品牌构建才是实现巨大利润空间的手段。

（三）品牌构建需要文化作为依托

品牌文化就是指文化特质在实际品牌中的沉积，是指品牌活动中的一切文化现象。文化和

品牌联系密切，品牌的一半是文化，品牌的内涵是文化，品牌构建是属于文化价值范畴内的。而且品牌文化往往又与其品牌形象相关联，形象是文化的反应。品牌形象都是企业在市场上、社会公众心中所表现出的个性特征，它体现公众，特别是顾客对品牌的评价和认知。品牌文化和品牌形象都是由顾客评价，是赢得顾客忠诚度的重要途径。俗话说：产品是企业的，但是品牌却在消费者心里的。

（四）产品的质量和服务是品牌构建的重要因素

前面我们分析过品牌就是对消费者的一种承诺。而这种承诺往往就是与品牌的产品和服务密切联系，这也是消费者最为关心的。质量是品牌的基础和生命，名牌的显著特点就是能够提供更高的质量信誉。因为名牌体现出了质量的优势，能以质量为基础。品质是企业创建名品的根本，是顾客产生信任感和追随度的最直接原因。而服务是商品整体不可分割的一部分。在当今市场竞争中已显出竞争焦点。为顾客提供优质的购物服务，包括购买过程和购买后的售后服务，优质服务是企业接近消费者、打动消费者最便利的途径，也是企业树立品牌的途径。

（五）品牌的推广和宣传是品牌构建不可缺少的环节

这涉及广告和公关，他们就像火箭的两个推进器，带动品牌冉冉升起。品牌离不开推广宣传也就是离不开广告，品牌锻造需要广告的支持和协助，虽然俗话说："酒香不怕巷子深"。但是在多变的市场下，好酒也怕巷子深了。品牌的成长是指知名度、美誉度、信任度、追随度、忠诚度等的提升或是对品牌无形资产的价值提升和附加值的增值。而促进品牌成长知名度提高的重要途径就是广告。在品牌成名后，还需利用广告等宣传手段使消费者增加品牌印象，在与竞争对手抗衡时，广告也是强有力的武器。

由此可见，品牌构建是一个企业综合竞争力的提升，涉及产品力、市场力、形象力、执行力和品牌驱动支持力等多面的要素。企业是一个复杂的系统，受内外许多因素的影响，以一般线性思维的方式，难以有效解决问题，常常出现利益权衡之下的选择局面。所以很多时候企业都在寻求一种综合解决之道。

二、品牌构建的识别设计

识别是一种证明"身份"的工具，虽然外观和视觉形象可以变化，但有些根本性的东西始终不变。在传播学的范畴内，"识别"是一种来自单一来源的、用符号、信息和产品自身传播而滋生出的事物，传播要走差异化路线。品牌识别是整体性的战略，是对品牌的精神、目标和理想的界定，是塑造品牌的基本性来源，它为品牌提供了方向、意图和价值。识别在实践中有美式识别与日式识别两大基本流派，前者是设计识别，以视觉设计为中心，将企业作风、个性以统一的方式渗透在各种企业活动中；后者是交流识别，以传播为中心，旨在树立全新的企业形象，它包括理念识别（Mindidentity System）、行为识别（Behavior Identity System）和视觉识别（Visual Identitysystem）。理念识别是品牌识别的规划者、组织者，清晰的理念识别是在企业经营策略和品牌形象基础上发展起来的基质性识别系统，制约着行为识别和视觉识别的构成，影响着品牌传播的策略和方向；行为识别与视觉识别是在理念识别系统的指引和制约下发展起来的一整套品牌行为规范。目前国内的消费者更注重的是突出个体化和社会化，源于社会识别的需要，他们通常都以自己的背景、拥有的资源、价值观等异同来把自己归入某个特定的团体并确认他们在这个群体中的一种身份和位置。如今的识别设计已超出基于企业组织的所谓企业识别系统（Corporate Identity System，CIS），不仅拥有了更为宽广的应用领域，更是突破平面设计的限制，获得了全新的识别深度。

David·Aaker在《创造强势品牌》一书中提到，品牌识别（Brand Identity）是服装企业通过各种传播手段试图达到的预期品牌状态，也是品牌战略家渴望创造或保持的一套独特的品牌构想。David·Aaker于1996年提出品牌识别由以下几个层面构成（《服装品牌识别、传播和体验研究》朱诗源）：作为产品的品牌（包括产品类别、产品属性、品质价值、用途、使用者、生产国）；作为企业的品牌（包括企业特征、本地化和全球化）；作为人的品牌（包括品牌个性、品牌与消费者之间的关系）；作为象征的品牌（包括视觉影像暗喻、品牌传统）。国内消费者尤其是年轻消费者的生活方式和喜好都更为感情化、短暂且不断变化，能赢得消费者的产品必然带来记忆的感官享受，同时规划正确的品牌识别系统能全方位地创造一种便于消费者感受的美学价值。品牌识别设计不仅仅只是建立差异化的品牌形象，维护品牌形象的一致性，更为重要的是通过品牌识别设计强化品牌承诺，赋予消费者更多的品牌体验，使目标消费者及其他利益关系者产生品牌偏好，提高品牌忠诚度。

三、品牌构建的延伸设计

很多设计师都知道品牌的延伸与新产品的开发以及推广都是密切相关的，越是成熟的品牌，在推出新产品时就越顺利，推陈出新是成熟品牌扩大经营的重要手段。品牌延伸战略借助品牌使用的溢出效应，可使企业以较低的营销成本推出新的产品或业务，同时使品牌保持旺盛的生命力，品牌资产不断增值。

服装品牌延伸，即以某一既有品牌为基点，通过对其核心价值的展拓，形成新的品牌线或产品线。前者为主体品牌，后者为延伸品牌或延伸产品线，由此构成一个品牌伞。尽管包括"品牌延伸"概念在内的品牌理论，国外在20世纪80年代才基本成型，国内在1995年才开始大规模进行讨论，但早在1921年就有了香奈儿5号（Chanel No.5）香水面世成功的服装品牌延伸行为。60年代起，以皮尔·卡丹（Pierre Cardin）为代表的将高级女装品牌利用许可证经营的方式延伸到成衣、饰品等其他产品类别掀起了品牌延伸的第一个高潮。80年代起，二线品牌的出现使得服装品牌延伸成为强势品牌的必需手段。90年代后期国内也出现了如杉杉延伸于法涵诗的品牌延伸实践。服装品牌延伸的目的是由单一品牌延伸构成品牌伞以加强竞争能力，从而延长品牌的生命周期，同时满足和调动既有顾客群和潜在消费者的服装需要以取得最大经济效益。

服装品牌延伸的依据是根据不同的流行传播模式，对顾客服装消费时的品牌认同心理和服装品牌资产进行充分的运用。流行有上传、下传和水平传播等模式，位于流行传播前列的社会群体将服装行为模式传递给后面的人群。在服装购买过程中，消费者更容易接受较为熟悉的品牌传播的信息并作出回应，较快完成购买决策。这就使得延伸品牌较新品牌具有类似偏见的情绪性认同而在竞争中处于有利地位。

所谓顾客熟悉的品牌必定具有一定的品牌资产。品牌资产由品牌忠诚度、品牌知名度、品牌认知度、品牌联想和商标等其他资产共五个部分构成。服装品牌以品牌忠诚度为基础、品知名度为起点、品牌认知度为内容、品牌联想为通道、品牌商标为标识进行延伸。

服装品牌延伸有以下几种形式。

（一）服装品类的扩展

一个服装品牌面世时，总是针对某一目标消费群推出某一类或几类服装。根据流行的水平传播理论，一旦它拥有一定的市场份额，即可利用其品牌忠诚度和知名度进行类似消费层面中的服装品类的扩展以求品牌延伸。

（二）细分市场的跨越

服装品牌的这一延伸形式主要着眼于目标消费群的变化，得益于主体品牌的知名度，集中于在流行传播中位于前列的目标消费群，利用时尚的传递将品牌延续到相邻的消费群体。根据流行的下传模式，服装品牌可向下延伸，这是细分市场跨越的主要形式。其中最典型的例子就是高级女装品牌的向下延伸。例如，美国品牌安妮·卡兰（ANNE KLEIN）1982年推出的二线品牌安妮·卡兰2号（ANNE KLEIN II）。二线品牌起因于消费者兴趣的转移、时装大众化的潮流及品牌经营者扩大市场的欲望。进入20世纪90年代以后，平素充实的生活方式风行全球，消费得起的服装备受各阶层消费者重视，原在80年代以高价位为主的强势服装品牌纷纷在保持原有设计格调的基础上，降低材质及销售成本以相对较低的价格推出二线品牌。从某种意义上看，部分二线品牌的知名度已不亚于主体品牌甚至还有超过主题品牌的现象。目前，由于部分消费者对二线品牌的价格仍嫌昂贵，一些服装品牌已经推出三线品牌。

（三）特殊意义的品牌交叉

将服装品牌延伸到其他生活用品是较为特殊的形式，按常规意义理解属品牌交叉。所谓品牌交叉是将品牌个性从一个市场转移到另一个市场。在传统概念中服装只是人体穿用的衣服，化妆品、配饰及手表等与服装分属不同市场，但自20世纪80年代以后，人们越来越认同这样的一种概念：服装是与人体密切相关的一切装饰的总和。按此定义，化妆品、饰物及部分与人体行为关系紧密的物品都属服装的一部分，因此，可以将那些传统概念中的服装品牌交叉视为品牌产品延伸表现的特例。

服装品牌延伸一旦成功无疑有很大好处。但并非所有服装品牌都可以进行品牌延伸，因为拥有品牌资产是品牌延伸的必要条件，强势服装品牌与一般品牌相比，由于拥有较高的品牌资产，所以其品牌延伸更为有利；也并非所有服装品牌延伸都能成功，关键是消费者是否能够接受。

很多企业正是成功运用了品牌延伸设计才取得了市场，但同样有些企业因为没能合理运用品牌延伸策略而提高了品牌运作的风险性，减少了消费行为，甚至失去一些固定消费者。

失败的原因主要有以下几个方面。

（一）子品牌过多、泛滥

在品牌延伸时很重要的一点就是要对市场进行有效整合，有效的市场细分。通过市场区隔来提高市场占有率，增加利润。但是如果市场细分工作失误，过分追求子品牌的扩张，那么只会增加母品牌承担风险的压力。

（二）品牌延伸过于宽泛，以至于失去主张优势

品牌的价值在于其专业性优势，品牌延伸应该是相关优势产品、行业或概念的延伸，这样才有可能提高延伸的成功率，否则会导致品牌的形象不统一，给消费者造成混淆感，同时也降低了品牌的专业性。

（三）脱离服装企业和品牌实际进行盲目延伸

品牌延伸除了要考虑同类别品牌的联系外，还要考虑技术、产品和性价比，以及在营销渠道上如何最优化的整合。是否有足够的资金和人力资源储备来进行产品的延伸。否则，品牌延伸不但不能扩张企业的利润空间，反而还会将现有的企业资源耗尽。

（四）目标市场定位模糊

目标市场定位往往是企业对于目标消费群体的潜在心理进行营销设计。创建企业品牌在消费者心中的一定形象，保持消费者对品牌的忠诚度，从而取得竞争优势。而目标定位模糊则是品牌延伸过多使顾客不明白该品牌产品销售的主要对象是谁，从而对产品失去原有的兴趣也给其他消费着造成选择性的困扰。

综上所述，服装品牌构建的延伸设计是目前常用的品牌经营方法，但也是在其品牌构建具有强大实力的基础上进行。其目的是通过品牌延伸构成品牌伞以追求品牌资产的最大利用，提高竞争力，延长品牌生命。根据流行传播，消费心理以及营销模式，服装品牌通过对品牌资产各部分的善加利用可以进行有效的延伸。不同的品牌延伸形式各有特点。但是品牌延伸存在风险性，在利弊并存的背景下，通过对品牌族群中不同品牌线（产品线）之间的设计策划与调整组合，可以在很大程度上降低服装品牌延伸的风险，并求得最大收益。

第二章 服装品牌调研

第一节 调研的意义与方法

随着社会经济、科技、文化等方面的发展，中国的服装产业在不断升级，已经迈入"品牌时代"，服装企业越来越注重品牌的运作，重视品牌文化的构建，形成各具特色的品牌运营理念。事实上服装品牌的发展受到市场因素、流行因素、文化因素和技术因素等的影响，而消费者的需求也在不断变化。要准确地设定目标消费群，对市场和品牌的定位要符合品牌发展的前景，既要把握服装产品的设计方向，还要准确预估服装的生命周期，服装品牌必须从多方位、多角度的市场需求、消费者喜好、流行风尚、品牌风格等方面进行调研。而国内品牌往往忽视了调研的重要性，容易错估服装市场的需求，推出的新产品不能被消费者接受，在现今市场竞争激烈的情况下处于劣势，品牌的运营出现重大问题。因此，要成功运营一个服装品牌必须做好调研，不仅可以使服装产品在进入市场后得到消费者的认可，提升消费者的服装品牌忠诚度，而且服装品牌可以根据市场动向，及时调整品牌的战略目标。

一、调研的意义

成功的服装品牌不仅是消费者青睐的对象，也为企业赢得巨大的经济利益。消费者对服装品牌的认可度越高，服装品牌的市场价值就越高，市场销量也会大大提高。服装品牌要向消费者传达本品牌的产品形象，必须根据消费者的需求不断地完善品牌的产品形象，以建立和巩固消费群对品牌的忠诚度。因此调研的意义在于为服装品牌经营者提供决策性的信息依据，有助于对消费者的消费行为、服装流行趋势进行预测，准确地推出新产品，提高服装品牌的竞争能力。

首先，现今的市场竞争已由价格竞争转变成品牌战略的竞争，实体服装产品、包装、品牌服务、品牌销售策略等因素成为服装品牌策划的关键因素。如何运用广告、销售、产品的差别化等进行服装产品的推广，让消费者能够直观地感受到服装品牌的优势，提升服装品牌运作能力，这些都成为服装品牌运营者必须要解决的内容。通过调研可以了解服装品牌的市场竞争力，透析本品牌与竞争品牌之间的优劣势，避免错估市场的需求，降低品牌的运营成本，为服装品牌的运作提供具有决策性的客观依据，服装企业根据调研所获得的信息制订相应的销售和服装品牌经营策略。

其次，传统的市场已经由区域性转变为全国性以及全球性的市场，现代消费者的需求呈多元化和高层次的发展趋势。调研工作应该贯穿整个设计和品牌销售的过程中，为设计人员和销售人员提供及时的信息，从而对设计、销售做出正确的决策。通过调研，一方面及时了解服装的流行资讯和社会购买力，掌握服装供求之间的平衡状况。另一方面可以了解目标消费群的人口结构、消费动向、消费行为、消费需求变化及对本品牌服装产品的期望，只有基于大量的调研才能对每年的流行趋势进行准确预测，从而决定服装品牌开发新产品的方向，有效地促进服装新产品的开发，提升服装产品的研发能力，以满足消费者的需求，不断增加服装产品的市场占有率。

调研有助于服装品牌发掘新的营销机遇，选择合适的目标市场，还有助于确定服装产品组合和营销组合，为市场和流行预测提供科学依据，也能成为品牌策划的前提条件和改善经营模式的方法。服装品牌策划与营销必须建立在对服装市场科学和精准的理论研究及信息分析基础上，才能与市场形成良好的互动，构建服装品牌文化，赢得有利的市场地位。当然，只有掌握了科学的调查方法，凭借科学的态度进行调查活动，才能取得具体的实践性和理论性意义。

二、调研的方法

服装调研是运用科学的方法，如文案调研、观察调研、问卷调研、访谈调研等方式收集服装相关信息和数据，并进行整理、归纳和分析，以此把握服装市场的潜在需求，探求服装市场的变化规律和未来发展趋势，为服装品牌制订策略提供科学依据。在服装品牌策划与营销过程中，要设计出符合市场需求的服装产品，调研成为必不可少的环节。通过相关信息的搜集，无论是调研人员通过实地考察获得的一手资料，还是经过他人收集整理过的企业内部或外部资料，都能够使我们掌握最新的流行信息、消费者的消费动机等内容。

（一）文案调研法

文案调研法是通过服装品牌的内部和外部两个途径对调研内容进行收集、整理，并分析现有的各种信息、资料的一种调研方法。在实际应用中，文案调研法一般偏重于对市场动态、流行动态等资料的收集和整理。文案调研的基本步骤是：调查内容的确定→分析现有资料，确定资料收集的范围→资料的来源和查找途径的设定→资料收集方法的确定→资料收集、汇总与筛选→分析资料并整理成报告。不同于其他调研方法，文案调研法无需进行实地调研，获取的信息资料以二手资料或次级资料为主。

对于服装品牌而言，要成功地展开品牌的策划工作，有效地推广设计和营销策略，通常先分析服装品牌的内部资料。内部资料是指服装品牌内部人员所掌握的信息和资料，如业绩资料、销售报表、统计资料、顾客反馈意见、各种调查报告等。透彻了解本品牌的销售状况（如表2-1），对不同品类、色彩、款式、成本、价格以及消费者的反馈等各类信息的分析和整理，更能准确地对新一季推出的服装产品和营销策略进行设定。

表2-1　某家居服品牌2013F/W销售情况简表

季度	总销售额	总款数	热卖款数	销售情况分析
秋季（8～10月）	810万	60	25	平均售价（收入）109元计算，销售7.4万件，当季销售率80%
冬季（10～12月）	972万	54	22	平均售价（收入）149元计算，销售6.5万件，当季销售率80%

服装品牌还可以通过外部资料获取有价值的信息。外部资料是指通过服装相关的书籍报刊、权威研究机构、各种服饰博览会、订货会、展销会以及时尚资讯网络获得的各类资料。中国纺织信息中心和流行色协会每年都会推出秋冬和春夏两季面料流行趋势报告，并在中国国际纺织面料及辅料博览会上利用各种面料小样展出新一季不同主题的面料趋势，为国内服装企业提供权威性的专业信息（如图2-1）。通过各种报刊、杂志和互联网，可以及时获得国内外各时装周上众多服装品牌的发布会（如图2-2）。了解最新的流行色、新型面料、新工艺、服饰搭配等方面的信息。利用外部信息资源，可以使服装品牌推出的服装产品始终保持流行性。

图2-1　2014/15秋冬中国纺织面料流行趋势（并置文化、柔性工业主题）

Dolce&Gabbana

Chanel

Gucci

Valentino

Louis Vuitton

Alexander Wang

Fendi

ZAC Zac Posen

Red Valentino

图2-2　VOGUE时尚网各大时装周发布会资讯

（二）观察调研法

观察调研法是调研人员亲自参与，在一定的调查时间内凭借自身观察或借助特定设备，直接记录被观察对象的相关情况的一种调研方法。采用观察调研法时，要根据被观察对象的不同而制订相应的调查策略和内容。被观察对象主要为服装品牌店铺、消费者、店铺服务人员（导购）。具体的内容可观察和记录目标消费群的消费行为、消费者喜好、商场或服装品牌店铺的人流量、消费者的着装状态、专卖店或销售网点观察目标消费群的数量、消费者对不同风格品牌的驻足时间等内容，另外还可以观察导购人员的人数、服务态度、卖场的陈列形式、服装店铺的产品结构、价格、热销款服装的种类和设计特点、促销方式等内容（如表2-2）。

表2-2 观察调研的内容和方式

被观察对象	观察内容	调研人员观察方式
服装店铺	服装店铺的面积、装修格局、陈列方式、人流量 服装产品结构、品类、色彩、面料、价格 热销服装的设计特点	① 以调查者身份观察 ② 以服务人员身份观察 ③ 以消费者身份观察
消费者（顾客）	消费者的着装状态、年龄层次 消费者购买服装的场所、购买习惯 消费者购买的服装数量、对服装价格的承受能力	备注： 以不同的身份观察，所获得资料信息的侧重点也不同，信息的分析与评价也会有所差异
服务人员（导购）	服务人员数量、着装情况 服务态度	

另外，还可以通过街拍的方式观察和记录目前人们流行的穿着方式，流行的服装款式、面料、色彩等内容（如图2-3）。总之，观察调研法的适应性较强，调研方式相对灵活多样。调研人员可以直接凭借真实身份在合适的市场、地区或商场，在合理的时间内对相关被观察者进行观察调研。进行深度的观察调研需要提前设定被观察对象的范围和内容，可以改变调查人员的身份，以普通消费者或店员的身份完全参与到整个调查活动中直接获取信息。也可以结合问卷调研法获得被观察者的内在动机，从而获得详细且准确的信息，避免调研资料带有主观性。

图2-3 街拍——街头潮流观察

（三）问卷调研法

问卷调研法是根据调研内容或调研目的来设计调查问卷，对调查所得的信息进行统计和定量分析的一种较为广泛的调研方法。问卷调研通常包括问卷设计、问卷派发、问卷回收、数据编辑与整理、总结报告等几个环节。常见的调研问卷是自填式问卷，由被调查者自行填写，一般由标题、卷首语、主体和结束语4个部分组成，如表2-3。标题能够直观反映调研的主题，使被调查者大致了解调研的内容。简明的卷首语是对问卷调查的说明，包括调查的目的、意义和主要内容选择被调查者的途径和方法，填写问卷的说明、调查的匿名和保密原则等。调研问卷的核心部分由精心设计好的问题及相应的选项组成，问题的设计应包括的内容有：被调研者个人情况（年龄、性别、职业、收入、文化程度等）、选购服装的偏好（颜色、款式、面料、细节、配饰等方面的喜好以及关注程度）、被调研者的消费行为和经历（购买习惯、购买的动机、购买场合、消费观念、服装品牌的认识、获取服装信息的途径等）。通过主体部分问题的设计和被调查者回复的选项，经过汇总、统计和分析，调研人员可以充分了解被调查者的个人基本情况，对某特定事物的态度、意见倾向等。结束语可以以简短的方式表达对被调查者的感谢，记录调查时间、调查地点等信息，也可以咨询被调查者对问卷设计和问卷调查的看法和感受。

表2-3 时尚职业装品牌调研问卷

时尚职业女装品牌调研问卷

您好！我们正在进行一项时尚职业装的问卷调查，旨在更好地了解白领女性对时尚职业装服装的需求和喜好，开创一个更适合白领女性的时尚服装品牌。您是我们选中的被调查对象之一，您的意见对我们很重要。对于您的所有回答，我们只用为统计研究，并绝不为您保密！请您在回答时不要有顾虑，将您的真实状况和想法告诉我们，衷心感谢您的合作！

（温馨提示：请在您所选项的方框内打钩，未注明均为单选）

一、请问您的年龄为？
　　1. 22～24岁□　　2. 25～27岁□　　3. 28～30岁□　　4. 31～33岁□
二、请问您的教育背景？
　　1. 高中或中专□　　2. 大学本科□　　3. 研究生及以上□
三、你的职业类别？（多选）
　　1. 办公室人员□　　2. 销售员□　　3. 业务员□　　4. 设计师□　　5. IT精英□　　6. 前台人员□
　　7. 行政人员□　　8. 政府机构人员□　　9. 其他_____
四、请问您个人的每月可支配费用是多少？
　　1. 300～500元□　　2. 501～1000元□　　3. 1001～2000元□　　4. 2001～3000元□
　　5. 3001～4000元□　　6. 其他_____
五、您喜欢什么样的购物场合？（可多选）
　　1. 大型商场□　　2. 服装专卖店□　　3. 超级超市□　　4. 网络平台□　　5. 其他_____
六、请问你经常购买服装的地方？（可多选）
　　1. 中南城□　　2. 南大街□　　3. 时尚街□　　4. 濠南路□　　5. 轻纺城□
　　6. 女人街（桃坞路）□　　7. 其他_____
七、平常多长时间逛一次街？
　　1. 一星期□　　2. 半个月□　　3. 一个月□　　4. 一个月以上□

续表

八、您最喜爱的休闲娱乐方式是？（可多选）
1. 旅游运动□   2. 看电影□   3. 逛街购物□   4. 看电视□   5. 听音乐□
6. 夜间娱乐场所□   7. 其他 _____

九、您觉得服装配件对于个人形象的重要性如何？
1. 很重要□   2. 比较重要□   3. 一般□   4. 不重要□

十、您较重视的服饰配件是什么？（可多选）
1. 帽子□   2. 皮带□   3. 围巾□   4. 首饰□   5. 眼镜□   6. 头巾□
7. 背包□   8. 鞋子□   9. 其他 _____

十一、一件时尚女装，您能接受的价位为？
1. 100元以下□   2. 100～500元□   3. 501～1000元□   4. 1001～5000元□
5. 5000元以上□

十二、在购买（买过的）或打算购买（没买过的）时尚职业装重点考虑的因素有哪些？（多选）
1. 品牌□   2. 价格□   3. 材质□   4. 款式□   5. 做工□
6. 产地□   7. 商店形象□   8. 购买环境□   9. 流行性□

十三、您购买服装一般选择的方式是：
1. 购买时不考虑配套问题□   2. 在同一品牌配套购买□   3. 几个品牌搭配购买□
4. 不一定□

十四、您熟识的服装品牌？
1. Ochirly（欧时力）□   2. ASOBIO（傲鸶）□   3. EACHWAY（艺之卉）□
4. Eve New York（伊芙心悦）□   5. Vero Moda□

十五、您最看重品牌服装的哪方面？
1. 款式风格□   2. 知名度□   3. 价格□   4. 面料做工□
5. 服务质量□   6. 其他 _____

十六、您一般是从哪些渠道了解时尚职业装牌或产品信息的呢？（多选）
1. 电视□   2. 时装发布会□   3. 时尚类杂志□   4. 家人/亲戚/朋友介绍□
5. 商场专柜□   6. 户外广告牌□   7. 网络□   8. 其他 _____

十七、您怎么看一个店铺内有多个服装品牌的经营模式？
1. 比较混乱，不喜欢□   2. 只要几个品牌都是类似的风格，可以接受□
3. 店铺内货品琳琅满目，喜欢□   4. 各品牌风格迥异也无所谓，满足不同需求□

占用了您宝贵的时间，再次感谢您的协助！

  问卷调研法能使调研者更好地把握所需要了解的问题，调研范围较广，可以针对不同的调查对象进行问卷调研，具有极强的针对性。被调查者的态度对此调研方法的效果具有决定性的影响，因此，选定的调查对象要具有代表性，并达到一定的数量，问卷的内容和范围要精心设计，严格控制问卷的回收率。问卷调研的主题、目的和内容是在对已经收集的资料分析和研究后确定的。如针对时尚职业装的问卷调查，其目的在于研究职场女性的消费心理及行为特点，为服装品牌的销售策略以及品牌产品的系列化设计提供参考。调查内容主要包括职场女性对服装品牌的了解、选择购买服装时考虑的因素、价位、购买的频率、及购买服装的主要信息来源、服装消费观念等内容（如表2-4）。通过分析问卷回复中的信息能够准确获取相应的信息和数据（如图2-4），由专业软件对问卷回复内容的分析，获得消费者对购物场合选择的比例。

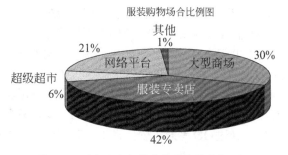

图2-4 时尚职业女装消费购物场合的比例

表2-4 调查问卷的构成

第一部分	职场女性的服装购买行为	选择购买服装的场合
		了解时尚职业装的渠道
		选择服装的因素
		购买服装所能接受的价位
		购买服装的频率
		对服装配饰的选择
	职场女性的服装消费心理	对服装品牌的认识
		对服装品牌的经营模式的认知
		服装搭配
第二部分	个人属性	年龄、教育背景、每月可支配费用、休闲娱乐

（四）访谈调研法

访谈调研法又称访问调研法，是采用面对面交谈的方式，或通过电话、座谈等访问形式，向被调研对象搜集资料信息或探讨市场问题的一种调研方法。在做深入调研或专项调研，调研对象数量较少时，访谈调研法较为适用，通过访谈能够获得更为详细和高准确性的资料。按访问方式的不同，可以将访问调查法分为直接访问和间接访问。直接访问是指调研者和被访问者面对面的交谈，获取调研信息的方法；间接访问有网上调研、计算机辅助调查等方式。按访问形式和内容传递方式的不同，可以将访问调查法分为人员访谈调查法、电话调查等。

本书主要介绍最为常见的两种访谈调研方式。一种是人员访谈调研法，调查者与受访者面对面交谈的方式，获取一手资料的调研方法。可采用结构化的访问和自由的交谈方式。其特点是在访谈过程中，通过这种面对面的交流方式，可根据受访者的性格特征、心理变化、态度及各种非语言信息，灵活调整询问方式和内容，所获得的信息针对性强、可靠性较高。调研结果的质量在很大程度上取决于调查者的访问内容和技巧，需要调研人员有较高的素质，具备灵活的沟通能力、良好的访问技巧、快速的应变能力，以及较强的搜集和整理资料的能力。在所有的调研方法中，人员访谈法的访问成本最高，获取访问对象的难度较大，因为要面对面交流，有时还会受到地理区域的影响。

另一种是网上访谈法，是借网络与受访者交流的一种方法。网上访谈法包括电子邮件访谈、网络专业调研系统、网络直接访谈等。电子邮件访谈是将电子调查问卷按照受访者的邮件地址发出，被受访者再将答好的问卷回复给调研人员或调研机构的方法；网络专业调研系统是专门为网络调研设计的问卷调研软件，利用专门的可视问卷编辑器设置问卷，上传至系统中，受访者可以直接按顺序回答问题，答完所有题目后，系统会自动生成统计结果，有效地节约了统计分析的时间；网络直接访谈法是根据调研目的选择调研对象，只要提前预约邀请，并告知受访者所要进行的调研内容，通过QQ等通讯软件在指定时间内进行访谈交流，获取调查资料的一种方法。

服装品牌可以根据品牌经营的需要，借助以上各种调研方法进行有效地调研，掌握有利于市场竞争的信息。如侧重于服装产品设计方面的调研，应通过调研准确把握产品在款式、色彩、包装等方面的风格，能够客观地预测新产品的市场空间，调整产品的设计策略。如侧重于服装品牌营销策略的调研，则需要掌握社会因素、环境因素、文化层次等对服装消费行为的影响，对目标消费群体的调研可以准确定位服装市场，在日益激烈的市场竞争中制订强有力的营销策略。

第二节　调研的内容

通过调研可以获得客观、准确、系统的信息和研究数据，避免形成主观且片面性的观点。调查人员运用合理的方式和科学的方法，有目的、有计划地进行系统搜集、整理市场活动中的各种信息，获得有效的相关信息和数据，如市场信息、流行信息、销售数据等，为服装品牌做出正确的目标市场设定、产品设计策略、市场预测、营销决策提供科学的依据，最终提高服装品牌的经营管理水平和经济效益。调研的内容从狭义方面理解是对消费者的有关状况进行调查。从广义方面理解是除了掌握消费者的相关情况之外，还要掌握服装品牌的相关情况、产品信息、时尚信息等进行综合调查。

一、品牌调研

品牌调研是针对某一品牌或多个品牌进行专门调研。品牌调研以调研的对象分类可分为单个品牌和多个品牌调研，多个品牌调研又可以细分为同类品牌调研和目标品牌调研。品牌调研可以掌握目前服装品牌的运营模式和产品架构，以及竞争品牌的运营策略和品牌运作模式，并了解消费者对服装品牌的认知，最终总结服装品牌在市场竞争中的优劣势，为服装品牌寻找新的发展路径和市场空间。

（一）单个服装品牌调研

调研某一品牌或某服装公司旗下品牌的针对性很强，可以了解品牌的整体情况。利用文案调研法，通过网络、杂志等途径收集资料，掌握服装品牌的企业文化、服装品牌故事、产品定位、品牌目标市场定位等内容；利用实地调研法了解品牌服装风格定位、消费群定位、品牌营销策略、店铺陈列等内容；借助问卷调研法、访谈调研法可以深入调研，从消费者角度了解他们对服装品牌风格的认知程度，对品牌产品的了解程度、价格的接受程度，品牌服务的满意度等内容。

在进行品牌调研时，可以通过简单的内容梗概汇总品牌调研的基本信息（如表2-5）。韩国服装品牌BASIC HOUSE是成立于1996年的韩国百家好时装有限公司旗下品牌，是目前韩国服装品牌中知名度和销量双第一的品牌，主攻生活休闲类服饰方向。通过调研可以深入了解品牌风格的定位，某女装品牌的风格定位，其所推出产品的主体风格是优雅风格，在每季推出的产品风格中还融入浪漫（70%）、时尚（90%）、个性（50%）、大众化（50%）、年轻（20%）、品牌背景形象（10%）的风格元素（如图2-5）。

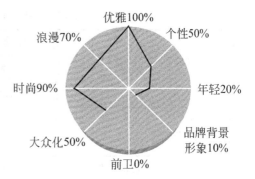

图2-5 某女装品牌风格定位图

表2-5 知名韩国品牌BASIC HOUSE品牌调研的基本信息表

韩国百家好时装有限公司（The Basic House CO.，LTD）			
成立时间	1996年	进驻中国时间	2004年
旗下品牌	MIND BRIDGE、VOLL、I'm David、THE CLASS		
品牌	品牌风格	目标消费群定位	品牌理念	品牌路线
BASIC HOUSE	时尚简约风格	主要消费群体：18～28岁的时髦女性	Not big, but good（不求最大，只求最好）	以消费者需求为中心进行品牌策划与营销
	产品种类丰富色彩跳跃艳丽质地以棉麻为主	次要消费群体：拥有相同生活形态的群体		

（二）多个服装品牌调研

多个服装品牌调研是指对几个以上不同服装品牌进行比较调研，调研对象可以是同类品牌或目标品牌。当对多个同类型或竞争品牌进行调研时，在了解各服装品牌的经营现状、产品销售状况、营销策略、品牌形象与知名度、品牌设计策略等内容之后，通过品牌对比进行深入分析，查找品牌策划与营销中普遍存在的问题，并借鉴成功的服装品牌的营销和设计案例，做到扬长避短，准确地定位市场目标，不断丰富设计创意和服装设计内涵，把独特的设计魅力融入品牌的风格形象中，并将自身的风格和特性转化到服装产品上。

表2-6是两个设计风格相似的服装品牌进行调研的基本内容。裂帛和天意都是遵循自然，崇尚民族元素的原创设计师女装品牌，其中天意品牌的创立时间较早，有成熟的品牌运营理念，经济实力强大，设计风格鲜明，采用实体店销售的模式，拥有固定的消费群体。裂帛是著名的网络销售服装品牌，创立时间正好是网店发展的最好时期，消费群体主要是喜爱民族风的时尚年轻女性。这两个品牌风格上有些相似，但又有自己的特色，其销售渠道的不同也使得各自的品牌优劣势非常明显。在品牌服装的设计上，新兴品牌裂帛可以借鉴天意品牌的运营经验，将品牌所追求的理念淋漓尽致地融入到服装产品的设计和营销环节之中。

表2-6 裂帛与天意品牌的品牌调研内容

对比\品牌	裂帛	天意
成立时间	2006年	1995年
品牌风格	自然民族风	自然民族风
目标消费群	主要消费群体20～30岁追求自由、本真的女性 其实际消费群体是喜爱网上购物的年轻女性	追求自然和谐成熟、有高贵优雅气质的女性，主推20～30年龄阶段的人群，实际消费群年龄跨度较大，22～40岁左右人群
品牌理念	本真，释放，理想主义的表述	将"平和、健康、美丽"的品牌理念，与中国文化精髓"天人合一"的和谐境界
销售渠道	网络销售	实体店销售，开设专卖店400多家
设计定位	多运用鲜艳的色彩，传统装饰纹样较多，以棉、麻天然面料为主	崇尚环保，在服装设计中大量运用麻、棉、丝、毛等天然面料，"莨绸"是其经典面料
价格定位	价格定位在中档	价格定位为中高档
产品设计		
品牌优势	消费者需求把握准确 灵活的网上营销策略 高品质体验与高素质服务	注重对本土传统面料的研发和利用 市场定位明确，目标人群心理分析准确，将国际流行趋势融入其民族品牌风格，品牌形象深入人心

二、产品信息调研

产品信息调研主要有产品形象和产品销售两方面的内容。产品形象是构成服装品牌整体形象的重要组成部分，是代表品牌风格和设计理念的载体。产品销售是服装品牌运营的"生命线"。服装品牌掌握详细的产品信息有利于新产品的设计开发、营销策略的有效制订。

（一）产品形象调研

消费者能够直接接触到的、可以直观反映品牌形象的内容就是产品形象。要获得有利的市场，提高品牌竞争力，必须打造差异化的服装产品形象。调研产品形象就是为了保证服装品牌具备这一优势。当产品形象与品牌形象统一协调时,产品的系列感也相应增强,不仅给消费者留下深刻的品牌印象,也提高了品牌的识别度和知名度。

调研产品形象可以从某一品牌某季度推出的服装产品入手,运用文案调研法和观察调研法搜集相关信息。某时尚女装品牌秋冬季度的服装产品形象调研(图2-6、表2-7)。经过详细的调研了解到产品的整体风格是时尚优雅,所推出的服装品类有10种,其中羽绒服和呢子大衣款数最多,款式设计较为修身。为节约设计和生产成本主要采用的是混纺面料,每款服装至少有三种颜色,主推色彩为常见色黑色、白色、蓝色,红色、黄色为辅色,女装品牌的配色符合其目标消费群的喜好,但色彩的变化太少。在进行产品形象调研时要进行观察和对比,从各方面掌握服装整体构成以及设计要素等方面的内容,包括服装产品风格、产品系列、品类组合、设计细节、款式变化、面料成分、面料手感、面料外观、特殊工艺等。当然要设计出高品质的产品除了对本品牌服装产品有全面透彻的了解,通过与其他品牌同类型产品的对比,能够敏锐地捕捉到每一季度设计上的细微变化,发现产品设计的优势和不足,准确预估未来的服装产品流行趋势,最终通过产品形象的调研为新产品的开发做好充足准备。

图2-6 某女装品牌秋冬季度的服装产品形象调研

表2-7 某女装品牌秋冬季度的服装产品形象调研内容

	服装品类	主要款式	设计细节工艺手法	面料成分	色彩
内搭	连衣裙(10款)	修身款 假两件收腰款 拼接款	立领钉珠 镂空拼接 腰部压褶	聚酯纤维+氨纶 聚酯纤维+腈纶 黏纤+锦纶+氨纶 锦纶+黏纤+聚酯纤维	黑、白 玫瑰粉 藏蓝、深红
	针织/毛衣(12款)	套头款 舒适宽松款 蝙蝠袖	蕾丝 不同织法拼接 亮丽撞色设计 勾花镂空 复古印花	腈纶+锦纶+棉+腈纶 棉+黏纶+聚酯纤维 腈纶+锦纶+兔毛 腈纶+羊毛	黑 白 粉 花灰 蓝
	衬衫(10款)	POLO领 V领 圆领	抽褶 拼接	聚酯纤维 聚酯纤维+锦纶+氨纶 聚酯纤维+氨纶 聚酯纤维+棉+氨纶	黑 白 浅粉 蓝

续表

服装品类		主要款式	设计细节工艺手法	面料成分	色彩
外套	呢子大衣（20款）	斗篷型 宽松A字版型	两字领 复古双排扣 拼接	羊毛+聚酯纤维 羊毛+聚酯纤维+黏纤 羊毛+锦纶	黑 白 深红 浅土黄 浅花灰 藏蓝
	风衣/外套（15款）		流苏 拼接 印花	聚酯纤维+黏纤+氨纶 聚酯纤维 腈纶+羊毛+聚酯纤维 黏纤+锦纶+氨纶	
羽绒服（20款）		连帽 带毛领 收腰款	印花 拼接	黏纤+锦纶+氨纶 聚酯纤维	黑、白 蓝、黄 杏粉
棉服（13款）		连帽 收腰款		棉、聚酯纤维 锦纶+动物纤维 棉+黏纤	
皮衣/皮草（8款）		修身 直筒		猪皮革、貂子毛皮 羊皮革	黑、浅米 酒红、棕
裤子（15款）		铅笔裤 喇叭裤 阔腿裤		棉+氨纶 棉+氨纶+聚酯纤维 棉+黏纤+聚酯纤维+氨纶	黑、白 藏蓝 深牛仔蓝
半身裙（10款）		包臀裙 A字版 鱼尾裙	印花 拼接 线条分割	聚酯纤维+锦纶 黏纤+锦纶棉+氨纶 聚酯纤维+氨纶	黑 印花牛仔 藏蓝

（二）产品销售信息调研

服装的流行是有一个过程的，产品销售信息能及时反映消费者的消费偏好和消费动向，已投入市场的服装产品销售情况成为衡量品牌策略是否成功的标准之一。产品销售信息包括产品价格定位、产品销售策略、产品销售量等内容。通过产品销售价格能够洞察服装品牌的价格定位，档次越高的品牌其产品定价越高。不同的服装品类定价也不同，内搭类服装定价相对低，

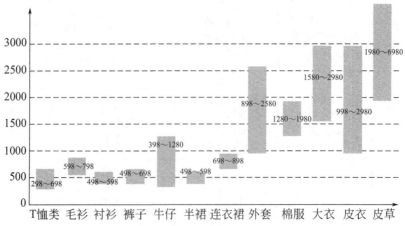

图2-7 某时尚女装品牌各品类价格区间统计表

外套类服装定价较高（如图2-7）。明确的价格定位有利于设计师选择面料，在满足设计要求的同时调控成本。调研时还应掌握竞争品牌的价格定位，寻找本品牌与竞争品牌之间的价格优势，有益于在销售中制订促销策略（如图2-8），M品牌各品类除了裘皮类服装，其他品类的主力定价要比竞争品牌低14%～44%之间，在价格定位上已经具备一定的优势。服装品牌参考以往的销售记录和竞争品牌的定价策略，再根据个人经验进行分析，预估未来的盈利率，还要判断促销对获取利润的影响，准确地设定各品类的产品价格。如此合理的定价策略才能够保证产品的利润空间，进一步得到目标消费群的认同。

品类	促销款	时尚款	主力价	形象款	M价格带	Ochirly秋产品价格带	Ochirly主力价	Ochirly主力价与M主力价之比
牛仔裤	399～429	429～499	499	499～529	399～529	499～799	599	20%
毛衫类	499～699	699～799	699	799～899	499～899	539～999	799	14%
T恤	299～399	399～499	429	499～699	299～699	369～699	529	23%
衬衫	299～429	459～629	529	659～699	419～699	499～739	629	19%
半裙	299～429	459～629	529	659～699	299～599	439～739	629	19%
裤类	199～329	329～499	539	499～599	199～599	499～899	699	30%
连衣裙	499～599	599～699	799	699～899	499～899	799～1490	999	25%
大衣	699～999	999～1299	1399	1299～1499	699～1499	1390～2390	1699	21%
外套	499～599	659～959	799	999～1299	499～1299	999～1490	1099	38%
风衣	799～899	899～999	899	999～1199	799～1199	899～1390	1199	33%
马夹	399	429	399	459	399～459	399～839	539	35%
羽绒	799～999	1199～1999	1499	2999～3999	799～3999	1099～4299	1899	27%
棉服	799～829	829～929	899	929～999	799～999	899～1799	1299	44%
裘皮	1999～2999	3999～5999	4999	6299～6999	999～6999	1999～6999	4999	0%

图2-8 M品牌与竞争品牌价格对比

产品销售的好坏直接关系到服装品牌的发展和新品的开发。服装品牌公司根据详细销售数据的分析资料作为新品开发的参考依据。一般可以从企划部门或零售终端获取销售信息，通过专业软件记录销售情况。这些数据有详细的每月每个品类的销售情况。设计师根据销售数据调整新品系列中的品类比例、色彩比例和廓型比例等。零售型服装品牌ZARA的成功受益于其在全球各专卖店建立了完备的信息系统，及时向总部反馈销售和库存信息，企划部门、设计部门通过这些信息分析畅销、滞销产品的款式、花色、尺码等特征，供服装品牌完善产品设计，或设计新款服装时参考。另外，由于网络销售竞争激烈，根据每日的销售数据可以及时应对市场的变化做出相应的调整，以达到预期的销售效果。某家居服装品牌网店根据专业软件及时跟踪了解每日销售量情况，因当日推出的优惠特购活动，上午8点到12点之间的销售量对比前一日的销量明显增长（如图2-9）。

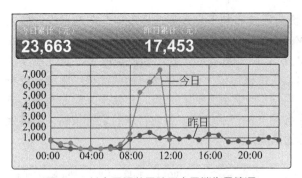

图2-9 某家居服装品牌网店日销售量情况

在服装产品销售过程中，还要关注自身品牌和竞争品牌的营销策略。良好的营销策略是服装品牌成功的关键因素之一。无论是实体店的批发、零售，或是网络销售，选择适合品牌的最佳销售渠道的标准是符合品牌发展的规划，能够实现高销售量，取得经济效益。受网络经济时代的影响，实体店销售受到网店销售的冲击，服装品牌根据市场状况分别制订了适合网络营销和实体营销的策略。如网店与实体店同步更新新品，采用相同的营销策略，或者采取差异化营销模式，服装品牌针对网络销售推出特定款式，或是实体店新品不在网上销售，以吸引消费者进店购买新品。一些服装零售品牌如Topshop、ZARA等则利用快速时尚的营销模式向大众推广服装产品。西班牙Inditex集团旗下ZARA品牌是最为典型的快速时尚品牌，其运营模式成为众多品牌学习的成功例子。ZARA在全球建立了信息整合系统和完备的品牌运营战略系统，拥有很强的供应商联盟，更低的供应链成本，以及强大的物流运输系统。从策划新品到生产，再到出厂销售，最快可在一周内完成，缩短了设计与销售相隔的时间，借助先进技术和高自动化的方式准确及时地满足全球各门店的配货需求。ZARA一般每星期上两次新货，货量不多却始终给消费者带来新鲜感。如果三周未能出售的产品就被淘汰由新产品取代，如果竞争品牌推出同样的款式，可以在很短几天内把所有的同类产品全部下架，而热销的产品最多补货两次就不再重复。快速将时尚流行元素转化为摆放在门店的设计产品，产品更新快，配备量少，有效鼓励消费者购买服装。这种营销模式非常灵活，适合现代大众追求快时尚的特点，从而获得更高的利润。避免与竞争品牌打价格战，而是有计划地展开销售策略。

在销售服装产品时，服装品牌为了激发消费者的购买欲，影响他们的消费行为，扩大产品的消费而采取的一系列促销策略。服装品牌一般以季度为主线或以店庆、节假日为主线进行策划，如推出优惠折扣5折、7折或买100减40等，或是送赠品、抽奖等促销方式。当然多数一线品牌不会轻易选择折扣促销，在某种程度上会削弱忠实消费者的信任度，造成消费者的心理落差。二线和三线品牌的折扣促销最为常见，可以通过观察调研法了解各品牌促销策略的特点。如ZARA作为大众成衣品牌一般一年在换季期有两次折扣促销活动，会打折扣的服装品类只占总品类的10%以内。服装货品区与折扣区是区分开来的，在吸引忠实消费者的同时，仍能凭借新的时尚设计取得潜在消费群的关注。

三、消费需求调研

现代人的消费需求呈现多样化、多层次，由低层次向高层次逐步发展的趋势，消费活动反映出时代的特征，彰显了人们的新思想和新潮流。消费者是消费活动的主体，是服装品牌的购买者和服务对象。因此，服装品牌提供符合消费者需求的产品和品牌服务，必须建立在了解消费者需求的基础之上。

创建于1969年的美国服装品牌Gap因其推出价格合理、款式简单、品质俱佳的休闲服装而成为消费者青睐的知名品牌，旗下的5个品牌都拥有一批忠实的消费群体。2000年Gap推出了具有"年轻潮流"的服饰，改变原有服装产品的设计格局，但这些大胆前卫的服装却并未大众所接受，反而丢失了核心的消费群，当年的销售额也直接受到冲击。分析其原因从表面看是服装产品的设计失败，实际上是因为Gap错估了其固定消费群的消费需求。消费需求调研的目的就在于全方面掌握影响消费需求的因素，包括地理因素、社会因素、个人因素、消费心理和行为因素，最终为服装品牌的产品定位、总体设计和营销策略提供参考依据（如表2-8）。

表2-8 消费需求因素

社会因素	生活方式、经济状况、社会文化
地理因素	地理位置、城市规模 人口密度、气候条件
个人因素（人口因素）	性别、年龄、经济收入、家庭生命周期、职业、文化教育水平、种族与信仰、民族
消费心理和行为因素	品牌偏好 消费习惯、消费时间、消费动机 消费频率、消费地点

（1）社会因素　现代人的消费需求因生活方式和服装消费观念的改变而发生变化。形成变化的原因是受到经济、政治、文化等社会因素的影响。了解社会变化的动向、经济发展的情况、文化潮流的趋势，才能够透过对这些社会因素的分析，掌握消费需求的信息。人们追求消费时能明显感到社会环境的变化，从而调整其消费观念和行为，以适应时代的变化。国内东部地区的经济水平较发达，人们的消费需求和消费水平比西部地区高，人们的休闲时间更多，消费层次也随之提高。经济萧条时期，人们的消费需求也大大降低。

（2）地理因素　地理因素是指消费者所处的地区、城市规模、气候条件、人口密度等因素。同地区的消费者对服装的消费需求较相似，不同地区的消费者消费需求差异性比较明显。一线城市、二线城市、三线城市的消费需求和消费水平也不同。南方地区的消费需求不同于北方地区，南方地区的气候温暖，当地消费者对单衣的需求量较大，而北方的气温较低，棉衣、羽绒服、皮衣等的需求量大。

（3）个人因素（人口因素）　个人因素或称为人口因素，是指年龄、性别、职业、受教育程度、经济收入、家庭生命周期、消费心理和行为等因素。

① 年龄。不同年龄的消费者需求也不一样，目前青年人的消费需求明显较大，但随着人口老龄化现象的深化，未来老年人的需求会呈现上升的趋势。

② 性别。人们的性别不同，其需求也有明显的差异，女性消费者对服装的需求量要比男性消费群大。图2-10的调研结果表明了电商家居服男女消费群的比例。服装品牌可以根据男女需求的比例作为参考设定每季服装产品比例（如表2-9），家居服以女装为主，男装只占20%，"幽静梦幻"和"性感地带"系列只有女款，没有男款，其原因是这两个系列是针对女性的需求所设计的产品。

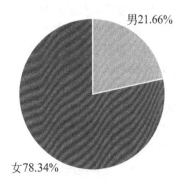

图2-10　电商家居服消费人群比例

表2-9 某家居服品牌根据所调研的男女消费人群比例设定的产品构成表

系列	比例	居家女（款）		居家男（款）		舒适睡衣女（款）		舒适睡衣男（款）		运动女（款）		运动男（款）		小计（款）
		春	夏	春	夏	春	夏	春	夏	春	夏	春	夏	
绵家居服	40%	4	14	2	6	4	10	3	6	2	2	1	2	56
炫彩时尚	25%	3	9	1	3	2	3		2	3	6	1	2	35
幽静梦幻	15%	3	5			3	10							21
性感地带	10%	2	4			2	6							14
独立个性	10%		2		2	1	2	1	2	1	1	1	1	14
合计		12	34	3	11	12	31	4	10	6	9	3	5	140
附属品	内裤、袜子、家居小物													

备注：男款大概占30%，因此男款均需配成情侣款。
可考虑部分款用同花色面料作不同款，以此可减少单款下单数量。

③ 职业。受到工作环境和穿着场合的影响，同一职业人群的价值观和审美观比较相似，不同职业阶层的人群对服装的需求完全不同。通常从事文员、教师等工作的职业女性的着装款式上较简洁、色彩柔和、质地优良，充分体现其特有的素养和气质。在实际的产品系列策划中，多数服装品牌会根据不同的穿着场合或工作方式推出不同设计的服装，如职业男装根据工作环境的不同分为商务装和休闲装。

④ 受教育程度（文化教育水平）。消费者的受教育程度会影响其审美、喜好和服装的品位，人们对同一产品的时尚认知也存在差异。因此，消费者的受教育程度对服装品牌的产品定位有重要的作用。

⑤ 经济收入。决定消费者购买力的关键因素是消费者收入水平的高低或者可自由支配收入的情况，这一因素也关系到服装品牌确定产品的价位。通过调查消费者的收入状况，分析收入高低对消费者需求的影响，在此基础上预测服装的需求量。

⑥ 家庭生命周期。在个人因素中，当处于不同的家庭生命周期时，人们消费需求的重点是不同的。家庭生命周期一般可分为单身阶段、初婚阶段、满巢阶段、空巢阶段、独居阶段。处于不同的家庭生命周期时，家庭的收入和人口负担也不相同。单身阶段和初婚阶段家庭经济较为宽松，服装需求量也大；满巢阶段家庭对童装的需求量增加；空巢阶段老人更讲究服装的舒适性，独居阶段的服装需求量则明显降低。调研目标消费群所处的家庭生命周期阶段的消费特点，才能增加市场占有率，确保服装品牌设计的成功。

（4）消费心理和行为因素　调研消费需求还应关注消费者的心理，这也是不同消费者的消费习惯和行为有所差异的原因。消费者购买服装所表现的心理特征与心理活动过程是多方面的，人们的消费心理表现主要有从众心理、求异心理、求实惠心理和攀比心理四种。消费结构、消费力度、消费习惯、消费动机等内容因消费者不同的消费心理而有很大差异。通过调查消费者的消费心理和消费习惯不仅满足这一人群的消费偏好，还可以在此前提下，将消费者的消费习惯引导到新的层次，并塑造出差异化的产品形象。

消费行为则是指消费者为满足其个人或家庭生活而出现的购买服装产品的决策过程，具体包括消费地点、消费频率、消费时间等。消费者实现最终的消费行动要经过产生需求欲望、诱发消费动机、产生购买行为到完成购买行动等过程。消费行为的产生是受到内在和外在两种因素的相互影响，采用"5W1H"的方法可以掌握消费者消费行为的特点。"5W1H"具体是指① What：购买服装的品类、款式、色彩——根据需求设计服装；② Why：购买服装的原因——满足换季的需求、审美的需求等；③ When：购买的时间——服装品牌根据各季度制订产品设计、生产和上市计划；④ Where：购买的场所——根据消费者购买的地点，设计销售渠道；⑤ Who：购买者——根据购买者制订品牌营销方案，推广品牌影响力；⑥ How：购买方式——服装品牌可根据消费者需求决定产品配货和促销方式。通过对消费者心理和行为因素的调查，可以更深入地了解目标消费群的特点，根据服装品牌的市场定位确定目标消费群（如表2-10）。还可以有效合理地进行产品设计，实现服装品牌的营销目标。

表2-10　某品牌目标消费群的定位

目标消费群	都市女性	自信、热情、经济独立的女性，时尚感知度高，生理年龄在25～35岁，心理年龄22～30岁
生活方式	开放享受型	生活丰富多彩，充满活力，富有个性，追求舒适的生活方式，不拘于固有观念，对时尚流行敏锐且有自我见解
时尚风格	优雅高贵	个性，创新求异，最具活力的线条，体现都市风格
穿着技巧	个人风格、服装搭配	由多种品类的服装构成，辅助材料的多样化与色彩的组合方式，合理具有创意

四、时尚信息调研

时尚与流行是一个动态过程，如上一年春夏季度流行的色彩、面料、造型在新一年里会以相应的稍加变化的形式再度出现，或者几年前流行的元素会以新姿态再次成为新时尚，但这种变化的方式又难以预料。因此必须从各个方面去了解服装时尚信息，从中汲取适合本品牌定位和设计的元素，以便预测流行趋势和指导服装产品设计。时尚信息主要包括流行信息和日常生活中的时尚信息两个方面的内容。

（1）流行信息的调研　品牌策划师或设计师所关注的时尚信息相比普通消费者对时尚和流行的关注有所不同，包括国内外与服装相关的流行资讯。品牌策划师还要考虑时尚信息与品牌自身的融合性，以及在未来流行趋势的市场效果。因为服装品牌的策划和设计工作提前半年到一年开始实施，需要根据全方位的时尚信息预测消费者在下一季度所购买的产品。不是凭空猜测，也不是随意去创造一种流行和时尚，而是要根据服装品牌的目标消费群进行分析和判断未来的流行趋势，从流行信息中获取服装设计的重要元素。目前很多服装品牌获取流行信息的渠道主要服装发布会、面料纱线展览会、相关艺术展、各类时尚媒介、来自专业权威机构的流行趋势预测等（如图2-11、图2-12）。

图2-11　服装发布会

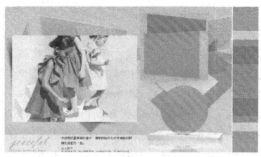

图2-12 专业时尚资讯的信息平台Stylesight发布的2016春夏graceful-雅品主题童装色彩预测

（2）日常生活中的时尚信息调研　社会的发展影响了人们的生活方式，在潜移默化中又影响了人们的时尚观念及对服装的需求。我们可以从社会生活中的文化思潮、艺术作品、街头文化、影视资讯、工业设计等方面去了解和关注时尚信息。因为设计来源于生活，通过对时尚生活的各方面的调查获得新一季的时尚动向。在现代服装发展的过程中，朋克风、波普艺术、建筑设计、影视服饰等都是影响服装时尚的重要因素，如20世纪70年代经济萧条时期兴起的朋克风格就源自出现的反传统的"亚文化"思潮，年轻人用特立独行的装束来表现自己价值观念和自身的不同。设计师维维安·维斯特伍德（Vivienne Westwood）在设计中融入朋克元素，受当时社会文化的影响，这种反传统时尚和美学的服装样式成为一种新的风格与时尚。另外，通过观察流行现状进行调查，关注国内外的街头时尚，获取流行款式所采用的时尚元素，分析消费者对新款服装的认可度和购买欲，运用这些时尚信息引导新季度产品的设计方向（如图2-13）。

图2-13 根据街头时尚设计的一组服装

总之，调研人员对各种时尚信息要有敏锐的洞察力，从多方面、多角度、多渠道获取信息。从这两方面入手对时尚信息进行调研，既能掌握最新流行资讯，服装品牌准确预测未来一年或两年的服装流行趋势，还能在策划新品时不脱离实际生活中的时尚，符合当下消费者的需求，结合自身品牌和地域特色进行更好的品牌策划，明确产品设计的方向。

第三节　调研的过程

调研能够获得关于某一领域的全方位且有价值的信息，加以分析和整理统计能为服装品牌的决策提供正确的方向，也是科学性强、流程系统化的调查工作，调研的过程就如同一场探索奥秘的过程。其目的是通过收集与分析资料，解决品牌运营当中存在的问题，并且提出相应的解决措施。因而，调研的过程包括了提出问题、探索问题、解决问题三个部分，最终基于大量的调查、思考、分析，逐步形成最终有效的结论。

一、调研的一般过程

（一）提出问题——分析现状

开始调研之前，调研人员必须先确定存在着什么样的问题，接下来才能确定调查的对象、范围、方法等内容。如某款服装产品销量很差，先确定消费者对产品的质量或产品的设计不满意，还是受到其他社会因素的影响，负责调研工作的人员对初步情况经过分析后，理清各因素之间的关系，再调查相关内容。

（二）探索问题——确定调研方向、内容

初步了解服装品牌的基本情况后，调研人员可以根据个人经验或其他部门人员的建议将问题进行定位，从而确定调研方向和内容。调研人员先要总结企业内外部的资料，了解上一季度的服装产品销售状况，热销的产品信息，包括色彩、款式方面的特点，还要对消费者的需求以及时尚信息（色彩、面料、款式等流行趋势）进行调研。

（三）解决问题——提出具体的调研方案

调研人员在调研时要制订详细、完善的调研方案，严格按照调研方案执行调研工作才能获得有效信息和数据。首先，确定合适的调研时间和地点，调查地点的选择要具有代表性，无论是时尚街、品牌店或大型购物商场，要考虑的地点应为目标顾客群相对集中的地方，避免调查的片面性。调研时间可以设置为购物高峰阶段，如周末或晚上。其次，确定调查对象是消费者、服装品牌。针对消费者需求进行调研可采用问卷调研法和询问调研法，调研的目标对象和人数应预先设定好，问题设计或询问内容要有吸引力，问题的难度要适中，有针对性地了解消费者的需求。针对服装品牌进行调研，要确定是单一品牌调研，还是多个品牌调研，详细调研内容根据调研目的的设定，可以采用多种调研方法进行调研。在调研时借助相机、纸、笔等工具做好详细的记录，提高调研的效率和准确性。

（四）形成结论——提交详细的调研报告

调研报告是分析调研资料的基础上拟定的报告书，是调研实效价值的载体。然后进行归类统计以便进行分析，常用比较分析法进行分析，如调研新一季度女装的流行趋势，可以将本品牌的设计风格和产品特色与目标品牌进行对比从而获得结论，确定本品牌新季度产品开发所采用的流行趋势。如果资料和数据内容较多，可以借助专业的 SPSS（Statistical Product and Service Solutions）统计软件进行分析，如针对消费者服装品牌满意度的调研就可以采用这一软件进行系统化分析获取有力的相关数据，如服装品牌吸引消费者的因素，在设计或营销有待改进的方面等内容。采用书面形式的报告应使用专业术语，内容要条理清晰、图文并茂，材料与观点保持一致，调研结果切实可信。提交调研报告前，首先要检查调研资料有无差错，确保资料和数据的真实性和准确性。

二、调研的注意事项

在服装品牌的运营中，服装调研是展开各项工作的前提，是关系到服装品牌运营的重要工作。设计师、品牌策划师、营销人员都应高度重视调研工作，服装行业内有这样一种说法：如果说信息的搜集是确保调研质量的"安全线"，调研分析就是确保调研质量的"生命线"。因此，服装调研应注意以下几项内容：

（一）计划性和针对性

即有计划、有目的、有针对性地进行调查。展开调研工作之前要围绕调研目的和任务设计好调研方案，有详细的调研计划。预先设想调研过程中可能出现的问题，并设定解决问题的方案。采用访谈调研法，应事先准备好访谈的提纲。采用问卷调研法，问卷的设计要有针对性。采用文案调研法时，企业内部资料的收集与整理应根据调研目的有针对性展开，避免盲目性。以便设计、销售等相关职能部门能及时掌握企业各方面信息，根据市场变化，及时调整企业的策略，适应市场发展。最终完成的调研报告也应具有针对性，不仅给决策者提供决策的依据，还能根据从典型案例中总结经验，指导未来的设计和营销工作。

（二）客观性和真实性

调研由具有一定专业知识的人员负责整个调研工作。专业人员如设计师助理、品牌策划助理要有良好的沟通能力和应变能力，可以在发生突发状况时根据专业知识适时调整，及时发现新的问题并付诸解决，以保证调研的准确性。调研的内容必须是经过实地走访和认真调查获得，如卖场环境、产品形象、销售情况、消费者情况等。在客观、全面地分析资料得出的数据必须是真实可靠，对数据进行具体化、深度化的分析，不能随意杜撰或带有一些浮夸和歪曲。企业内部资料应是服装企业真实数据的客观反映，生产、销售信息是准确无误的，调研人员可以通过对细节信息的关注和分析，找到服装品牌运作的优、缺点，透过现象看本质发现其中存在的问题和学习值得借鉴的经验。服装品牌决策者最终才能根据真实的市场情况做出正确反应。

（三）完整性和机智性

调研企业内部资料时，应保证所有整理资料和数据的完整性，既不能重复也不能有遗漏，同时要对所有资料进行筛选，将与调研目的相关的资料归纳整理，形成系统性调研文档。某些属于企业内部保密的资料难以获得时，在采用访谈调研法进行调研时要讲究策略性，或者以顾客或学生身份进行沟通以取得信任，从而获得可靠有用的资料。

三、调研报告的格式

调研报告是调研工作的总结和成果，调研报告的书面形式或口头报告形式都有其特殊的格式。调研报告的格式包括：标题、目录（可省略）、正文（前言和主体）、结论与建议、附件。

（一）标题

调研报告的标题要求与调研内容融为一体，标题以简洁精炼、高度概括性的文字呈现调研报告的主题思想，如休闲风格女装品牌调研。有些调研报告为突出调研的针对性很强，会采用正、副标题形式加以着重说明。

（二）目录

目录的设定根据调研报告的篇幅确定，涉及文字内容较多的调研报告配简要的目录，可以使整个调研报告的内容更有序和有条理性，一目了然，可以直观了解调研报告的重点。内容较少或以图片为主的调研报告可以省略目录。

（三）正文（前言和主体）

正文是调研报告的核心内容，是对整个调研工作的详细表述，调研的内容、信息、资源等都涵盖在内。正文主要分为前言和主体两部分内容。

前言：调查报告的开头部分，主要阐述调研主题的基本情况，一般包括说明调研的背景、目的和意义，介绍调研工作的组织情况，如调查的时间、地点、内容，调研的对象，调研数据的来源，以及采用的调研方法、方式等。

主体：调查报告中的主体内容体现调研工作的重点。侧重于消费需求和产品销售情况的调研要对所获得的数据进行统计分析得出客观的结果，尽量选用能突出调研主题的数据和资料，将调研中所发现的情况及分析的问题有条理地阐述清楚，并针对所发现的问题分别加以分析、判断和归纳，运用数字、图表和大量的一手资料增加报告的说服力。侧重于产品设计的调研更多地采用实地调查获得的资料，运用图片资料辅以说明，对比和分析同类型服装品牌的优缺点，分析服装品牌在产品设计、营销模式、品牌运营等方面的优势和不足，探讨新季度产品开发的方向。

（四）结论与建议

撰写调研报告要获取的关键性内容是结论和建议，既是对所调研内容的总结，也是基于调研寻找出规律，形成重要的结论，为解决某一具体问题提供方案和建议。可以为服装品牌提供具有建设性和合理化的设计策略或营销策略。

（五）附件

附件不是所有的调研报告必须具备的内容，完全取决于调研的需要。它是对调研报告的附加说明和补充，不包括前言和主体部分的内容。附件可以是数据汇总表、原始资料、工作技术报告、问卷设计、访谈记录等内容。

四、调研报告案例

案例一：巴黎世家（Balenciaga）品牌调研报告

调研内容：深入了解巴黎世家品牌，包括创立时间、产品设计风格，面料、色彩、款式等方面的特色，总结和分析品牌的优势，通过分析品牌成功运作的经验，为国内品牌发展的产品设计提出建设性的意见。

调研方法：文案调研法（网上流行信息和相关品牌策划资料的搜集）。

立体主义
建筑感廓形
先锋前卫

（一）巴黎世家（Balenciaga）品牌档案

类型：成衣品牌

创始人：克里斯托巴尔·巴伦西亚加（Cristobal Balenciaga，西班牙人）

注册地：巴黎，1937年

现任设计师：亚历山大·王（Alexander Wang）

前任设计师：尼古拉·盖斯奇埃尔（Nicolas Ghesquière）

设计风格：立体主义、建筑感廓形、先锋前卫

产品系列：高级女装、高级男装、皮具配饰、香水

所属集团：PPR集团，同属该集团的一线品牌还有Gucci、Bottega Veneta、Yves Saint Laurent

目标消费群：25～35岁的时尚女性，特别是名流贵族

（二）品牌产品

（1）2012春夏系列、2012秋冬系列、2013春夏产品系列（前任设计师Nicolas Ghesquière）

巴黎世家（Balenciaga）的前任设计师 Nicolas Ghesquière 的设计注重服装的休闲随意、年轻自在，对 Balenciaga 原有的经典风格更嬉皮、更新鲜的诠释，设计层次丰富，服装更加立体化。

（2）2013秋冬系列、2014春夏系列、2014秋冬系列（现任设计师Alexander Wang）

2013秋冬系列是 Alexander Wang 被任命为巴黎世家（Balenciaga）创意总监的首秀作品。Alexander Wang 在保留 Balenciaga 经典廓形的同时，增添了自己独有的纽约都市运动风。整个系列以黑、白、灰为主，概念完整连贯，单品丰富且实穿，结构线条简洁，运用现今最流行的具有立体感的廓形设计，更具有立体感，在维护了传统品牌特色的基础上，兼具了商业理念的考量。2014春夏和秋冬系列则又有新的突破，设计师的个人风格

更加明显，茧形大衣、轮廓浑圆的外套、花瓣形的半裙、立体腰部饰裙、紧贴双臂的衣袖等细节设计无不表现出谦卑独特的个人气质，将科技和技巧融合在一起，塑造运动感十足的设计风格。

（三）结论

通过对比两任设计师所设计的产品发现，他们都非常注重延续这一品牌的传统设计，并在此基础上融入设计师个人的设计风格不断创新。前任设计师Nicolas Ghesquière将经典风格融合街头感十足的潮流进行重新演绎和诠释。现任设计师Alexander Wang融合运动风和未来主义设计理念为这一老品牌注入新的活力，既延续创始者Cristóbal Balenciaga的标志性风格，也尊重上一任创意总监Nicolas Ghesquière的设计。

巴黎世家（Balenciaga）的品牌优势在于品牌创立时间早，并拥有一批忠实的消费群体。其产品设计、风格定位、品牌运作模式都值得国内的服装品牌学习和借鉴。实力雄厚的集团经营体系为其提供了很好的设计资源，每季推出的品类丰富，更贴合其目标消费年龄段人群的需求。其推出的服装精于裁剪和缝制，配以经典的斜裁设计，以流动线条的设计强调和突出人体的特定性感部位。服装结构设计注重穿着的舒适性，构造一定的空间感。巧妙利用视错觉使服装设计更加完美，这一品牌因此被喻为具有革命性潮流指导的标志性品牌。加上悠久的品牌历史和名人效应，其设计更有市场竞争的优势。

案例二：有关消费者对女性运动胸衣需求的调研报告

前　言

女性运动胸衣由于其穿着随意、贴合皮肤且弹性好，可以在人体运动时保护女性的乳房且不妨碍运动。随着观念的转变和对健康的追求，越来越多的消费者开始重视对内衣的选择和购买，可以预见到女性运动胸衣的市场必将迅速发展，服装品牌必将开展各种营销活动来争取这一新兴市场。国外市场女性运动胸衣的发展渐趋成熟，而国内由于对运动胸衣市场的发展缓慢，对此领域的研究较少，当前学者的研究范围也大多局限于对运动胸衣的面料、设计、功能等方面,对女性运动胸衣市场需求的研究还有待挖掘。通过自设问卷对运动胸衣的消费人群进行调研,可以在一定程度上反映目标消费群体、对产品的需求、产品定位和定价以及营销方式等,本调研便是基于此背景而展开的研究。

调研目的:从消费者需求角度出发,通过对当代女性消费者对运动胸衣的认知情况、产品需求等进行问卷调查,提出提高我国女性运动胸衣产品的对策建议,供运动胸衣生产企业在品牌建设和市场推广过程中借鉴与参考。

国内女性运动胸衣市场发展还未成熟,本文的研究一方面可以从实证的角度丰富国内市场营销学理论研究,另一方面可以为国内女性运动胸衣市场的研究添砖加瓦。

调研对象:互联网用户、江苏某地区商场顾客以及高校学生。

调研方法:文献调研法——通过国外领先的运动服装企业在技术创新的不同方面取得的市场优势(包括销售额、市场占有率等数据),来比较出我国运动服装企业在这方面的差距,进而提供相关对策。

问卷调研法——本次调研采用线下调查和网上下调查相结合的方法,主要方法有线下问卷填写、网上关系网发送邮件,以及通过专业问卷调查网站问卷星(http://www.sojump.com)进行在线问卷调研。基于马斯洛的需求层次理论以及女性消费者需求特征对问卷进行设置,并运用SPSS统计软件对调查结果进行频数分析、相关分析、交叉分析等相关性分析和检验。

调研内容:影响消费者购买运动胸衣的主要因素,消费者比较认同的运动或内衣品牌的品牌满意度调查,影响消费者满意度的影响因素包括对款式、质量、服务、广告效果等。

目　录

一、运动胸衣的简介
（一）运动胸衣的概念
（二）国内外运动胸衣企业比较
（三）国内运动胸衣市场分析
二、调研问卷的设计
三、调研结果与分析
（一）基本信息
（二）产品分析
（三）竞争品牌满意度分析
四、结论与建议
（一）结论
（二）建议
五、附件

一、运动胸衣的简介

(一) 运动胸衣的概念

运动文胸又称运动型胸罩（Sports Bra），它是按照"文胸的特定功能"分类下的一个类目。与普通胸衣不同，运动型胸衣是指女性在运动时穿着的专门内衣。一般的运动内衣均较短小、弹性好、贴体，其功能是在人体运动时即人体皮肤、肌肉以及骨骼拉伸、收缩时，保护乳房，对乳房有支撑力，控制乳房的位移，避免乳房的肌肉、韧带损伤，减轻女性运动时胸部疼痛。在不妨碍运动的前提下，具有保护、稳定、吸湿、排汗的功能，如下图。

(二) 国内外运动胸衣企业比较

国外已有一定的突破和显著的成果，欧美、日本等国对内衣与人体关系的研究就从未中断。国际知名内衣和运动品牌公司Champion、Amazon、Enell、Berlin、Triumph、Panache、Nike、华歌尔等都在从事运动胸衣的研制与开发。基本上所有的产品都是从款式结构造型上入手，以人体结构特征为核心，根据人体运动的特性，研究运动胸衣的结构变化，最终提高其功能性。其实质就在于寻求振动小，合体性强，功能性好的完美的运动胸衣。目前，国外市场上的运动胸衣可谓品目繁多，大部分产品已相当成熟。

我国由于人体工程学研究尚处于初级阶段，受多种因素的制约，内衣、运动胸衣的研制和推广均较晚，早期在内衣特别是文胸的研制方面，多数厂家均是拿来主义，即在国外的版型基础上，通过反复试穿，修正基本结构获得样板，也没有统一的号型体制。只是近些年来，某些知名内衣企业才开始投入大量资金和设备，并将人机功效学及高科技应用到文胸的实际生产和实践中，赋予了内衣高科技含量。主要研究的内衣品牌有爱慕、古今、桑扶兰等，但多数产品均不够成熟。除此之外，江南大学、深圳大学、西安工程科技学院、中原工学院等学校和一些科研单位，都展开人体数据库的建立、人体特征的研究与分析，以寻求人体与服装间适体性的相互关系。东华大学1998年与华哥尔公司合作测量的女性形态数据，展开对南部地区人体体型特征参数的分析，以提取指标特征值改善内衣的结构合体性。以运动服为主打产品的浩沙集团和洲克集团（为国家队提供运动服的企业）也在不断改进自身产品，突出产品的功能性。

(三) 国内运动胸衣市场分析

女性运动胸衣主要有三种类型：简易固定、压力式固定、复合结构式。不同类型的产品在国内市场销售情况各有不同。

简易固定胸衣。很多户外服装生产商（TNF、MHW、Patagonia等）、体育用品以及健身服装生产商（Adidas、浩沙等）都有类似产品，国内市场上容易买到，质量区别不大。

然而胸衣固定性较差，适用于低冲击性运动以及部分中冲击性运动。

压力式固定胸衣。目前国内市场的几乎所有常规内衣厂商所谓的运动型产品都是型似神不似，深究结构和材料几乎没有合格产品，运动产品和户外产品制造商的类似产品很少在国内上货，一般的商场难以买到。仅有Nike品牌在国内生产出售的健身系列服装，都有固定性和结构相对良好的内置文胸。

复合结构式胸衣。市场上比较少见，更未见于国内市场。生产商同样稀有，比较著名的有美国的Enell，德国Anita旗下Rosafaia中的active ware系列，还有迪卡侬kalenji系列的文胸。日本品牌华歌尔旗下的CW-X系列是非常专业和优秀的运动内衣，但该系列仅在国内香港地区销售。产品线相对齐全的产品线和品质较为优秀的Patagonia品牌产品在国内也无销售，只能在户外装备网上购买邮寄。

根据不同调查显示，平均有77%的妇女在运动时候不穿运动文胸，另外约有一半的人认为运动文胸多余，19%的人根本不穿文胸。显然，国内女性对于运动胸衣这一运动必备品的重视程度还远远不够。

通过调研分析得出：国外对女性运动胸衣的研究较为详尽，国内对其的研究尚处在起步阶段。运动文胸的品牌大多都来自国外，中国女性穿着时的舒适度与合体性不高，因此有必要针对中国女性身体特征、款式、材质、价格以及消费心理等方面展开研究，更好地满足中国女性消费者对运动文胸的需求。

运动内衣市场是一个具有良好增长规模和前景的潜力市场。在品牌战略和产品设计方面，国内企业与国外品牌和企业相比还有一定差距；国内的销售渠道与国外相比也存在进一步的改善渠道结构的空间。面对内衣市场日益激烈的竞争形式，相关企业在生产和营销这两个方面的提高迫在眉睫。

二、调研问卷的设计

问卷的设计主要包括两部分的内容，一是被调查者情况，二是产品主要因素，详细内容见下表。本次调查共收回问卷380份。回收的问卷中，若绝大部分问题填写相同答案、明显草率填写、没有完整填写和填写终止答卷选项的问卷都视为无效问卷，按照这一原则剔除15份，最终纳入本次研究分析的有效问卷为365份。

表　问卷第一、二部分问项设置

问卷组成	问项设置	
被调查者情况 （第一部分）	基本信息	年龄
		学历
		收入
		职业
	运动情况	
	是否在运动时感到胸部不适	
	是否购买并使用过运动胸衣	
	使用或关注运动胸衣的欲望度	

续表

问卷组成	问项设置	
产品主要因素（第二部分）	品质要求	面料材质
		裁剪技术
		款式设计
		罩杯设计
		功能设计
		可外穿性
	信息来源	
	购买渠道	
	价格	
	产品认知	

三、调研结果与分析

本问卷主要通过描述统计的基本方法进行数据统计，利用专业软件SPSS对调查问卷结果整理分析获得相关信息。

（一）基本信息

1.年龄构成

问卷对象皆为女性。按年龄段来划分对象，可以从下表看出，年龄为21~30岁的女性占据绝大多数为68%，其次为31~40岁女性，占总人数的22%，此外还有10%左右的女性为20岁以下或者40岁以上。从年龄段来看，问卷对象比较广泛，且具有代表性。

表　年龄构成

选项	样本数目	比例
20岁以下	15	4.11%
21~30岁	249	68.22%
31~40岁	79	21.64%
41~50岁	19	5.21%
50岁以上	3	0.82%
总数	365	

2.年龄构成

消费者只有拥有购买力才能实现真正的需求，因此对调查对象的收入进行了解是非常有必要的。由下表可以看出，受访对象的收入呈现对称分布的状态，月收入水平为1000~5000元的对象占绝大多数，为63%，这也可以反映出我国当前女性消费群体的整体收入水平；以2015年黑龙江最低工资标准为1160元，深圳为2030元作参考，较低收入者，即月收入为1160~2030元的女性为18%，而高收入者，月收入超过5000元的女性为18%。总体说明当前女性收入水平居于中等水平，中高收入群体与中低收入群体各占一半。

表　收入构成

选项	样本数目	比例
1160～2030元	64	17.53%
2031～3300元	108	29.59%
3301～5000元	122	33.42%
5000元以上	71	19.45%
总数	365	

3. 职业构成

而按照职业来划分，如下表，可以发现调查对象来自于各行各业，其中占多数的是公司的女性职员，占总人数的38%；有25%的女学生参与了调查活动；15%的调查对象是企业或公司的管理人员，另外还有10%的女性为科教文卫工作者，占比较少的是国家机关干部、个体经营者和工人，分别为5%、4%和1%。

表　职业构成

选项	样本数目	比例
企业、公司管理人员	53	14.52%
公司职员	138	37.81%
国家机关干部	18	4.93%
科教文卫人员	37	10.14%
商业、饮食、服务业人员	6	1.64%
学生	91	24.93%
个体经营者	15	4.11%
工人	3	0.82%
其他（请给出您的职业名称）	4	1.1%
总数	365	

4. 学历构成

对调查对象按照学历来划分，由下表，可以看出参与调查的女性大多学历较高，68%的女性拥有本科学历，占被访对象的绝大多数；此外还有6%的女性拥有硕士及以上学历；21%的女性有大专学历；仅仅只有5%的受访女性是高中及以下学历。

表　学历构成

选项	样本数目	比例
初中及以下	3	0.82%
高中、中专	15	4.11%
大专	76	20.82%
本科	248	67.95%
硕士及以上	23	6.3%
总数	365	

（二）产品分析

上面介绍了调查对象的基本信息，下文将从女性消费者对女性运动胸衣的认知、需求、可接受的心理价位，以及营销渠道和品牌选择等方面进行分类分析。

1. 产品认知

在对运动胸衣的穿着感受进行调研时，问到运动过程中，是否因胸衣的不合适而感到不舒服时，77.53%的女性认为普通胸衣在女性运动时排气、排汗较差，感到不适，这也反映出大多数女性都有选择运动胸衣的潜在动力。而与此相反的是，仅仅有39.45%的女性曾选购过运动胸衣，而60.55%的女性从未购买过。一方面是女性对运动胸衣潜在的需求较大，而另一方面该市场的购买却很低迷，这说明相关企业对运动胸衣的营销推广力度明显不足。

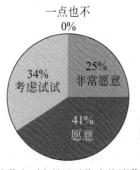

图　消费者对女性运动胸衣的消费意愿

左图反映了消费者对女性运动胸衣的消费意愿。有75%的消费者表示愿意尝试或者增加对该产品的关注，其中25%的消费者表现出强烈的意愿，而完全也不愿意增加对产品的认识的消费者为零，这说明女性消费者对女性运动胸衣的消费和认知意愿较强，她们对女性运动胸衣都有一定程度的兴趣，进一步说明产品的潜在市场相当大。

下图反映了消费者对女性运动胸衣目前在我国国内市场普及度并不高的原因的选择，从图中可以看出，73.2%的消费者认为原因在于女性对运动胸衣的产品认识不足，因而重视程度较低；61.1%的消费者认为是国内市场现有产品不够成熟导致消费者对该产品消费不足；另有52.6%的消费者认为普及度不高的原因在与商家的宣传不到位；49.9%的消费者认为是购买渠道匮乏导致运动胸衣普及程度不高。从消费者的选择可以看出，当前企业在女性运动胸衣市场的生产和营销活动中的确存在不足之处，主要是企业对该类型产品并未重视，不论是运动品企业还是内衣企业都没有看到女性运动胸衣的发展前景，因而企业也没有投入过多的资金和精力对该产品进行推广，甚至很多企业虽然生产运动胸衣，但是并没有在其营销渠道进行销售。

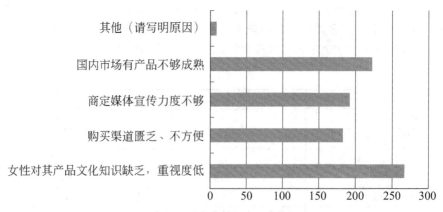

图　女性运动胸衣普及度不高的原因

2. 产品诉求分析

而在对女性运动胸衣的产品诉求表达排序中，对曾购买过以及未曾购买过的都进行了分析。由下表，排在前三的分别是"舒适的面料材质""舒适的罩杯设计"以及"合体的裁剪技术"，这说明消费者最关注的是胸衣的舒适度，而紧随其后的是"时尚动感的款式设计"，这也充分体现了女性消费者求美的消费心理。然而，"专业功能设计"和"外穿性"排在后两位，说明无论有否购买过运动胸衣的女性，对该产品实际认识还不够深入，运动胸衣与普通胸衣的最大区别就在于可以在运动时保护胸部并且可以外穿，而调查中的女性却仍然是按照普通内衣的购买标准进行排序选择，这种心理也应该引起企业的重视。

表　对女性运动胸衣的产品诉求

选项	平均综合得分（曾购买）	平均综合得分（未曾购买）
舒适的面料材质	4.95	4.68
舒适的罩杯设计	4.31	4.16
合体的裁剪技术	3.9	3.83
时尚动感的款式设计	3.17	3.47
专业的功能设计	2.95	3.11
较高的可外穿性	1.72	1.74

3. 品牌选择

当前市场上生产女性运动胸衣的企业众多，而消费者在选择过程中难免会在众多品牌之间进行选择。问卷选取了十大国内外著名的运动品牌和内衣品牌让参与调查的女性选择。由下图可知，在对运动内衣的品牌选择中，排在消费者选择前四位的分别是耐克、古今、维多利亚的秘密和爱慕，这四大品牌的选择占比均超过了10%，其中耐克公司是专业的运动产品生产企业，而古今、维多利亚的秘密和爱慕均有知名的内衣生产企业。这说明消费者在品牌选择上并不在乎生产企业所属为运动产品类还是内衣服饰类，更看重的是品牌的整体形象。

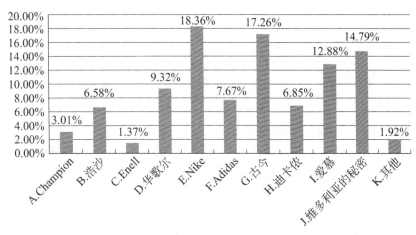

图　女性运动胸衣的品牌选择

4. 渠道来源

消费者在选购内衣和运动产品时，往往首先接触到此类产品的信息，而获取信息的渠道则在很大程度上可以影响到企业的宣传渠道。在问卷中，设置了调查消费者从何处获取产品信息的问题。由下图所示，可以看出大多数的消费者信息来源于网络，这也与当前年轻女性热衷网购，或者上网搜寻信息有关；仍有相当一部分的消费者从传统媒介获取信息，比如电视、杂志等；此外，从亲朋好友和商家推荐中也可以获取有关产品的信息。

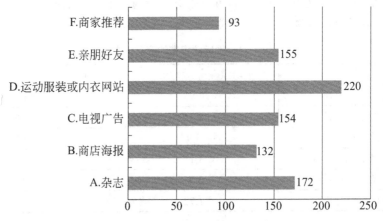

图　消费者获取相关产品信息的渠道

如下表所示，在调查消费者对女性运动胸衣的购买渠道选择中，可以发现大多数女性倾向于在品牌专卖店购买，其占比为74.79%；另有超过半数的消费者乐于在网上购买；还有41.64%的女性会选择在大型商场专柜购买；而只有27.95%的女性会选择在一般体育用品店或者超市卖场购买；这反映出调查中的女性比较看重产品的质量和购买的方便性。

表　女性运动胸衣的购买渠道选择

选项	小计	比例
品牌专卖店	273	74.79%
网上商店	203	55.62%
一般体育用品店或超市卖场	102	27.95%
大型商场专柜	152	41.64%
总数	365	

5. 不同年龄的女性消费者购买渠道比较

由下图得出，品牌专卖店选择最多的为41～50岁，且在其他年龄层的选择人数都比其他几种购买渠道方式多。究其原因，一方面品牌专卖店提供了较专业的服务；其次，此类渠道甚少有假冒伪劣产品，消费者也较放心。网上商店在低年龄层内选择较多，其中21～30岁为最多，因此以这个年龄阶段为目标市场的宣传推广时，可以多考虑网络营销模式。一般体育用品或超市卖场的选择在各年龄层分布都不多，显著性不明显。大型商场专柜的选择显著性也不强，但选择均比一般体育用品和超市卖场多。

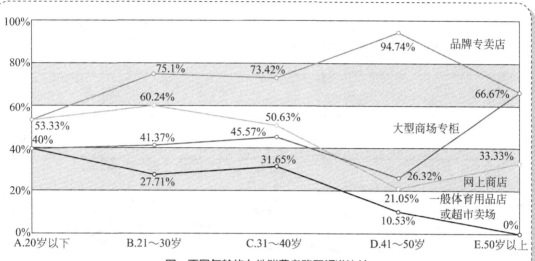

图　不同年龄的女性消费者购买渠道比较

6.产品价位

一件产品是否有市场需求，一方面要看消费者的购买意愿，另一方面则要看消费者是否有购买力。影响产品需求量的因素有很多，产品的价格是其中一项很重要的因素。如下图所示，在对消费者购买女性运动胸衣的心理价格调查中发现，39.7%的消费者认为胸衣的价格为101～200元是合适的，而28.5%的消费者选择51～100元的区间。这反映出我国大多数女性的消费水平，也可以为企业定价提供一些参考。另有26%的消费者选择超过200元作为她们的心理价位，这说明国内客户中高端客户也占有一定的份额。

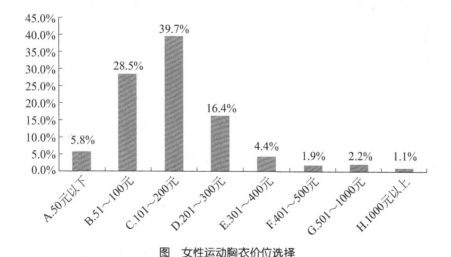

图　女性运动胸衣价位选择

7.不同年龄的女性消费者价位选择比较

由下图得出，选择51～100元价位的人数随着年龄层的增大而减少。选择101～200元的价位在21～30岁、31～40岁这两个年龄层都处于较高数量41～50岁、20岁以下选择较少，最多的为50岁以上。201～300元价位在21～30岁、31～40岁、41～50岁这三个年龄层中选择的人数依次递增。总的来说，较高年龄层的消费者往往会选择较高价位的产品，101～200元是各个年龄层普遍选择较多的价位。

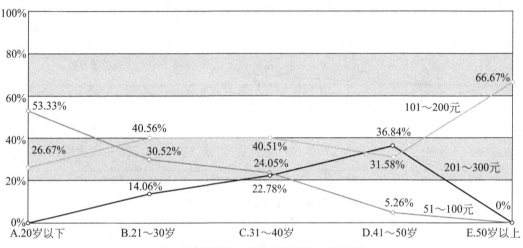

图　不同年龄的女性消费者价位选择比较

8. 不同收入的女性消费者价位选择比较

由下图得出，51～100元价位的选择人数随着收入的增加而减少。101～200元的价位选择人数显著性不强，以3001～5000元收入的消费者选择居多。201～300元价位选择人数随着收入的递增而增多。这很容易说明，较高收入的人更愿意接受较高价位的产品，而不是低价位产品。是一般收入水平的消费者普遍愿意接收中等价位的产品。

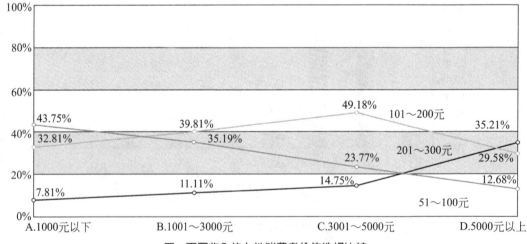

图　不同收入的女性消费者价位选择比较

（三）竞争品牌满意度分析

国内女性运动胸衣在进行目标市场定位，确立何种营销方式时，除了考虑主观条件，还应对其竞争对手的情况进行分析。通过调查所得数据显示，在对运动内衣的品牌选择中,排在消费者选择前两位的分别是耐克、古今,样本数量分别为67、63份。因此,选取这两大占市场比例最高,且在国内外具有代表性的品牌,分别分析两者的品牌满意度影响因素,对这两个品牌的女性运动胸衣产品的优势和不足之处进行分析和评价,以供对比参考。

第一:品牌影响因素满意值测定方法

1.确定评价指标。通过分析服装品牌顾客满意度影响因素,确定指标为15项,包括品牌形象、美誉度、流行趋势、效果、款式、质量、面料、价格、包装、服务、售后、店面、广告、促销等。根据这15项设置题目,进行问卷调查。

2.按五个级度,从非常不满意到非常满意的分值分配表如下表。

表 分值分配表

级度	非常不满意	不满意	一般	满意	非常满意
分值W	−2	−1	0	1	2

即:$W=(W_1, W_2, W_3, W_4, W_5)=$(非常不满意,不满意,一般,满意,非常满意)

3.各项指标满意值$S/N=(W_1n_1+W_2n_2+W_3n_3+W_4n_4+W_5n_5)/N$

N为总人数,n_i为选择该级度的人数。

第二:结果与分析

1.NIKE和古今品牌影响因素满意值测定结果

表 NIKE品牌影响因素满意值测定结果

题目/选项	人数					满意度
	非常不满意	不满意	一般	满意	非常满意	
(1)该品牌符合自我形象	0	1	24	36	6	0.70
(2)该品牌美誉度高,为大家所熟知	1	1	12	35	18	0.67
(3)该品牌的流行趋势	1	1	14	37	14	0.67
(4)该品牌使用效果	1	1	14	38	9	0.84
(5)该品牌款式设计	0	4	19	34	10	0.66
(6)该品牌质量	0	3	7	41	16	0.67
(7)该品牌面料	0	2	14	34	17	0.69
(8)品牌的价格	0	3	38	15	7	0.41
(9)该品牌产品包装	1	5	20	36	5	0.61
(10)该品牌导购员服务态度热情	0	1	25	32	9	0.70
(11)该品牌售后服务好	0	3	25	32	7	0.67
(12)很喜欢该品牌专卖店的装修风格	0	4	21	34	8	0.72
(13)经常看到该品牌的广告	0	4	16	31	16	0.66
(14)能回忆起该品牌广告的部分内容	1	3	16	36	11	0.64
(15)对该品牌促销活动很满意	0	8	24	25	10	0.60

表　古今品牌影响因素满意值测定结果

题目/选项	人数					满意度
	非常不满意	不满意	一般	满意	非常满意	
（1）该品牌符合自我形象	0	2	29	27	5	0.56
（2）该品牌美誉度高，为大家所熟知	0	4	21	34	8	0.72
（3）该品牌的流行趋势	0	0	35	21	7	0.56
（4）该品牌使用效果	3	3	32	17	8	0.38
（5）该品牌款式设计	0	1	27	28	7	0.65
（6）该品牌质量	1	0	8	40	14	1.05
（7）该品牌面料	1	3	23	29	7	0.60
（8）该品牌的价格	0	0	9	45	9	1
（9）该品牌产品包装	1	0	29	26	7	0.60
（10）该品牌导购员服务态度热情	0	3	26	25	9	0.63
（11）该品牌售后服务好	1	1	21	35	5	0.67
（12）很喜欢该品牌专卖店的装修风格	0	2	30	25	6	0.56
（13）经常看到该品牌的广告	1	4	21	29	8	0.62
（14）能回忆起该品牌广告的部分内容	1	5	29	23	9	0.61
（15）对该品牌促销活动很满意	1	1	14	38	9	0.84

2.结果分析

由上述两表得出，影响NIKE品牌满意度的指标当中，价格、产品包装、促销活动满意值分别为0.41、0.61、0.59，处于较低水平，使用效果为较高分值0.84，其他指标综合分值基本平稳。影响古今品牌满意度的指标当中，符合消费者形象、流行趋势、使用效果、店面装修满意值则处于较低水平，分别为0.56、0.56、0.38、0.56，较高分值则的有品牌美誉度、价格，为1.08、1。

顾客对品牌某项指标的满意值的高低直接反映了此品牌在该方面的不足与优势，运动胸衣产品想要更好地向市场推广，则应着重考虑这些因素，做到取其精华，剔除糟粕。由此得出以下分析结论。

（1）产品设计应中加入高科技元素

耐克是专业生产体育用品的公司，拥有丰富的生产运动型服装的技术经验。如在2011年在国内推出Victory系列，包括Adjust X、Contour、Definition、Pro Compression和Shape五款运动胸衣中，耐克公司首先收集了全世界数百名女性的反馈，保留女性普遍钟爱的背心型大圆领胸衣设计，其次耐克公司根据消费者不同的胸型、希望达到的不同效果以及舒适度等做了不同的调整，以供不同的消费者进行挑选，同时采用舒适且透气性强的100%可回收面料与Dri-FIT快干面料相结合，弹性纤维面料的加入使其经过多次水洗也不易变形，这些都体现出耐克公司重视将新技术融入到新品的开发中。

而古今公司是专业生产内衣产品的公司，胸衣的设计具有时尚感和美感，但是其运动胸衣却缺乏了专业运动品生产所要求的技术，消费者难免会对其产品的舒适度、透气性有所质疑。

（2）选取合适的价位

古今内衣拥有良好的业界声誉和群众口碑，且其运动胸衣的价位比较合理，平均价位在50～180元之间，适合国内的消费水平，可以满足不同消费者的需求。

而耐克公司的产品一直处于高端路线，其运动胸衣系列早期产品价格为199元，产品价格一般在249～399元之间，且299元价位的产品种类和数量居多。而上文调查数据显示，女性比较容易接受的价位为50～200元，只有26%的女性顾客才能接受高价位运动胸衣，受限于国内消费水平，耐克公司的胸衣在价格上的优势降低。

四、结论与建议

（一）结论

本文从女性消费者需求角度出发，通过对当代女性消费者对运动胸衣的认知情况、产品需求等进行问卷调查，提出提高我国女性运动胸衣产品市场占有率的对策与建议，供运动胸衣生产企业在品牌建设和市场推广过程中借鉴与参考。

总结得出，国内女性运动胸衣的目标消费群体是21～40岁的女性，其受教育程度相对较高，对品牌有一定的认知和关注度，但对运动胸衣产品特性的认识尚欠缺。能够通过网络来了解相关产品的信息，可接受的运动文胸的价格范围有两个价格区间，分别为51～200元和201～300元。舒适的面料材质和舒适的罩杯设计的运动文胸也是女性顾客的首选，对品牌专卖店的运动胸衣比较放心。女性在购买运动胸衣时倾向于选择质量有保障，产品舒适、透气性好的知名品牌。

（二）建议

（1）企业在设计产品的时候就应该根据消费者的诉求进行设计和生产。由于女性消费具有求美和注重消费体验的特点，因而胸衣的设计也应该尊重女性的心理。运动胸衣的款式设计更加时尚化，重点考虑外穿性和独特功能性的设计，再配以优质的包装设计，同时提升品牌的销售服务，给予女性更好的消费体验。

（2）加大产品技术创新研发资金的投入。在胸衣设计中融入利用高科技研发的新型面料，增强胸衣的排汗功能和穿着的舒适性，并能适于在各种运动场合穿着，从而有利于获得市场竞争的优势。如集防水、透湿、防风和保暖性能于一体的防水透湿织物（Waterproof and Moisture Permeable Fabrics），国外称"可呼吸织物"（Waterproof, Windproof and Breathable Fabrics，简称WWB）、CoolMax、CoolBST等。

（3）在产品销售方面采用产品组合策略。当前大多数生产运动胸衣的企业并没有将运动胸衣作为主打产品，而是作为主流产品之外的一些辅助销售产品进行销售。可参考知名服装企业推行的产品组合销售策略，将企业的一些主流或热销产品与运动胸衣组合后销售。一方面可以提升产品的销售额，另一方面对运动胸衣起到推广和宣传的作用。另外，在延伸运动文胸的产品品类时，可以考虑多品牌策略，将产品分为高、中、低档三个层次，各品牌档次的产品设计要突出其优势特点，旨在为消费者提供符合多方面要求的运动胸衣，有些可侧重产品时尚的外观设计，有些可侧重产品整体的舒适性和排汗性的设计。

（4）注重女性运动胸衣的网络营销模式。女性运动胸衣设计必须紧跟时代步伐，注重以人为本的设计理念，设计出集功能性与时尚性于一体的运动服饰。女性运动胸衣消费者主要是中高收入的年轻人，年轻人更容易接受新事物，也更乐于在网上购物，因此，网络的营销模式也应贴合现代网络时代的大背景。如网上团购、微信营销等模式也可以吸引更多的年轻消费群体。

（5）运动胸衣的推广可根据女性消费心理特征展开。如女性消费者更看重在消费体验中感受来自品牌的优质服务，那么可以在某新的运动胸衣系列上市时开展体验类消费活动，邀请一些VIP客户或者潜在的消费者参与试穿活动。既能使消费者直观地体验到运动胸衣的功能特点，也可以通过顾客的良好评价建立口碑，达到很好的宣传效果，还可以在销售初期，采用打折、赠送其他产品等方式来吸引女性客户选购新产品。

五、附件

女性运动胸衣市场调查问卷

尊敬的女士：

您好！感谢您在百忙之中能抽空填写本问卷。这是一份有关国内女性运动胸衣市场的调查问卷。

问卷填写说明：

1. 问卷采取匿名填写方式，请您根据本人实际情况选择您认为最适合的答案。

2. 此次调查的所有问卷都将严格保密，所有答卷资料仅用于综合统计分析，不具任何商业目的，不会对答卷内容进行单独的个案处理。

若您对问卷填写有任何疑问，欢迎随时与我取得联系：

联系人：×××　　　　e-mail：×××@hotmail.com

谢谢您的合作！

1. 您平时的运动情况是以下哪种：

　　A.几乎不运动

　　B.偶尔运动

　　C.有固定的运动习惯，平均一周运动2、3次

　　D.运动频繁，且强度较大（如相关行业教练、从业人员等）

2. 您在运动时是否会因为胸衣问题而感觉到胸部不适（出汗过多，无法及时排汗也为不适）：

　　A.是　　　　B.否

3. 女性运动胸衣（也叫运动内衣、跳操背心）是指女性在运动时为了保护胸部，减少胸部不适感而穿的专门内衣。您是否购买并使用过此类产品：

　　A.是　　　　B.否

4. 您是否会考虑使用或关注运动胸衣：

　　A.非常愿意　　B.愿意　　　　C.考虑试试　　D.一点也不（终止答卷）

5. 以下渠道中，您一般是通过哪种方式得到类似产品（内衣、运动服装等）的咨询（多选）：

A.杂志　　　　　B.商店海报　　　C.电视广告　　　D.内衣、运动服装网站

E.亲朋好友　　　F.商家推荐

6.如果您打算购买运动胸衣，您愿意选择的品牌是：（单选，以下为运动或内衣产品知名品牌，请选择一个您比较熟悉的品牌）

A.Champion　　　B.浩沙　　　　　C.Enell　　　　　D.华歌尔

E.Nike　　　　　F.Adidas　　　　G.古今　　　　　H.迪卡侬

I.爱慕　　　　　J.维多利亚的秘密

K.其他（请写明品牌名称）_____

7.您选择以上品牌的原因是：（请在对应选项中打"√"）

题项	非常否定1	否定2	一般3	肯定4	非常肯定5
1）该品牌符合自我形象					
2）该品牌美誉度高，为大家所熟知					
3）该品牌体现了流行趋势					
4）该品牌使用效果不错					
5）该品牌款式设计新颖					
6）该品牌质量很好					
7）该品牌面料舒适					
8）该品牌的价格合适					
9）该品牌产品包装精美					
10）该品牌导购员服务态度热情					
11）该品牌售后服务好					
12）很喜欢该品牌专卖店的装修风格					
13）经常看到该品牌的广告					
14）能回忆起该品牌广告的部分内容					
15）对该品牌促销活动很满意					

8.如果您打算购买运动胸衣，您通常会选择在哪儿购买此类产品（多选）：

A.品牌专卖店　　　　　　　　　　B.网上商店

C.一般体育用品店或超市卖场　　　D.大型商场专柜

9.您所能接受的单件运动胸衣产品的价格是：

A.50元以下　　　B.51～100元　　　C.101～200元　　　D.201～300元

E.301～400元　　F.401～500元　　G.501～1000元　　H.1000元以上

10.请按照您对运动胸衣各方面的要求程度对下列选项进行排序：_____

　　　　A.舒适的面料材质　　　　B.合体的裁剪技术　　　　C.时尚动感的款式设计
　　　　D.舒适的罩杯设计　　　　E.专业的功能设计　　　　F.较高的可外穿性
11.据统计，运动胸衣在我国市场上普及度很低，您认为的原因是（多选）：
　　　　A.女性对其产品文化知识缺乏、重视度低　　　B.购买渠道匮乏、不方便
　　　　C.商家媒体宣传力度不够　　　　　　　　　　D.国内市场现有产品不够成熟
　　　　E.其他（请写明原因）_____
12.您的年龄组：
　　　　A.20岁以下　　　　　　　B.21～30岁　　　　　　C.31～40岁
　　　　D.41～50岁　　　　　　　E.50岁以上
13.您的学历：
　　　　A.初中及以下　　　　　　B.高中、中专　　　　　C.大专
　　　　D.本科　　　　　　　　　E.硕士及以上
14.您的月收入：
　　　　A.1000元以下　　　　　　B.1001～3000元
　　　　C.3001～5000元　　　　　D.5000元以上
15.您的职业：
　　　　A.企业、公司管理人员　　　　　　　　　　　　B.公司职员
　　　　C.国家机关干部　　　　　　　　　　　　　　　D.科教文卫人员
　　　　E.商业、饮食、服务业人员　　　　　　　　　　F.学生
　　　　G.个体经营者　　　　　　　　　　　　　　　　H.工人
　　　　I.其他（请给出您的职业名称）_____

　　　　　　　　耽误您的宝贵时间，再次感谢您的合作！

第三章 服装品牌策划

第一节 服装品牌命名

（一）BI计划的概念

BI，即品牌形象设计，由CI（Corporation Identity）派生而来，为了将某种品牌的核心理念准确有效地传达给消费者，塑造一种消费者能够看到、感觉到或体会到的品牌特征。"Identity"一词强调了与众不同的特征，即个性。

BI计划是将品牌特征外在化的战略步骤。进行BI计划的根本目的是从形象上凝练和表征某一品牌存在的理由和理念，以便明确地贯彻到品牌设计、商品企划、促销等各方面。

品牌命名旨在让消费者产生购买的联想，塑造意识价值，促成消费购买的行为。品牌名称的文字内容、形状、色彩、组合等的设计都会让人产生各种视觉的或寓意上的联想。实际的联想过程很复杂而且多样化。BI计划以对消费者的调研为前提，只有在对这些可能产生联想的主体——消费者进行了详细的调研之后，才能开展有效的BI计划，将消费者的联想引向认同和购买的轨道。

一般来说，BI计划可分为两个步骤：基础设计和应用设计。

（二）基础设计

基础设计是指用语言和视觉符号来表达品牌理念的过程，具体包括品牌命名和标识的图案、色彩设计。本章着重阐述品牌命名。

（三）应用设计

完成了BI计划以及基础设计后，要将已经完成的品牌名称或标识具体地运用到商标、吊牌、广告、商品宣传单等所有体系中。并在其中保持标识风格的统一性和传达设计意图的准确性，这一过程称为应用设计。

在应用设计过程中，应当发挥商品的商标、吊牌以及其他一些标识提示与产品相关信息的作用，如品牌名称、商品等级、材料、颜色、尺寸、价格、生产商、生产地、使用方法、维护方法等。

二、品牌的命名

品牌的命名讲究形式美，所谓形式美，是指自然和生活中各种形式因素的有机组合，是意蕴的外在表现形式。品牌、商标的丰富内涵，只有通过高度艺术化的文字、符号和图形表现出来，并通过视觉刺激，让人们理解接受才有意义。因此，设计一个简洁、清晰、个性鲜明和富有美感的品牌名称、商标标志，对于准确传达产品信息，塑造良好企业形象，达到促销的目的具有十分重要的意义。这里与起名直接相关的，自然是品牌、商标的语言美。

品牌、商标的主题，有的蕴涵在标志的深刻意境中，需要欣赏者和消费者自己去感悟。而有的则直接用文字加以说明。好的名称可以起到画龙点睛的作用。名称首先要求与具体的商品内容、特点相结合，与所反映的主题有内在的密切联系。这样，才能体现一定的思想内容和时代精神，具有独创性的艺术特征。具体要求名称要顺口、动听、易记，为消费者所喜闻乐见，又不乏新颖的特点，于平淡、平易中见精神。如"活力28"，名称节奏感强，又因其发音在港台话中有吉利、你发我也发之意，深受港台人士的青睐。又如"健伍"音响，英文为KENWOOD，KEN与英文CAN（能够）有谐音之妙，发音效果又有个性；而WOOD（森林）亦有短促的和谐音，节奏感很强，可算是品牌名称中的佳作。此外，诸如"可口可乐""精工""索尼""声宝""美加净"等品牌，都以其独特、新颖、富有韵律的语言形式著称于世。

三、品牌命名的策略

品牌命名、商标设计是一项策略性的工作，具体可以从以下四个方面考虑。

（一）准确地向人们传达商品的信息

示意商品的性质，反映企业的理念与文化。如"富士"品牌，它可以让人联想到日本圣山富士山的蓝天与白雪，给人以明快、色彩艳丽的感觉，是胶卷质量上乘的象征。又如香港一家时装店的"派"字商标，意蕴更加丰富。因为这个"派"字蕴含了"气派"、"风度"之意，迎合了人们追求美的心理。再如"佳能"标志，当然有质量上乘、性能卓越的含义，同时也传达了佳能公司的企业理念："创造世界第一的产品，促进文化的提升；创造理想的公司，追求永远的繁荣"。

（二）富有时代感

人们的审美与其所处的时代是密切相关的，不同的时代有着不同的审美观点和审美准则。从"王麻子""同仁堂""工农"到"健力宝""代劳力"等无不打上时代的烙印。18、19世纪的西方古典商标，多以繁琐、纤细为美，而现代商标则追求简洁、刺激，并向抽象化、几何形发展。如日本大装公司的企业标志，起初的标志蕴含的意思是"建筑""装修"等，但随着消费者价值观念和生活观念的改变，以及公司业务的不断扩大，需要给企业标志赋予更加丰富的内涵。所以，经重新设计的标志，仍以公司商标ASWAN的第一个字母A表示，但设计成流畅的三角形。文字和图案从视角上给人以美感，包含着"生产""流通"与"生活"一体的意蕴。又如美能达的新标志，它取MINONLTA的O来创造摄影镜头镜片形，光感很强，体现出现代高科技的严密性和精确性，完整准确地传达了产品的性能和特点。

（三）体现一种民族精神

如"长城"保温瓶是上海名牌产品，漫画家沈凡为它设计的图案是一幅山峦起伏、雄伟壮观的"长城"商标，并冠以"完全国货、实业救国"八字，反映了中华民族抵御外侮、自强不息的民族精神。又如"羝羊"商标，它设计的图案是两只相互抵撞的大绵羊，绵羊图案表明了产品的成分，同时"羝羊"与"抵洋"谐音，表达了"抵制洋货"，发展民族工业之意，同样又是一种民族精神的体现。再如"日立"标志，它将"日"和"立"二字抽象地构成图形："日"字居中，既是文字，又是太阳；"日"的外围与"立"字的一横一竖构成"立"字；既是"立"字，又是一个人站立在地平线上，象征公司如日之升的旺盛生命力。

（四）准确反映不同国家、不同民族的风土人情

各个国家、各个民族由于受到不同文化环境的影响，对美的理解也就不尽相同。所以，反映在品牌、商标上的就是不同的民族风格。德国人严谨，往往将视觉图形用高度概括的图形语言来传达信息。如"奔驰"商标，外形似一个汽车的方向盘，肃穆苍劲，在规律中表现工整、匀称，具有冷静、严肃的感觉，使人能联想到奔驰汽车漂亮、舒适、快捷、精良的特征。法国人热情。往往使标志设计与美术融为一体，强调优雅与自由的表现。美国人追求活跃的自由空间，如"罗伯兹酒"商标，新颖活跃，富有表现力，犹如爵士乐般的旋律，跳动而热烈，自成一格，体现出美利坚民族自由奔放的性格。而我国的标志设计，大多沿用中国传统的文化习俗，以汉字的篆、隶、楷、草以及龙、凤等作为图案。如"金凤凰"牌纺织品的商标，以凤凰为图案，并辅之以文字，很鲜明地带有中国传统的审美习惯，利用凤凰在中国人传统心理中是吉祥如意的象征，表达了中华民族向往美好生活的意念。

四、品牌命名案例分析

（一）七匹狼

"七匹狼"品牌来自于周少雄等7个创业年轻人的创意。他们研究了鳄鱼、宾奴（一只漂亮的金鱼）、花花公子（一头可爱的小兔）等牌子后最后选定了狼，因为狼是非常有团队精神的动物，具有机灵敏捷、勇往直前的个性，而这些都是企业创业成功不可缺少的素质。当时他们是七个人一起创业的，"七"代表"众多"，而"狼"与闽南话中的"人"是谐音，最后就以"七匹狼"为企业名称，寓意为他们从事的是一个团结奋进的行业，同时他们非常欣赏它的团队意识，因为它的团队精神是获取成功最关键的一个因素。

（二）劲霸

劲霸男装股份有限公司创办于1980年，经过29年的艰苦创业，现逐渐发展成为专注以夹

克为经营核心的中国商务休闲男装行业领导企业。"劲霸"标志寓意"王者归来",由四个互不连接的不对称的图形向轴心集中,代表世界四个方向的聚集汇拢,相互呼应,和谐共生,组成了一个自信王者的图腾形象,隐含着劲霸公司"观乎天文以察时变,观乎人文以化成天下"之宇宙观;中间留白的纹饰印痕,形如官印,是一种诚信的象征,是一种郑重的承诺,代表着劲霸男装对品质精益求精,对顾客尊重尊崇的价值观。

(三)杉杉

杉杉来源于"彬彬有礼",于彬彬字形相近,起名方式为类似型。20年来,杉杉作为中国服装的龙头企业,引领中国服装业的产业方向。杉杉自创立之日起,就立志"创中国西服第一名牌",以高瞻远瞩的眼光在中国服装界第一次系统地提出了品牌发展战略,开始着力打造杉杉品牌。杉杉率先于中国服装业中推出"名牌战略"、"设计师品牌"、"无形资产运作"、"多品牌、国际化"等先进的产业理念和实践,同时也是第一个实行集团化运作、股份制改造、上市和成为国家扶植的520家重点企业以及"中国500强"企业。

(四)报喜鸟

"报喜鸟"取名民族化,体现昂首欲鸣、展翅高飞的形象,实现企业腾飞的目标。报喜鸟坚持走"打造以知识为基础的国际性品牌",将以30～50岁的中产阶层为目标客户。这部分人群锐意进取、非凡活力、享受生活,事业已经较为成功,有一定的消费能力,而且消费心理成熟,不盲目崇尚洋品牌,符合报喜鸟高端时尚品牌的再定位。报喜鸟将以品质、服务、创新作为品牌的理性特质来满足目标客户的理性需求,以进取、活力、喜悦作为品牌的感性特质来满足目标客户的感性需求,为目标客户提供高品质、优质服务、时尚设计、喜气吉祥的品牌体验,为其创造更高的价值。

(五)NIKE(耐克)

NIKE这个名字,在西方人的眼中很吉利,易读易记,很能叫得响。耐克商标象征着希腊胜利女神翅膀的羽毛,代表着速度,同时也代表着动感和轻柔。耐克公司的耐克商标,图案是个小钩子,造型简洁有力,急如闪电,一看就让人想到使用耐克体育用品后所产生的速度和爆发力。"耐克"命名的运动鞋,鞋底有方形凸粒以增强稳定性,鞋身的两旁有刀形的弯勾,象征女神的翅膀。

(六)Adidas

1972年Adidas首次采用三叶草这个商标。三叶草分别代表奥运精神,也是运动员一直追求的目标—更高,更快,更强。很多的人都认为Adidas(阿迪达斯)商标上的三个叶状的设计代表一朵盛开的花,其实原本它代表的是世界地图,也寓意着阿迪达斯创办人艾迪·特斯尔在运动鞋上所缝的三条带子。从1949年经历一番变化以后,三条带子状的商标,从20世纪70年代开始已被标志世界地图的三块叶子所覆盖。随着时代的改变,由三条带子到三块叶子到三瓣花的相继出现,始终围绕一个三字。因为它代表了Adidas的精神"平等、经典美与最高。"三叶草"只会出现在经典系列产品上,其他产品全部改用新的"三道杠"商标,代表品牌的优质内涵和未来前景。

第二节　目标市场的设定

一、目标市场设定及过程

目标市场设定的是否准确与合理将关系到商品企划整体工作的成败。它是"品牌理念风格设定"、"服装总体设计"、"服装品类组合构成"、"服装销售策略"等工作的前提。

在目标市场的设定中，通过市场细分来充分分析和把握市场状况，并根据企业自身及市场环境选择合适的特定市场，最后对品牌的市场定位做出决策。

目标市场的设定是一个逐步细化的过程。类似于摄影中的聚焦，在范围一步步缩小的同时，所要猎取的目标变得越来越清晰、具体，相应的决策也变得更有针对性。目标市场的设定常常难以一步到位，应根据消费者需求及市场状况的变化不断修正、调整。

二、市场细分

（一）市场细分的定义与目的

市场细分是企业通过调研，根据消费者的需求特点、购买心理、购买行为等方面的明显差异性，把某一产品（或服务）的整体市场划分为（在需求上大体相似的）若干个消费者群，形成不同的细分市场（即子市场）的过程。

市场细分的目的是通过更深入地研究消费需求，为企业选择目标市场服务，使企业更好地适应消费需求。

（二）市场细分的必要

要解决市场消费需求的"多样性"与企业营销资源的"有限性"之间的矛盾。同时，企业营销要确定自己的目标市场，必须分析进行市场细分。

（三）市场细分的依据

市场细分的依据是整体市场存在的消费需求差异性。市场细分不是以物为分析依据，而是以消费者需求差异性作为划分依据的。消费需求差异性是客观的。由于消费者所处的地理环境，社会环境及自身的教育、心理因素都是不同的，必然存在消费需求的差异性。所以市场细分的核心就是区分消费者需求的差异性。

（四）市场细分的特征

细分市场具有消费需求类似性特征。在同一个细分市场上，这一消费群体具有相同或相似的需求、欲望、消费习惯和购买特点。这种类似性只是求大同存小异，不可能达到纯粹的同类。所以市场细分的关键就是正确运用一定的标准，将消费者的需求进行有效细分市场细分是把整体市场划分为若干个具有不同需求的顾客群体；细分市场是市场细分以后所形成的具有相同需求的顾客群体，即小市场。

（五）服装市场细分的作用

（1）有利于发现市场机会，发现消费者未被满足的需求。

（2）能有效地制订最优营销策略，市场细分是市场营销组合策略运用的前提，离开了目标市场制订营销组合策略就是无的放矢。

（3）能有效提高市场占有率，通过细分市场，结合自身特点，取得竞争优势。

（4）有利于企业小投入大效益，通过细分市场，确定目标市场和营销策略，集中优势在目标市场，调整服装产品结构，增强市场应变能力，合理定价，制订分销渠道和促销方案。

（六）服装市场细分的原则

（1）可衡量性　要求细分市场的规模和购买力要可以估算衡量。

（2）可进入性　细分出的市场是企业有足够能力进入的。

（3）可盈利性　细分出的市场容量能够保证企业获得足够的利润。

（4）相对稳定性　细分出的市场必须具有相对的稳定性。

（七）服装市场细分的标准

1. 地理因素

依据不同地理区域进行细分市场的标准具体标准：南方、北方；东部、西部；城市、农村，地理标准是常用的市场细分标准，最为稳定、明显、容易操作。

2. 人文因素

人口标准：年龄、性别、职业、收入。依据消费者的年龄、性别、收入、职业、教育、宗教信仰、家庭情况对市场进行划分。人口统计变量比较容易衡量，有关数据相对容易获取，由此构成了企业经常以它作为市场细分依据的重要原因。

（1）年龄　不同年龄消费者的消费需求和购买力具有明显差异。如服装市场划分为婴幼儿市场、少儿市场、青年市场、中老年市场。

不同年龄段的需求特点：儿童以生理需求为主，形成刚性化的饮食习惯和刚性化的生活习惯；青少年以社会需求为主，形成刚性化的价值观，追求时尚和潮流；中年人理性，强调功能和技术优势，可接受适当的高价；老年人价格敏感度高，注重方便性售后服务。

（2）性别　不同性别具有不同的消费需求和购买行为，这是自然生理差别引起的差异，根据消费者性别标准可以划分为男性市场和女性市场。

男性逻辑思维能力强，对机械的动手能力强；容易做出购买决策；对价格不甚敏感；考虑问题较单一（功能性）；不喜欢逛街（男性逛商场的心理极限为72分钟）。

女性对服装审美体验的深度和广度优于男性；购买决策速度较慢；对价格较敏感；考虑问题全面、细致、周到（方便性、维修、外观、功能等全盘考虑）；喜欢逛街。

例如：美国商界中女性权力的变迁

据调查，美国女性拥有美国全部股权的50%以上；掌控94%的家具装饰支出、91%的家用消费品购买，拥有60%的汽车，承担50%的商务旅行；33%的企业主为女性；60%的成年女性工作，30%的已婚女性收入超过配偶；57%的学士学位颁发给女性，女性研究生的比例在法学院为49%，在医学院为50%。

案例：右手之戒（钻戒品牌）

☆ 传统的左手角色（贤妻良母）

☆ 现代的右手角色（权力和独立）

☆ 传统的钻戒广告：爱情、浪漫、婚姻、忠贞

☆ 现实：独身、同居、离婚

☆ 目标市场：年收入在10万美元以上的30多岁到50岁出头的女性。

☆ 广告模特：性感、惹眼、健美、野性

☆ 广告语：

"左手轻摇摇篮，右手驾驭世界"

"左手宣告的是承诺，右手代表的是独立；左手为情爱而生，右手为精彩而活；左手渴望为爱人相牵，右手渴望为事业抬起。世上的女性们，举起右手吧！"

（3）经济收入　消费者的收入直接影响他们的购买力、对消费需求的数量、结构和趋向具有决定性的影响。服装、化妆品、家具、家电、饮服、住宅等行业均考虑此细分依据，把市场分为高档市场、中档市场和低档市场。

（4）职业　消费者的职业不同会引起不同的消费需求。如公司的职业女性、教师和演员对服装、鞋帽和化妆等产品的需求会有自己独特的购买要求，根据职业变数可以划分白领市场、工薪市场不同分市场。

3. 心理因素（Psychographic）

心理标准是依据消费者心理特征细分市场的标准，包括生活方式、消费个性、购买动机、购买态度。

心理标准与以下消费关系密切：① 收入高的消费群体；② 非生活必需消费。

① 生活方式。根据消费者对自己的工作、休闲和娱乐的态度来划分市场。消费者生活可分为紧跟潮流者、享乐主义者、主动进取者、因循保守者等的生活方式，划分相应细分市场。一些服装企业，分别为"简朴的妇女""时髦的妇女"和"有男子气的妇女"分别设计不同服装。

② 消费个性。个性是指一个人比较稳定的心理倾向与心理特征，每个人的个性都会有所不同。如妇女对化妆品选择上各有所好，可分为随意型、科学型、时髦型、本色型、唯美型、生态型等个性类型。根据个性类型把市场划分为不同的细分市场，企业可以给细分市场的产品赋予个性特征，获得营销成功。

③ 购买动机。消费者购买动机可分为求实动机、求名动机、求廉动机、求新动机、求美动机等。企业可把不同的购买动机作为市场细分的依据，把整体市场划分为若干个细分市场，如廉价市场、便利市场、时尚市场、炫耀市场等。

④ 购买态度。消费者对产品的态度可分为热爱、肯定、冷淡、拒绝和敌意五类。通过购买态度的市场细分，企业对持不同态度的消费者群，应当酌情分别采取不同的市场营销组合策

略。对那些不感兴趣的消费者，企业要通过适当的广告媒体，大力宣传介绍企业的产品，使他们转变为有兴趣的消费者。

4. 行为因素

行为标准是指依据消费者的购买行为进行细分市场的标准。具体有购买时机、购买场合、寻求利益、使用状况、使用频率、品牌忠诚度等。

（1）购买时机　根据顾客的有规律购买或无规律购买、平时购买或节假日购买等购买时机性进行市场细分。企业应注重"节日市场"营销，不仅重视国庆节、劳动节、春节、中秋节等这些节日市场，对圣诞节、情人节、母亲节、父亲节等西方节日也应抓住时机开展营销活动。

（2）购买场合　消费者购买商品的场地如百货店、超市、购物中心等。不同购买场合为消费者提供的购物环境不同，商品陈列和服务不同，对消费购买行为也会产生影响。

（3）寻求利益　消费者购买某种产品总是为了满足某种需要。根据顾客从产品中追求的不同利益来细分市场。如牙膏购买者有的是为了经济实惠，有的是为了防治牙病，有的是为了洁齿美容，有的是为了口味清爽等。企业可根据消费者追求的不同利益对市场进行细分，从而推出体现一定利益的产品，实施有针对性的营销策略。

（4）使用状况　消费者对产品使用，可分为非使用者、曾使用者、潜在使用者、初次使用者、经常使用者五类，可据此分为五种细分市场。实力雄厚的大企业对潜在使用者市场比较感兴趣，而一些中小企业则特别注意吸引经常使用者市场。企业可以依据使用状况划分不同的细分市场，制订不同的营销策略。

美国一家公司发现美国啤酒的80%是被50%的顾客消费掉的，另外一半的顾客的消耗量只占消耗总量的20%。因此，啤酒公司宁愿吸引重度啤酒饮用者，而放弃轻度啤酒饮用者，并把重度啤酒饮用者作目标市场。公司还进一步了解到大量喝啤酒的人多是工人，年龄在25～50岁之间，喜欢观看体育节目，每天看电视的时间不少于3～5小时。

（5）使用频率　根据消费者使用频率可把市场细分为大量使用、一般使用和少量使用市场。企业往往把大量使用市场作为自己的目标市场。例如，啤酒的大量使用者为中青年人；化妆品的大量使用者为成年妇女；保健品的大量使用者为中老年人；时装的大量使用者为年轻女性；玩具的大量使用者为儿童。

（6）品牌忠诚度　根据对品牌忠诚度把消费者分为坚定忠诚、一般忠诚、喜新厌旧、无固定偏好四类，依此可分为不同的细分市场。在坚定忠诚者占多数的市场里，企业可以不用担心竞争者的轻易进入；但消费者忠诚度不高或不忠诚的市场，企业则要设法改进营销和广告促销方式来吸引他们，培养自己的忠诚顾客。

（八）服装市场细分的方法

（1）单一细分法（平行细分）　选用一个因素，进行市场细分。

（2）双因素细分法（交叉细分）

（3）多因素细分法

① 立体细分。运用两个以上因素，同时从多个角度进行市场细分。根据消费者年龄、性别和收入，将服装市场分割成18个子市场（如图3-1）。

这18个子市场分别为：① 男性老年高收入者市

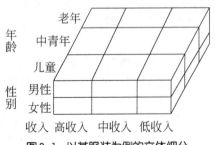

图3-1　以某服装为例的立体细分

场，② 男性老年中收入者市场，③ 男性老年低收入者市场，④ 男性中青年高收入者市场，⑤ 男性中青年中收入者市场，⑥ 男性中青年低收入者市场，⑦ 男性儿童高收入者市场，⑧ 男性儿童中收入者市场，⑨ 男性儿童低收入者市场，⑩ 女性老年高收入者市场，⑪ 女性老年中收入者市场，⑫ 女性老年低收入者市场，⑬ 女性中青年高收入者市场，⑭ 女性中青年中收入者市场，⑮ 女性中青年低收入者市场，⑯ 女性儿童高收入者市场，⑰ 女性儿童中收入者市场，⑱ 女性儿童低收入者市场。

②系列因素细分。也是运用两个或两个以上因素细分市场，与立体细分不同的是，依据一定顺序，由粗到细，逐层展开，每下一步的细分，均在上一步选定的子市场中进行，细分的过程，其实也就是比较、选择目标市场的过程（如图3-2）。

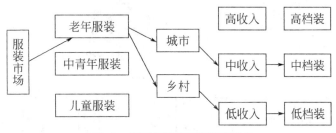

图3-2 服装市场的系列因素细分

例如图3-2中服装市场的下一级子市场是老年服装，老年人根据城市与乡村居住地的不同而收入不同，而根据收入的高低再进一步细分确定购买服装的档次价位。

三、目标市场的选择

市场细分与目标市场选择有着密切的联系：市场细分是服装企业选定目标市场的基础；选择目标市场是服装市场细分的归宿。

（一）服装细分市场的价值评估

1. 评估"市场规模"和"增长潜力"

适合的规模和增长潜力是相对于企业的经营目标和营销实力而言的。评估需要通过对消费者的数量、购买力、消费习惯及对价格变动的敏感程度等情况的调查，来分析产品的销售量、销售金额和具体计算未来消费增长幅度。

2. 评估细分市场的"市场吸引力"

所谓市场吸引力主要是指长期获利率的大小。一个具有适当规模和增长潜力的细分市场，但从获利观点来看有可能缺乏盈利潜力，不一定具有吸引力。影响细分市场"长期盈利潜力"的因素有现实竞争者、潜在竞争者、替代产品、购买者、供应商。市场吸引力评估关键是"经营损益"评估。

3. 评估要结合"企业目标和资源"

有些细分市场虽然有较大吸引力，但不符合企业的发展目标；有些细分市场超过企业目标，实施难度过大；有些细分市场低于企业目标，企业不能胸无大志，缺乏使命感。考虑企业的资源条件，选择那些有条件进入、能充分发挥其资源优势的细分市场作为目标市场。

（二）服装目标市场的选择方式

产品与市场关系示意图见图3-3，目标市场的涵盖模式见图3-4。

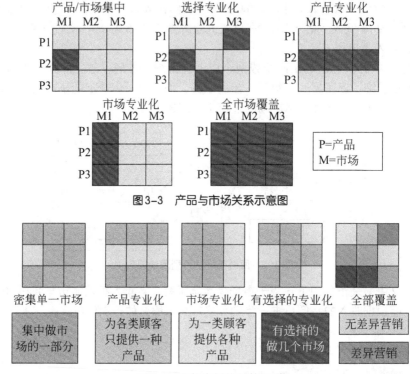

图3-3　产品与市场关系示意图

图3-4　目标市场的涵盖模式

（1）产品/市场集中化是以一类产品来满足某一类顾客群的消费需要。

（2）选择专业化是以不同产品来满足若干顾客群的消费需求。

（3）产品专业化是以一种产品来满足各类顾客群的消费需求。

（4）市场专业化是以各种产品来满足某一类顾客群的消费需求。

（5）全市场覆盖是以不同种产品来满足各类顾客群的消费需求。

四、市场定位

（一）市场定位的含义

美国著名广告专家Rise & Trout（1972）说过："定位是本企业与其他竞争者严格区分开来，使消费者明显感知到的产品形象和个性特征；市场定位并不是你对一件产品本身做些什么，而是你在潜在消费者的心目中做些什么"。

企业根据竞争者的产品在细分市场所处的地位和顾客对产品某些属性的重视程度，塑造出本企业产品与众不同的鲜明特色或个性，并传递给目标顾客，使该产品在目标顾客心中占有一个独特的位置。实质就是勾画企业产品在目标市场即目标顾客心目中的形象，使企业所提供的产品具有一定特色，适应特定顾客的需要和偏好，与竞争者的产品有所区别。

(二)市场定位的内容

1. 影响市场定位的因素

（1）目标顾客对产品的评价标准　了解购买者最大的偏好和愿望，以及对产品优劣的评价标准。主要有功能、质量、价格、款式、服务、节电、低噪声等。

（2）竞争者的定位状况　了解竞争对手的产品在消费者心中的形象如何？营销策略和效果如何？估量产品的成本和经营情况。

（3）本企业潜在竞争优势　产品价格上具有竞争优势，降低成本；产品特色上具有竞争优势，发展特色产品。

2. 市场定位的步骤

（1）确定产品定位依据　目标顾客对产品的评价标准一般有产品功能、质量、价格、款式、服务等。以某H企业准备进入彩电市场为例分析其定位图的变化。通过市场调查分析，了解到消费者对产品最为关注的是功能多少和价格高低，见图3-5。

（2）确定竞争对手的定位　了解竞争对手产品的特色，分析竞争对手的竞争优势。如市场上已有A、B、C三个主要生产厂家，其产品市场定位，如图3-6，图中圆圈的大小表示市场占有份额的大小。

（3）确定本企业产品定位　分析本企业的竞争优势；定位策略来设计正确的定位方案，分别采用"对抗"H1方案、"填补"H2方案、"并列"H3方案及组合方案，如图3-7～图3-10。

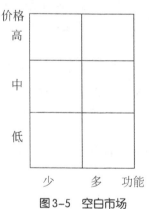

图3-5　空白市场

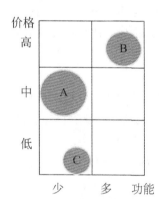

图3-6　竞争对手分布

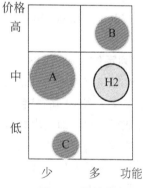

图3-7　填补方案

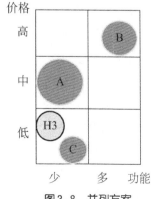

图3-8　并列方案

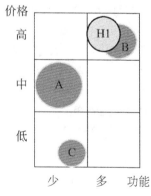

图3-9　对抗方案

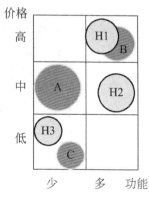

图3-10　组合方案

（三）市场定位的策略

1. 对抗定位策略（H1）

企业要从市场上强大的竞争对手手中抢夺市场份额，改变消费者原有的认识，挤占对手原有的位置，自己取而代之。目的是企业准备扩大自己的市场份额，决心并且有能力击败竞争者。优点：竞争过程中往往相当惹人注目，甚至产生所谓轰动效应，企业及其产品可以较快地为消费者或用户所了解，易于达到树立市场形象的目的。缺点：具有较大的风险性。

注意：企业在以下情况可以采用对抗定位：能比竞争者生产出更好的产品；该市场容量足以吸纳两个以上竞争者的产品；比竞争者更多的资源和更强的实力。

2. 填补定位策略（H2）

企业为避开强有力的竞争对手，将产品定位在目标市场的空白部分或是"空隙"部分。优点：可以避开竞争，迅速在市场上站稳脚跟，并能在消费者或用户心目中迅速树立一种形象。这种定位方式风险较小，成功率较高，常常为多数企业所采用。缺点：有时候企业必须放弃某个最佳的市场位置，很可能使企业处于最差的市场位置。

注意：研究市场的空白处是因为没有潜在的需求，还是竞争对手无暇顾及；考虑这一市场部分是否有足够的需求规模？是否足以使企业有利可图？考虑企业的营销能力是否能胜任市场部分的开发，自身是否有足够的技术开发能力去提供足够的产品。

案例：北京SOHO现代城位于北京中央商务区（CBD），曾创造北京房地产界的销售奇迹。产品"Small Office Home Office"差异化：针对居家办公的中小创业者，将居住空间和办公空间合二为一。

3. 并列定位策略（H3）

企业将产品定位在现有竞争者的产品附近，服务于相近的顾客群，但产品有所区别，显示自己与竞争者不同的特色。当企业意识到自己无力与同行的强大竞争者相抗衡时，根据自己的条件取得优势，即突出宣传自己与众不同的特色。

注意：必须知己知彼，尤其应清醒估价自己的实力，不一定试图压垮对方，只要能够平分秋色就已是巨大的成功。

案例：七喜的定位（见图3-11）

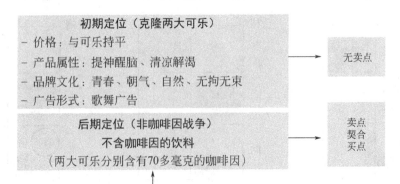

图3-11　七喜定位调整

4. 重新定位策略

企业对过去的定位进行修正。采用这种策略的企业必须改变目标消费者对其原有的印象，使目标消费者对其建立新的认识。一般情况下，这种定位目的在于摆脱困境，重新获得增长与活力。

注意：企业的经营战略和营销目标发生了变化；企业面临激烈的市场竞争；目标顾客的消费需求的发展变化。

案例：万宝路成功的"变性手术"。

万宝路刚进入市场时是以女性作为目标消费者，它的口味也是特意为女性消费者而设计：淡而柔和。为此它推出的广告口号是：像五月的天气一样温和。从产品的包装设计到广告宣传，万宝路都致力于明确的目标消费群——女性烟民。然而，尽管当时美国吸烟人数年年都在上升，万宝路香烟的销路始终平平。20世纪40年代初，莫里斯公司被迫停止生产万宝路香烟。

后来，广告大师李奥贝纳为其做广告策划时，作出一个重大决定，万宝路的命运也由此发生了转折。李奥贝纳决定沿用万宝路品牌名对其进行重新定位。他将万宝路重新定位为男子汉香烟，并将它与最具男子汉气概的西部牛仔形象联系起来，吸引所有喜爱、欣赏和追求这种气概的消费者。通过这一重新定位，万宝路树立了自由、野性与冒险的形象，在众多的香烟品牌中脱颖而出。从20世纪80年代中期到现在，万宝路香烟一直居世界各品牌香烟销量首位，成为全球香烟市场的领导品牌（如图3-12）。

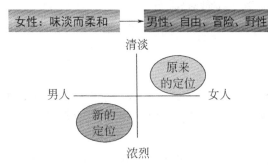

图3-12　万宝路香烟的重新定位

五、目标市场的营销策略

市场战略示意图见图3-13。三种目标市场营销战略示意图见图3-14。

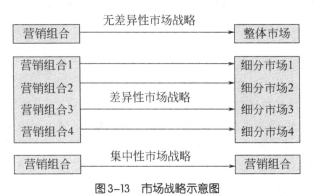

图3-13　市场战略示意图

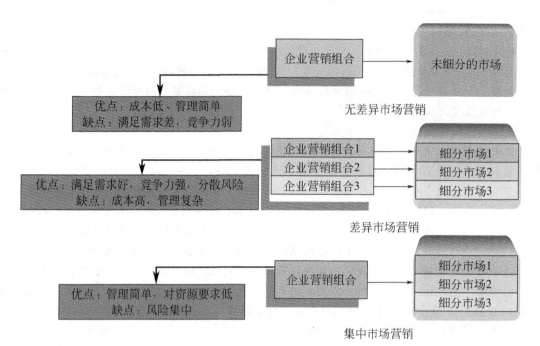

图3-14 三种目标市场营销战略示意图

（一）三种目标市场营销战略

1. 无差异性市场战略

无差异市场营销策略是企业把一种产品的整体市场看作一个大的目标市场，只考虑消费者在需求方面的共同点，而不管他们之间是否存在差别，企业采取以一种产品去满足市场上所有消费者需求的营销策略。

一般来说，这种策略主要适用于市场有广泛需求的、企业能大量生产并大量销售的产品。采用这种策略的企业一般是实力雄厚的大企业。这种战略的特点是将产品的整个市场视为一个目标市场，只提供一个产品，运用单一的营销策略开拓市场。只考虑消费者或用户在需求上的共同点，而不关心他们在需求上的差异性。优点：使企业能够规模经营；成本的经济性，节省费用，品牌影响大；缺点：主要是市场适应性差，难于满足所有顾客，风险大。

例如：20世纪60年代前的可口可乐：单一口味、单一瓶装、统一广告宣传用语。福特的黑色T型车，最初福特公司只以合理的价格向人们提供一种标准的汽车：T型车，该汽车甚至只有一种颜色——黑色。

2. 差异性市场战略

1. 营销组合A——细分市场A
2. 营销组合B——细分市场B
3. 营销组合C——细分市场C

这种战略的特点是根据消费者需求的差异性，将整体市场划分为若干细分市场。针对每一细分市场设计不同的产品，采用不同的价格，促销方式，满足各细分市场的不同需要。优点：适应不同消费者的需求，促进产品销售；减少经营风险；提高市场竞争力；缺点：增加营销成本；使企业的资源配置不能有效集中，拳头产品难以形成优势。

例如：宝洁（P&G）洗发水市场的功能细分（如图3-15）。

3. 集中性市场战略

营销计划——细分市场A、细分市场B、细分市场……

图3-15 宝洁公司洗发水功能细分

（二）目标市场营销策略的影响因素

（1）企业实力 如果企业各方面实力很强，如在生产、销售、资源、研发、管理等方面均有很强的优势，则可考虑采用无差异性或差异性市场营销策略，否则，采用集中性市场营销策略较为妥当。

（2）市场性质 如企业所面临的为同质市场，即顾客的需求、消费习惯和购买行为等大体相同时，企业可采用无差异性市场营销策略，反之则可采用差异性或集中性营销策略。

（3）产品性质 对产品性质差异性很小的产品，可实行无差异性市场营销，而差异性较大的产品，则应实行差异性市场营销或集中性市场营销。

（4）产品的生命周期 产品处于投入期时，品种单一，竞争者少，可采用无差异性策略。而当产品进入成长期后，则适宜选用差异性市场战略，以利于开拓新市场，扩大销售；或者实行集中性营销策略，以设法保持原有市场，延长产品的生命周期。

（5）竞争者情况 如果对手是强有力的竞争者，采用的是无差异性营销，那么本企业就可实行差异性营销；如对手已实行差异性营销，那么本企业就应对市场做进一步的细分，实行更为有效的差异营销或集中营销。如果竞争对手力量较弱，也可采用无差异市场营销。

案例：欧莱雅的品牌金字塔战略

欧莱雅是全球排名第一的化妆品公司，拥有600多个品牌，进入中国的有"巴黎欧莱雅""美宝莲""兰蔻""薇姿"等10个品牌。中国化妆品市场特点为市场大，消费梯度多，尤其是塔基部分比例较大。欧莱雅品牌金字塔战略（如图3-16）。采用多品牌战略，对多个细分市场进行覆盖，在每一细分市场用多品牌同时切入。

图3-16 欧莱雅品牌金字塔战略

塔尖部分：高端产品（在高档百货商场销售）。第一品牌赫莲娜，消费群体为年龄偏高，消费能力极强。第二品牌兰蔻，消费群体为年龄比赫莲娜年轻一些，具有相当的消费能力。第三品牌碧欧泉，消费群体为年轻时尚，具有一定消费能力。

塔中部分：中端产品。美发产品（卡诗/欧莱雅专业美发），通过发廊及专业美发店销售。活性健康化妆品（薇姿/理肤泉），通过药房经销。

塔基部分：低端产品（大众类产品）。巴黎欧莱雅、羽西、美宝莲、卡尼尔、小护士。大众类产品第一品牌巴黎欧莱雅，有护肤、彩妆、染发等产品，大众类产品第二品牌羽西，秉承"专为亚洲人的皮肤设计"的理念。大众类产品第三品牌美宝莲，在全球很多国家彩妆领域排名第一。美宝莲的定位是"国际化的品牌，平民化的价格，要让中国的消费者买得起，且便于购买"。大众类产品第四品牌卡尼尔和第五品牌小护士，面对追求自然美的年轻消费者。

六、目标市场营销策略案例分析——雅戈尔

雅戈尔集团创建于1979年，经过30多年的发展，逐步确立了以品牌服装、地产开发、金融投资三大产业为主体，多元并进、专业化发展的经营格局，成为拥有员工5万余人的大型跨国集团公司，旗下的雅戈尔集团股份有限公司为上市公司。2014年集团实现销售收入590亿元，利润39.35亿元（同比增长30%），完成税收28亿元。位列2014中国民企500强第30位。

（一）目标市场营销战略

企业根据某一类产品的不同需求，将顾客细分为若干群体，结合特定的市场环境和自身的资源条件，选择某些特定群体作为目标市场，并根据企业现有产品的市场地位和顾客对产品属性的重视程度，对产品进行市场定位，制订有针对性的市场营销战略和策略。

（二）雅戈尔集团的经营格局

是以品牌服装、地产开发、金融投资三大产业为主体，多元并进、专业化发展，下面就品牌服装进行目标市场战略分析。

目标市场：成熟、追求个性和时尚的都市成功男性。

目标市场战略：集中性营销战略。

市场定位战略：产品差异化战略。

品牌服装是雅戈尔集团的基础产业，经过30多年的发展，已形成了以品牌服装为龙头的纺织服装垂直产业链。随着2008年集团并购美国KELLWOOD公司旗下核心男装业务——新马集团，雅戈尔更获得强大的设计开发能力、国际化运营能力以及遍布美国的分销网络，成为全球最大的男装企业之一。目前雅戈尔在全国拥有100余家分公司，400多家自营专卖店，共2000余家商业网点。拥有衬衫、西服、西裤、夹克、领带和T恤六个中国名牌产品。

雅戈尔把目标市场定位于成熟、追求个性和时尚的都市成功男性，实行的是集中性营销战略，产品差异化战略。例如：雅戈尔衬衫汲取现代科技精髓与国际化先进理念，追求卓越品质，继HP免熨产品被评为"国家级新产品"后，雅戈尔又先后开发了代表当今最先进免熨技术的"VP免熨衬衫"、"VP吸湿快干衬衫"、"DP纯棉免熨衬衫"等炙手可热的衬衫新品；西服不断进军高端领域，先后开发了半毛衬西服和全毛衬西服；休闲服以金属配件等呈现男性理性、冷静的时尚概念，配以毛、皮等则彰显高贵、自然；雅戈尔皮具产品与雅戈尔品牌服饰定位一脉相承，皮鞋、皮包、皮带、票夹等皮具产品取材高档，款式风格经典利落，深受商务及都市成熟男性的青睐。

雅戈尔服装致力于高品质衬衫、西服等服装产品，可以看出其将产品市场定位于职业男性，且是生活在都市的收入水平较高、追求生活品质的成功男性。集中化经营该领域消费者所需的各种产品，如领带、皮具等，实行集中性营销战略。而且，在市场定位时，雅戈尔运用先进技术，在产品质量、款式、风格上下了大功夫，即在产品质量、款式上实现差别化，实行产品差别化战略。

第三节　流行趋势预测与设计

流行趋势是在未来的一段时期内出现的社会现象，这种现象是由某种生活方式或观念意识所形成的。美国社会学家布卢默（Herbert Blumer）认为现在是消费者制造流行的时代，是设计师在适应消费者的需求，现代流行其实是通过大众的选择得以实现的。建立一个有效而完整的流行资讯系统集合优势设计资源才能准确把握流行的方向，使服装品牌的产品设计在日益激烈的市场竞争中，把握自己的方向，不再盲目顺从市场。因此，流行趋势的设计不仅给服装品牌策划师提供策划思路，也为设计师指明设计方向，还能通过服装流行趋势的设计引导消费者的购买行为，服装品牌最终能够在商业竞争中获得优势地位。

一、流行趋势的信息来源

流行趋势的变幻莫测，但有其内在的规律可循。服装产品是季节性、时尚性突出的产品，应有鲜明的流行特色。服装品牌所设计的服装产品能在流行中占有一席之地，服装品牌的设计开发人员必需关注流行趋势信息，从这些流行信息中还可以发现消费者心理、消费行为的变化。通常流行趋势信息的来源被分为：一级信息来源是国际权威的纱线、面料领域流行的信息，可以通过面料展以及权威机构的流行预测获得信息；二级信息来源是国内外服装市场的信息，透过服装发布会、服装展览可以获得相关信息；三级信息来源是服装品牌内部的设计或销售部门，一般是通过对一级和二级信息的分析，结合本品牌的产品定位或竞争品牌的畅销款的销售情况来预测流行趋势，很多国外知名服装品牌都有专门的流行趋势预测部门发布最新的趋势信息，成为流行趋势的主导力量，是其他普通品牌获取流行信息的渠道之一。由于三级信息的来源也是建立在前者的基础之上，本文主要介绍一级和二级信息的来源。

（一）专业权威组织机构的流行预测

流行预测信息是建立在广泛的调研和对社会发展趋势全方位估测的基础上，每年国内外专业预测机构都会发布多个主题的流行趋势，这些流行趋势主题都融入了社会、文化、经济等因素。服装品牌可以根据这些流行预测信息作为参考，合理选择与运用某种主题的流行色或面料，可以加以改造或直接用于生产，流行元素应与品牌整体设计风格有机结合起来。实际上，服装流行预测已经成为服装行业内规模化、产业化、专业化的研究，相关服装预测机构也越来越多，知名的流行预测机构有国际流行色协会、国际羊毛局、美国棉花公司、杜邦公司、美国潘东公司、法国服装工业协会等，国内流行预测机构有中国纺织信息中心、中国流行色协会等。这些专业流行预测机构为时尚领域的设计师和企业提供专业的时尚信息资源，包括色彩与面料的流行趋势，色彩、面料企划以及色卡和面料小样的订制。中国纺织信息中心和中国流行色协会共同成立色彩事业部，专注于时尚色彩研发和色彩管理，建立了中国纺织色彩体系（简称英文CNCSCOLOR），统一了中国纺织服装行业色彩交流语言。

国际和国内流行预测机构每年都会提前发布未来18个月的春夏和秋冬两季的主题预测。流行预测涉及的主要内容有色彩、面料、风格、款式等方面。国际流行色的预测是由国际流行色协会从各成员国提案中最终确定三组色彩流行趋势主题,分别为男装、女装和休闲装;国际羊毛局和美国棉花公司每年也会发布新一年的色彩和面料流行趋势;中国流行色协会结合国内外流行元素发布适用于国内服装品牌的流行色预测信息。各大权威机构的流行预测借助现代媒体高效率的宣传,有效地冲击消费者的视觉和心理,使消费者在潜移默化中受到引导。如在国内,各类流行预测机构通常在举办中国国际纺织面料及辅料博览会或展销会时,发布专业的流行预测趋势报告会向服装企业和相关业内人士宣传流行预测信息。因为流行预测的成功率最高可达到70%左右,许多服装品牌会进一步通过权威机构的流行预测信息以对下一季的流行做出合理、适时的判断,并推出服装新产品。

(二)时装发布会

  时装发布会也称服装秀或时装秀,真人模特动态展示服装。时装发布会通常都是服装设计师获取流行资讯的主要途径。时装发布会每年春夏(SS九月)和秋冬(AW二月)两季,世界四大时装中心的巴黎、伦敦、米兰、纽约有高级时装和高级成衣的时装周。法国时装协会致力于打造世界时装之都,巴黎时装周以精湛的高级定制著称,也是全球最具有实力的优秀时装设计师施展才华、发布信息的时装周,巴黎时装周宣传海报(如图3-17),巴黎时装周会发布高级时装、男装成衣和女装成衣,其中以巴黎女装成衣发布周的规模和影响最大,聚集了100家世界顶级设计师和服装品牌发布最新时装概念。伦敦时装周充满英伦的贵族气息,以发布新概念的先锋派年轻另类流行时装而闻名于世;米兰时装周极具本土性,发挥传统的意大利纺织产业优势,集中了欧洲优秀的设计品牌,被认为是世界时装设计和消费的"晴雨表",以纺织与高级成衣设计而受瞩目;纽约时装周以商务休闲服装为主,其商业氛围也最浓。通过几大时装周的发布会可以了解各大服装品牌的设计灵感来源,服装造型、款式、面料、色彩以及配饰等流行的风格(如图3-18)。

图3-17 巴黎时装周宣传海报　　　　　　图3-18 时装发布会

  首先透过时装发布会,主题鲜明的时装秀场的布置也能最为直观地展现出服装品牌的理念和影响力,能够烘托新品设计的主题,给人们带来深刻的印象。通常强调创意概念性的服装品牌借助独具一格的时装发布会形式展现服装产品。如法国品牌香奈儿(Chanel)每季秀场的布置秉承经典又创意多变,2013~2014秋冬高级成衣发布会现场设置成巨型地球模型,并在地球上标出所有香奈儿(Chanel)店铺,打破了传统T型台的走秀模式,模特环绕"地球"走秀(如图3-19)。国内服装品牌无用在设计中融入了东方哲学的理念,服饰设计追求返璞归真的意念,一反常规由真人模特静态展示服装(如图3-20)。

图3-19　法国品牌香奈儿（Chanel）2013～2014秋冬成衣新品发布会

图3-20　静态展示的时装发布会

其次，通过观看时装发布会可以整理出各类服装品牌发布新品的图片。仔细观察和分析各大时装发布会的设计主题，经过不断的积累可成为汲取设计元素的主要来源，很多服装品牌就是借鉴这些成熟的服装品牌设计，在设计中根据需要重新组合这些流行元素，设计出符合本品牌服装产品（如图3-21、图3-22）。服装品牌ZARA的产品设计始终保持时尚性的原因在于其设计策略是直接从各大时装周的发布会上获取灵感后再进行设计。所推出的服装产品不是复制其他大品牌的设计，而是巧妙地汲取知名品牌的设计元素并进行大量再创造。产品设计中凸显服装品牌自身的多样性、个性化、时尚性的品牌特征，价格定位更适合普通消费者的要求，这些因素使ZARA成为受消费者追捧的平民品牌。因此，掌握最新时装发布会的动态信息至关重要，也是把握流行趋势的一个重要途径（如图3-23、图3-24）。

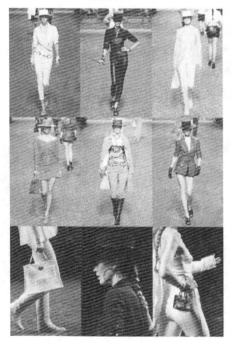

图3-21　时装发布会图片集锦1

图3-22　时装发布会图片集锦2

图3-23 从时装发布会汲取灵感设计服装1

图3-24 从时装发布会汲取灵感设计服装2

(三)时尚媒体(杂志及网络媒体)

由于大多数消费者并不能观看时装发布现场观看,或亲临面料展去了解相关的时尚信息。时尚媒体则成为服装产品和消费者之间沟通的桥梁,因此,调研时尚信息的重要渠道就是通过时尚媒体来了解。时尚杂志、报纸、电视、网络媒体等发布的时尚信息对消费者的消费动向和购买趋势具有引导作用。时尚杂志有两大类:一类是针对消费者的有指导性消费的时尚杂志,另一类是专业性的流行情报杂志。时尚杂志提供最新的潮流服饰以及搭配方案。专业性情报杂志称为设计师和品牌策划师的主要参考资料(如图3-25、图3-26)。

在网络信息时代,网络媒体是传播和获取服装流行趋势信息的重要渠道。网络媒体如中国纺织信息图库、蝶讯网、穿针引线论坛、海报网、WeArTrends网、VOGUE时尚网等都会发布各大时装周发布会集锦、街拍流行、流行趋势分析报告等信息,并提供专业的时尚搭配指导信息(如图3-27、图3-28),还可以透过服装品牌的网站、时尚电视频道收看发布会的视频,

图3-25 时尚杂志与流行情报杂志1

图 3-26　时尚杂志与流行情报杂志 2

图 3-27　网络时尚资讯 1

图 3-28　网络时尚资讯 2

如CHANEL的官方网站就发布最新的发布会视频，法国著名的时装频道FASHION TV全天播放最新的各大服装品牌的时尚发布，将时尚资讯传达给大众。

（四）各类展览会

通过参加面料展、艺术展、服装展等这类展览会可以开阔视野、拓宽订货或销售渠道，还能了解最新的各类流行信息。所获取的信息资源都可能成为设计师进行趋势设计的灵感来源。

专业展览会：具有影响力的专业展会所发布的流行趋势信息是获得国际流行资讯的主要渠道。每年的春夏和秋冬两个季度国内外都会举办的大型的专业展览会，分横机纱线、织物、服装成品等不同类型，如巴黎第一视觉面料博览会、米兰联合面料展、大邱国际纤维展、中国国际纺织面料及辅料博览会、服装服饰展等，2015年上海服装服饰展集合了200多个国内外品牌参展，囊括服装、首饰、眼镜、鞋子、家居品等各种类别，知名的中国设计师品牌、海外的设计师品牌与大量新生代设计品牌以规划展厅的展览方式推广最新的服装产品（如图3-29、图3-30）。

在这些展会上可以了解到最新的面料趋势，以及最新的工艺和新材料，还可以寻找制作成衣的面辅料。通过参展商提供的样衣，设计师深入了解面料和纱线的特性，直观地接触到面料和纱线，充分运用触摸、观察、与厂商交流等方法，了解面料的垂感、质感、手感、透明度，以及其纤维原料组成状况，观察面料的色彩、花纹等构成情况。这些信息促使设计师寻找新的灵感用于产品的设计中，尤其是新型面料是成衣设计师的重要灵感来源。往往一种新型面料会促使设计师为之开发新的成衣系列。总之，这些专业展览会以其权威的流行发布诠释流行的概念和认知，在很大程度上影响着国际或某一地区的流行趋势。同时展览会也是服装业内重要的交流平台，向公众展示最新服装产品的订货平台。

图3-29　2015上海服装服饰展1

图3-30　2015上海服装服饰展2

艺术展：设计师往往能从博物馆、美术馆、画廊等一些艺术展览中寻找美学灵感。当代设计艺术和商业广告摄影等艺术形式对色彩组合和流行趋势也有影响。美术馆也常常会展出服装大师的经典设计，供业内人士观摩学习。服装设计作为大设计的一部分内容，很多形式美元素与其他类型的艺术是相通的。因而，从艺术展览中可以汲取大量的艺术元素，作为流行趋势和成衣设计开发的灵感来源。设计师都会定期去参观一些有影响力的展览，不断从其他类型的艺术形式中找到寻找设计亮点。如上海Dior艺术特展旨在通过Dior的风格、Dior高级定制工坊、Dior与艺术家等方面展现Dior精神，从展览中我们获得奢侈品牌高级定制的工艺、面料、流行色、造型等方面的信息（如图3-31、图3-32）。这些信息既可以作为服装品牌设计的灵感来源，也可以作为构建服装品牌文化或风格形象的参考信息。

图3-31　2013年上海Dior特展1

图3-32　2013年上海Dior特展2

二、流行趋势设计的内容

现今有数据表明一种流行趋势能够持续流行的时间跨度只有5个月，充分说明流行稍纵即逝，但流行趋势也是有周期性和有规律可循的。科学而准确地预测流行趋势成为所有服装品牌得以生存的关键所在，从众多的流行信息中找准服装流行的基点，认真剖析流行的时代性及消费群体的地域、年龄、心理等具体特征，筛选出与实际情况和产品的消费群相符合的产品设计思路。

流行趋势设计的前提是将流行趋势构思凝练和转化为流行主题，通过精心描绘的主题故事来营造一种意境与氛围。设计师在这种意境下结合未来的生活方式并准确理解流行趋势设计的主题，将内涵深厚、顺应时代的流行趋势完美地展现在人们面前。由于影响流行趋势的因素是多元的，因此流行趋势设计的灵感来源也是呈360度的任意变幻的。新的价值观念、艺术、街头、社会文化、生活形态、偶然性事件、时装的流行趋势发布会、各类展览等都能成为流行趋势设计的灵感来源。近年来人们越来越关注自然生态环境，主张"绿色出行"、"绿色生活"的理念以保护环境和人们的生存空间，在产品开发、设计、制作和营销中自然会注入生态环保的理念，服装产品中体现更多天然、低调、知性、品质和艺术的美。总之，这些灵感来源既是促进新一季服装产品流行的新动力，激发新形式、新比例、新材质以及新设计的灵感，也是决定流行的因素。流行趋势设计人员需要有极高的捕捉流行趋势的敏锐度，密切地观察新时代的脉搏。进而将流行趋势主题融入到服装产品的设计中去，设计师再结合服装品牌的品牌文化、品牌风格等特点进行产品设计，即在面料、色彩、款式、配饰设计上体现产品特色。

流行趋势设计中的色彩趋势、面料趋势以及款式趋势设计是服装品牌根据流行的要素来设计符合自身产品风格的服装产品，能够反映出高感度消费者的时尚诉求。一般流行趋势设计从流行色的设计入手，提出几组流行色的色卡，由纱线生产者按流行色样染整纱线，以这种纱线织成面料，在详细规划未来流行的时装款式，款式的设计趋势一般随服装品牌的设计风格的变化而转换，当款式设计保留经典时可利用流行面料和色彩来创造新产品，运用丰富的服装色彩来满足市场的需求。本文以美国棉花公司提供的2015春夏流行趋势设计和某品牌男装的2015春夏流行趋势设计为例。

（一）2015春夏流行趋势设计预测（美国棉花公司）

由美国棉花公司提供的2015春夏色彩流行趋势预测（如图3-33～图3-35），趋势主题一共五个分别为：科学之美（Laboratory）、情感共鸣（Empathy）、限制与创意（Discipline）、适应改变（Elastic）、完美当下（Present Perfect）。各个主题的趋势设计都有不同的设计重点，展示了不同的色彩、面料、款式、图案等设计趋势，流行趋势的设计理念适用于不同设计风格的服装品牌。

图3-33 美国棉花公司提供的2015春夏色彩流行趋势设计预测1

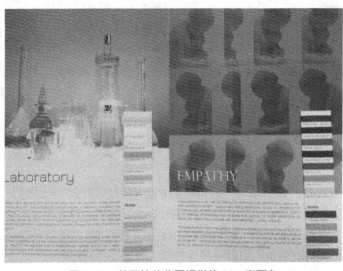

图3-34 美国棉花公司提供的2015春夏色彩流行趋势设计预测2

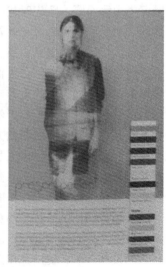

图3-35 美国棉花公司提供的2015春夏色彩流行趋势设计预测3

1. 科学之美（Laboratory）

艺术正转向科学，以直接和间接地索取灵感，该系列将镜头聚焦于真实、专业而透明的消费者关系，在科学的创造过程中找到美感，同时给予科学一种独特的人性的感觉（如图3-36～图3-40）。独特的工艺使柔和色彩呈现出更加摩登的外观，对光线的反射和光泽感是通过花式纱线的使用和涂层工艺而实现的。柔和的单色色彩给予衬衫面料一种透明的质感。

实验室最初的回忆就是一个刻板的概念，如今已转化为一种温暖的美感。夏季的白色与粉色中融合了隐约的色彩，整个色调的过渡有种前卫感，蓝色与紫色增添个性美感，饱和的色彩给人提供一种非传统的夏季色调，科学之美这一主题将这种艺术与科学结合的朦胧之美充分展现出来。

2. 情感共鸣（Empathy）

尽管人们生活在一个高度连接的社会，但人们对外界感知的能力正在失去或减弱。该系列在于唤起人们的感受能力和真正表达感情的能力，体察和感知生活的微妙之处（如图3-41～图3-45）。新形式的电影、艺术和餐饮使我们加强互动并感受人类的情感：爱、怜悯、同情和欲望。为这一趋势而设计的面料通过在轻盈灯芯绒上的伊卡特印花来让人们感受人文风情，而又以明亮、戏剧化的格子布呈现怀旧。针织衫用多色纱线营造层叠效应，而牛仔布保持干净，使之适合前卫派的个性。这一趋势主

图 3-36

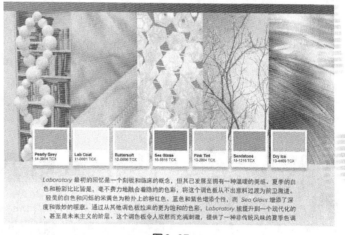

图 3-37

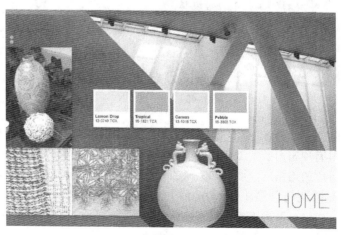

图 3-38

图3-39   图3-40

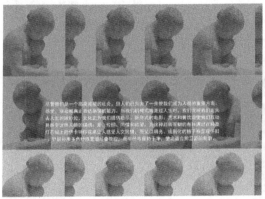

图3-41   图3-42

图3-43   图3-44

题的整个色调感强烈，能唤起人们原始而纯粹的感情，调整后的原色与靛蓝色、葡萄色相配，具有冲击力的蜜瓜色和金黄色洋溢着自信和情感。这些流行色彩增强我们与人物、时间和整体经历的连结感。温暖和凉爽的亮色互相补充，但范围的强度尤为显著。

3. 限制与创意（Discipline）

这一系列将焦点转移到设计过程的规律方面（如图3-46～图3-50）。为了不被误解为一个缺乏创造性的概念，人们纯粹地关注于使一个人、一个产品或一个理念成功的其他关键组成

图 3-45

图 3-46

图 3-47

图 3-48

图 3-49

图 3-50

部分。当创造力的炫目外表在流行文化中闪耀时，有的时候我们会忘记在它的外观下，规则和结构虽然枯燥乏味但却同样重要，任何成功的设计或理念都是这两种哲学的联姻。这一系列中的布料展示凸起而弯曲变形的表面，使牛仔布和机织面料呈现出新的风格。雅致而令人眼花缭乱的印花和图案被展现在衬衫和西装面料上，带来新的创意与结构。整体的色调庄严、沉着而

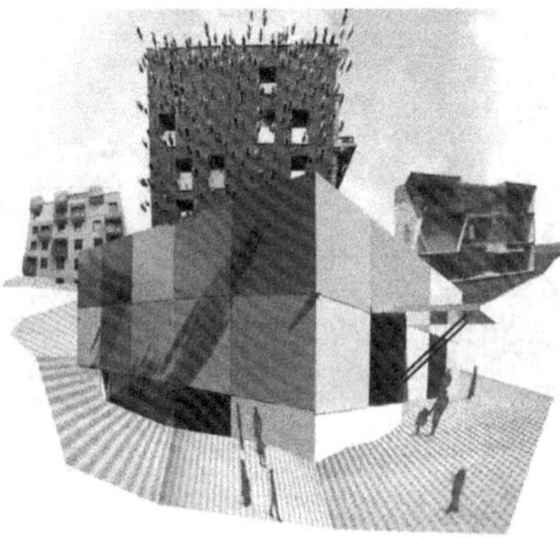

柔和，有一种复杂而磁性的氛围。浅蜜桃色、浅紫色、玫瑰色为一组中性色彩增添了兴奋的迹象。青铜色和软杏色在任何服装中都是首选颜色。这组的每一个色彩都具有平等的市场性和多个用途。

4. 适应改变（Elastic）

为了满足人们对不断改变的渴望，这一系列的设计概念是环境能和我们一样快速改变（如图3-51～图3-55）。随着迁移回城市中心的人口增加，人们希望城市生活能提供多元化与可塑性的空间。无论是有着主题不断变化的精品，还是可以展现生活空间的家具，适应性才是焦点。本组主题中的面料有一种可变的感觉，切片和切块的印花效果、折纸结构和激光切割的棉质面料赋予了一种现代和生动的特质。高光泽纱线的反射性外观，可反穿的图案吸引着人们探求更为新颖的品位。

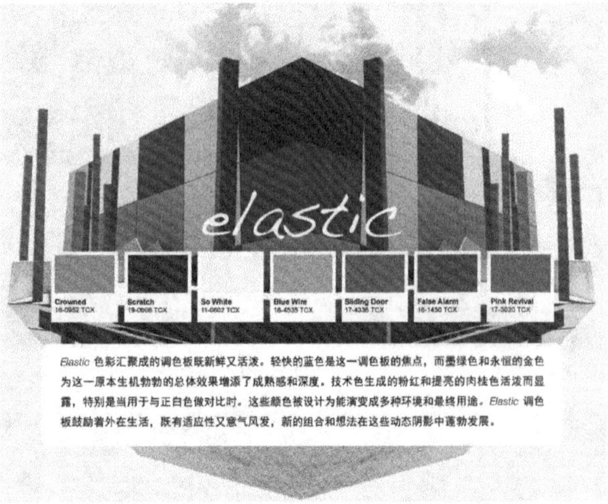

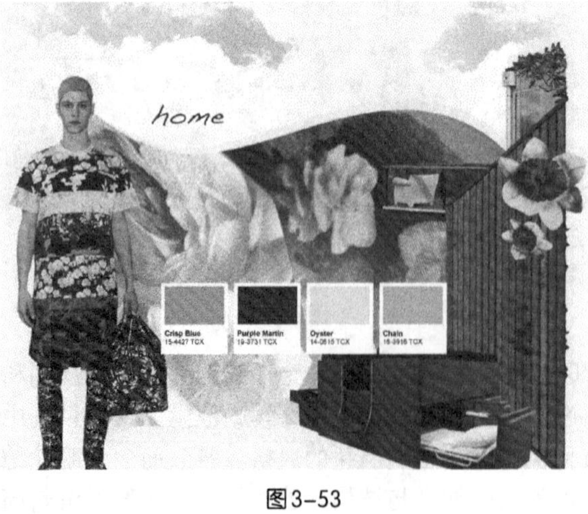

这个主题的色彩新鲜而活泼，轻快的蓝色是这一主题色的焦点，墨绿色和永恒的金色为这一原本生机勃勃的总体效果增添了成熟感和深度。特别是与正白色对比时，技术色生成的粉红和体亮的肉桂色显得活泼。这些色彩的设计能演变成适合多种环境穿着，既有适应性又意气风发，新的色彩组合和想法在这些动态中蓬勃发展。

5. 完美当下（Present Perfect）

过去、现在和将来的区别正在日益变得模糊。我们面临的挑战是客观存在于当下，却不断受到未来空间的诱惑。设计师为时间观念赋予了更高的价值，稍纵即逝的时刻和注定过期的经验被视作比奔向崭新更为重要。在时空中找到平衡，并将未来的创新纳入到此时的当下。这一趋势的面料突出透明，结合轻薄的叠加来展现面料的分层效果。棉/亚麻混纺面料中增添了空气感，并融合绗缝工艺迎接轻盈夏日的到来，印花则采用最新的数字效果（如图3-56～图3-60）。

图3-51

图3-52

图3-53

图 3-54

图 3-55

图 3-56

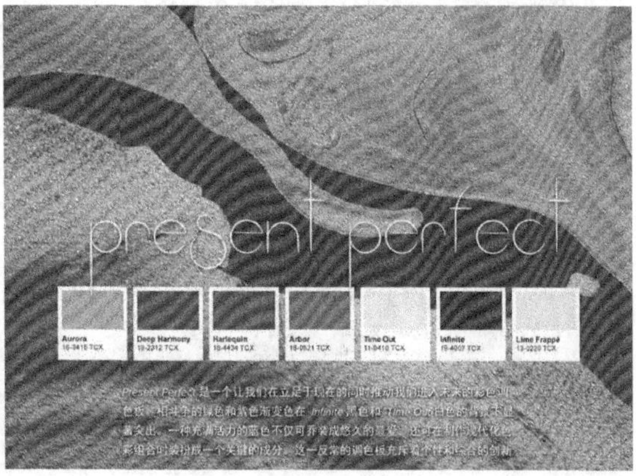

图 3-57

图 3-58

图 3-59

图3-60

整个趋势主题的色彩是一个让我们在立足于现在的同时，推动我们进入未来的色彩。绿色和紫色渐变色在黑色和白色的背景下尤为突出。充满活力的蓝色可以在现代化色彩组合中成为最关键的成分，整体色系充斥着个性和综合的创新。

（二）某男装品牌的流行趋势设计案例

1. 趋势主题——破晓

破晓预示一种新生命里的诞生，如同2014春夏的到来，如同破晓般地充满激情与希望（如图3-61）。

图3-61

2. 春夏季色彩趋势

春季色彩：粉橙、青石绿、粉蓝、柠檬黄（如图3-62）。

夏季色彩：橙红、翠绿、湖水绿、天蓝、宝石蓝（如图3-62）。

3. 面料设计趋势

主要采用亚麻、棉质、优质尼龙、透明材质、夹色针织、皱缩材质、动物印花、花卉印花面料（如图3-63～图3-65）。

4. 款式设计趋势

款式设计尊崇"极简时髦"，用最简约的手法体现最时尚的男装款式，设计的要点是自由和精准（如图3-66）。

图3-62

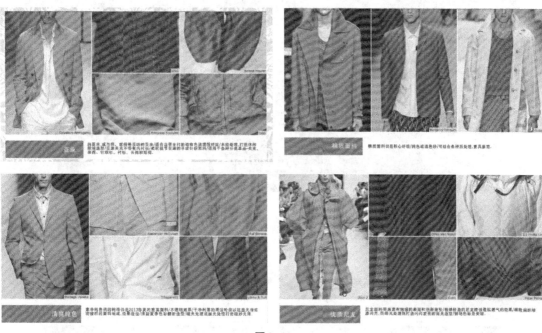

图 3-63

图 3-64

花卉印花　欧式复古印花/来源于大自然的灵感/大面积使用更显平衡.

图3-65

回归最初，尊崇"极简时髦"，用最简约的手法体现最时尚的款式.

设计要点：自由——手法形式不受限制；
　　　　　精准——不繁琐，恰到好处；

图3-66

第四节　品牌理念风格的设定

　　品牌理念是品牌精神和品牌价值的核心，是在品牌整个发展过程中吸引消费者，并由此建立品牌忠诚，提高产品附加值，从而创造品牌在市场上优势地位的观念。通过品牌理念企业向消费者传达它的经营动机、存在意义和理由。品牌理念如同一个人的哲学观念和价值信条，是得到社会普遍认同的、体现企业自身个性特征的、促使并保持企业正常运作以及长足发展而构建的并且反映整个企业明确的经营意识的价值体系。

理念的形式化表达形成了品牌风格。是从品牌定位、VI[①]设计、产品设计、品牌形象设计、品牌陈列设计、品牌营销方式等一系列形式环节中，体现出对品牌理念统一和完整的诠释。在产品企划中，它呈现为针对的消费者的生活方式和穿着场合，并依此给他们提供适合的产品。理念作为一种指导思想，贯穿于商品企划的整个过程。

此部分的关键环节包括以下。

一、品牌理念认识的现状

自国有品牌意识发展到今天约有三十几年历史。虽然发展迅猛，也有相当多的可圈可点的品牌，但对品牌理念这个价值核心层的重视还是不够。具体表现是一些品牌没有品牌文化理念，导致整个品牌链没有一条核心主线，广告、产品、形象、营销的策划没有衔接性和一致性，单就产品设计上则表现为设计语言拼凑混乱，每一季度的产品随意变化，毫无重点，无法突出产品设计的优势。消费者甚至无法透过品牌标志辨别出品牌形象，也不能体会到品牌所崇敬的设计价值观。缺失品牌理念必然会导致服装品牌缺乏服装设计风格的体现形式语言的表达也无法实现。

知名品牌服装与普通品牌服装的差异，归根结底在于两者给予消费者的心理感受不同，其核心就在于品牌的文化理念不同。人类对衣着的追求早已经从遮身蔽体上升为体现个性、展示形象，传达生活方式、呈现价值追求的高度。品牌的依托是文化理念，历经几代人的苦心经营，有着鲜明的品牌特色甚至传奇色彩，始终与消费者的文化情结相呼应，无论是香奈尔还是华伦天奴他们的设计与现代人的生活形态相交融，其设计背后的生活哲学正好契合现代人追求切身实用与流行审美观的双重心态。相比之下国内服装品牌中拥有设计风格和品牌文化理念的企业尚不多，多数服装企业还处于学习和探索阶段，仍有很大的潜在发展空间。没有知名度的普通服装品牌寻求发展，获得一定的市场效益，并不是一味地模仿和追随知名品牌，而是真正从设计理念、品牌文化等方面构建适合本土市场发展的品牌文化理念。

如果说一个人是因为有了思想而有了灵魂，那么理念就是它的思想，也正是这个企业或品牌的灵魂。这个理念并非是一成不变的，它是在总主旨不变的情况下，随着时代背景和市场的变化和调整，所呈现的品牌风格也是在基调相对稳定的情况下，细节元素的灵活运用和丰富变化，如此才能在长久的时间里赢得消费者对品牌的忠诚度，同时在稳定中又能带来常变常新的感受。

二、理念设定的意义

（一）理念是服装品牌的灵魂

理念成为服装品牌企业必须建立的思维识别系统，是企业各个环节链应该遵循的主旨，包括管理理念、设计理念、形象理念和营销理念等，其中设计理念是直接与产品企划相关的。设计理念是品牌理念的具体实施，是设计思维的根本所在，是产品企划的主导。没有清晰的产品设计，后面的视觉企划、形象企划、营销企划都会受到影响。最为严重的是在发展中影响品牌

[①] VI，即 Visual Identity，通译为视觉识别系统。

的竞争力和生命力。品牌的理念是形成顾客品牌忠诚度的前提，也是提高品牌附加值的基石。品牌理念是品牌"灵魂"，通过品牌定位的推广活动，借助服装产品、品牌LOGO、广告宣传、卖场展示等方面，将品牌的核心价值观传递给消费者，进而再通过与市场的销售情况、消费者的购买评价得到检验获得品牌认同，并保持其稳定的发展。

（二）有利于设计师对产品企划进行准确把握

设计理念确立了产品表达的方向。设计师在进行产品企划过程中设计主题、设计形式、设计细节等都是在理念的主导下完成的。设计师的个人设计思维，要尽可能与企业整体理念相协调。设计师应充分了解品牌的特点和价值导向，在设计理念的指导下，进行准确的品牌产品企划和产品设计。

（三）有利于设计风格的明晰和准确

理念的设定确立了企业的性格和服装品牌的定位。各类风格都有其设计视角和表达形式，如何在同类品牌中更突出、更具个性品牌理念则指明了总体方向。设计风格从大类上有十几种之多，两两风格之间又形成特色，而每一种风格又由于定位层的不同，出现档次或细类的差别。如休闲风格服装可细分为日常休闲、商务休闲、运动休闲、旅游休闲、民俗休闲等。这些不同服装产品细分的表现，主要源于对理念不同的把握，如此形成的产品风格也直接关联着品牌的形象，在同一理念的引导下，企业所生产的服装产品系列包括其他一些延展系列都通过设计风格贯穿起来。

（四）有利于消费者识别和追随

在众多品牌中消费者选择某品牌或产品，是因品牌表达的理念与这类消费者的直观感受一致。当品牌理念中的审美情趣、价值追求、生活方式表达、文化品位诉求等正是消费者的诉求，自然会吸引他们的关注并激发购买兴趣。在品牌追随理论中，谈到风格的稳定对形成消费忠诚的重要性得出的结论是只有鲜明的风格，并能在长久品牌发展中保有、变化和不断创新，才会得到消费者的信赖。好的品牌忠诚如同消费者文身，他们愿意选择和持有，而那些世界顶级品牌的一些追随者们，甚至把品牌标志就真的文在自己身上，作为追随和骄傲。品牌设计理念的作用如下。

（1）有助于明确企业、品牌和产品的形象，形成鲜明的辨识性和标示性。

（2）如同一个人的精神指导一样，有助于企业和品牌在长久发展中有一致的目标。

（3）减少品牌发展中的盲目和混乱，避免不必要的损失和浪费。

三、品牌理念的层次

品牌理念除了是设计风格的灵魂，同时还可分为下面三个层次。

（一）产品性理念

产品性理念是指品牌着重传达产品物的价值。这一层次的品牌理念主要传达企业给消费者的物质功能利益，以产品的质量、功能等要素承载。此部分理念突出了服装制作的专业性、科技性、精湛性和高品质性等产品基础性要素。

（二）形象性理念

形象性理念是指品牌理念着重传达服装设计中象征性符号等形象要素，以此表达消费者的审美需求、形象特征和生活方式等。形象理念主要源于目标消费群生活方式的描绘和艺术化概括的提升，在表现上通过塑造鲜明的品牌形象，来演绎目标消费者的生活方式和生活追求。

（三）情感性理念

情感性理念是指品牌理念着眼于顾客在购买和使用过程中产生的某种感觉和体验。这种感觉为消费者拥有和使用品牌赋予了更深的意味，并营造了密切互动的关系。世界著名品牌的理念往往包含某种情感性价值，宣扬目标消费群的情感诉求，营造美好的个人愿景，传达群体的价值观，塑造着一种新的生活方式。如NIKE的品牌理念是"JUST DO IT！"，美特斯邦威的品牌理念是"不走寻常路，每个人都有自己的舞台"，这些理念超越了服装本身和品牌形象的诉求，站在目标消费群的情感层面与之进行情感交流，表达了目标消费群的内心愿望，传达了品牌对消费者的价值承诺。

四、品牌理念细分的评价体系

（一）理念、风格、形象的语言描述

根据传播学的理论："人类传播的材料是信息，它的流通必须经过物质的外壳即符号化才得以进行，符号是人类传播的要素。人们总是通过各种各样的具体有形的符号——语言、图案、物体、人物、色彩等来推想特定的价值"。因此，在形成视觉元素进行图形表述之前，要对品牌理念、风格和形象等先进行语言描述，对品牌精神、核心价值、审美倾向进行文字诠释，既便于设计者理解品牌的内涵，在设计各环节中更好地把握品牌风格方向与图形对应，也便于消费者在接触和认知品牌时更好地了解和知晓。

（二）品牌风格形象的分类

风格是指设计者在设计中所表现出来的设计特色和创作个性。设计风格是指在品牌理念的驱动下，作品所表现出来的艺术趣味、独特个性和表达方式。品牌服装的风格有两个层次：服装产品风格和设计师个人风格。一个品牌风格的形象，是存在于人们心中的图像和概念的总和，它是关于品牌知识和对品牌的主要态度，同时，它又是消费者对某个品牌的综合感受、联想和评价。消费者在对一个服装品牌认知的过程中常常会被一种具体化的思维所影响，这里的影响除了服装外在的着装效果外，还有一种存在于消费者思想中的品牌应彰显给世人的姿态，也可以称为人们对品牌的一种期望值（如图3-67）。

图3-67　服装风格类型

1. 经典风格

经典风格具有传统服装的特点，比较保守，相对比较成熟，不太受流行左右，追求严谨高雅、端庄大方和文静含蓄，具有长期安定的正统服装倾向，是以高度和谐为主要特征的服饰风格。能被大多数女性接受的，讲究穿着品质的服装风格。正统的西式套装是经典的典型代表。廓形、结构、材质、色彩、装饰、工艺等的设计和制作近乎完美，服装轮廓多为X型、Y型和A型，O型和H型则相对较少。色彩多用藏蓝、酒红、墨绿、宝石蓝、紫色等沉静高雅的色彩。面料多选用传统的精纺面料，花色以彩色单色和传统的条纹和格子面料居多。

2. 优雅风格

优雅风格是指端庄、高贵、纤细、具有较强女性特征，兼具时尚典雅、高品质感的服装风格。讲究细部设计、强调精致感、装饰女性化、外形线较多体现女性自然曲线，表现成熟女性脱俗考究，优雅稳重的气质风范。色彩多为柔和的含灰色调，配色常以同色系的色彩以及过渡色为主，较少采用对比配色。一般采用高档面料、披挂式款型来表现女性优美的线条；利用面料的柔性、悬垂性自然地塑造出女性的高贵、优美与文雅气质。用料比较高档。香奈尔服装是优雅风格的典型代表。成名于第一次世界大战后的香奈尔（CHANEL）借妇女解放运动之机，成功地将原本复杂烦琐的女装推向简洁高雅的时代。香奈尔品牌塑造了女性高贵优雅的形象，简练中现华丽，朴素而又高雅。同时乔治·阿玛尼、伊芙·桑·洛朗也是此类品牌代表。

3. 浪漫风格

柔美浪漫风格是近年服装流行趋势的主流，源于19世纪的欧洲，展示了甜美、柔和、富于梦幻的纯情浪漫、女人味等形象。反映在服装上多采用柔和圆顺的线条，丰富的浅色调，轻柔飘的薄型面料，循环较小的印花图案，使服装在穿着的运动过程中产生轻快飘逸的美感。在造型上趋于自然柔和多用曲线，讲究装饰意趣。在面料选择上多用柔软、平滑、悬垂性强的织物，如乔其纱、雪纺、丝绸、丝绒、柔性薄织物、蕾丝、经过特殊处理的天然和仿天然肌理织物等。配合荷叶边、刺绣、羽毛、花结、木耳边等细节处理，展现女性柔美与浪漫特征。

4. 民族风格

民族风格是指从民族、民间、民俗服装服饰及文化中得到的灵感，与现代流行结合而进行的创造型设计，同时乡村、田园、淳朴风格也包含在其中。民族风格的服饰在其面料、色彩、图案及配饰中都流露出浓郁的民族气息，或者在造型上具有明显的民族服装特征。常见的民族风格包括日本风格、印度风格、美国西部风格、波西米亚风格、苏格兰风格等。

田园乡村风格也是民族风格中重要的部分。反对喧嚣华丽、繁琐装饰和过度雕琢，追求几乎不要任何虚饰的、原初的、淳朴的、自然的美。田园风格的服装以明快清新、具有乡土风情为主要特征，穿着形式为多层次的，自然随意、宽大疏松的款式，面料多为纯天然，色彩丰富以大自然为基调，但还是含灰为主，呈现轻松恬淡、超凡脱俗的意趣和健康、随性与安然的特质。

5. 休闲风格

休闲风格是以穿着与视觉上的轻松随意，舒适自由为主的，年龄层跨度较大，适应多个阶层日常穿着的服装风格。一般分为前卫休闲、浪漫休闲、古典休闲、民族休闲、商务休闲、乡村休闲等。服装廓型多以O型为主，点元素和线元素的表现形式很多，如图案，刺绣，花边，缝纫线等。面造型多采用重叠交错的方式使用，以表现层次感，体造型多以零部件的形式表现。休闲风格整体造型自然，外轮廓简单，弧线较多，零部件可多可少，装饰运用随细分风格稍加变化，讲究层次搭配，且随意多变。面料多为天然面料，如棉、麻等，比较注重面料的肌理效果或者经过涂层、亚光等处理。色彩多采用中性色或含灰的明朗色彩,具有流行特征。贝纳通BENETTON、以纯、佐丹奴等都属于休闲装的代表性品牌。

6. 前卫风格

前卫和经典是两个相对立的风格派别。前卫风格源于20世纪初期,以否定传统、标新立异、创作前所未有的艺术形式为主要特征。前卫风格受非主流文化思想影响,如波普艺术、朋克、抽象派艺术、现代派艺术等的影响,如果说古典风格是脱俗求雅的,那么前卫风格则是有异于世俗而追求新奇,它表现出对传统观念的叛逆和创新精神,是对经典美学标准做突破性探索而寻求新方向的设计。前卫的服饰风格多用夸张风格、怪异和卡通手法,诙谐幽默。前卫风格的特点是离经叛道、变化无端、无从捉摸、又不拘一格。它超出通常的审美标准,任性不羁,以荒谬怪诞的形式产生惊世骇俗的效果。造型特征以怪异为主线。从宏观到微观、从自然到社会、从乡村到都市、从神秘文化到科技创新……人类丰富的想象力可以尽情运用。创造出超现实的抽象造型,突出表现诙谐幽默,悬念恐怖或怪异奇特的效果。在造型元素的排列上不太规整,可交错重叠造型,可大面积使用点造型而排列形变化多样,也可使用多种形式的线造型,形成凌乱和无序;而色彩则在看似不遵循色彩规律的涂抹混乱中出其不意、变化万千;在面料选择上,也以寻求不完美的美感为主导思想,将毛皮与金属、皮革与薄纱、镂空与实纹、透明与重叠、闪光与亚光各种材质组合在一起,给人前所未有的刺激感。

7. 运动风格

借鉴运动装设计元素,充满活力,穿着舒适、功能性比较强,适应面较广,具有都市气息的服装风。常较多运用块面与条状分割及拉链,商标等装饰。在造型上,运动风格多使用面造型和线造型,且多对称;线造型以圆润的弧线和平挺的直线居多,面造型多使用拼接形式并相对规整,点造型则作为装饰元素被采用如图案、商标等。轮廓以H形、O形居多,自然宽松,便于活动。面料常用棉、针织或棉与针织的组合搭配等突出机能性的材料。色彩表较鲜艳明亮,白色以及各种不同明度的红色、黄色、蓝色绿色等在运动风格的服装中经常出现。

8. 中性风格

中性服装风格是20世纪30年代兴起的类似"假小子"的服装穿着风格,以香奈尔品牌为代表。当今性别不再是设计师考虑的全部因素,介于两性之间的中性服装也将成为独特的风景。此风格通过主张男性化倾向反衬出原本未曾被发现的女性魅力。在款式上以直线条为主,品类以正装、夹克、裤子、大衣居多。通常采用高档或具英伦风格的厚重面料。色彩多选用沉稳、庄重的颜色或不同明度的灰色。在设计细节上常采用缉明线、贴袋等手法,体现出干练、严谨和高雅的品位。

9. 极简风格

极简风格也被称为都市风格、极简主义风格,是一种几乎不要任何装饰、擅长做减法的设计,具有都市洗练感和现代感的格。廓型成为此类风格的第一要素,通过精确地版型和精到的工艺来完成。此风格的基调简洁、明快,以反映品位和内涵为特征,但又不失高雅格调,将女性的柔美、风韵与智慧、个性紧密结合。简约主义的简洁不是简单,它凝聚着背后耗料费时的精雕细琢,体现着低调的豪奢。极简风格常采无彩色或冷色调系,廓形、结构以直线为主,面料多为高档纯天然材质。其代表品牌为吉尔·桑德尔、卡尔·文克莱恩、唐娜·卡伦等。

10. 军服风格

军服风格也是近些年备受喜爱的风格类型,早在15世纪就出现了带有军旅元素的时装,今天军服风格已经成为流行服装不可分割的部分。军服风格是借鉴各类军服中的元素或意象与现代时尚紧密结合的一种设计表现。廓型多H型、T型、Y型和梯形，结构比较简洁，版型风格硬朗，讲究实用，重功能性，并在此基础上趋向多元，如色彩、格子和图案都更加丰富。军服风格在色彩上常采用军绿、土黄色、咖啡色、迷彩等颜色；面料上多采用质地硬而挺的织物，如水洗的牛仔布、水洗棉、卡其、灯芯绒、薄呢面料、皮革等；在整体处理上带有明显的军装细节处理，如肩章、口袋、数字编号、迷彩印花、腰带、背带及制作精致的纽扣装饰，同时配合金属扣、拉链、排扣、口袋及粗腰带等饰物，英气逼人。

（三）品牌理念细分的评价体系

所谓评价体系就是对品牌定位、产品风格、品牌形象及时尚流行度进行定性、定量的分析。可以根据以上十种风格建立坐标轴，分成五组，每组两两对应，如此建立评价体系（如图3-68）。

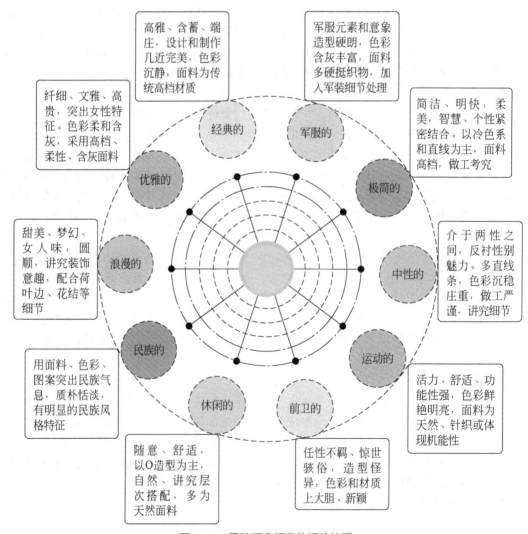

图3-68 品牌理念细分的评价体系

品牌理念的细分评价体系可以是企业有针对性地了解市场品牌，寻找自己品牌的合适位置，并在此基础上进一步理性地建立自己品牌的风格。

五、理念定位表达的步骤

（一）确定品牌商品企划的理念

首先确定品牌理念，根据此理念确定商品企划理念。有了相应的理念，设计和相应的企划才可以展开。

（二）确定设计形象理念

品牌风格的定位是以品牌形象定位为基础的。在确定品牌形象类型之后，再通过对目标消费者形象、卖场、服装、包装等要素定位，由这些要素形成品牌的风格。把由理念转化而得的品牌风格元素巧妙地符号化为设计语言，结合流行预测和市场现状形成理念风格形象。

（三）目标消费者形象定位

根据对目标消费群的生活形态、生存状态、价值观及其族群的分析，由此刻画出消费者画像。目标消费者的形象定位必须能反映出以上特征，使定位真正符合他们的需求。

（四）服装风格的定位模型

服装风格的定位模型（如图3-69）的创建使品牌理念的定位更加清晰和模块化。

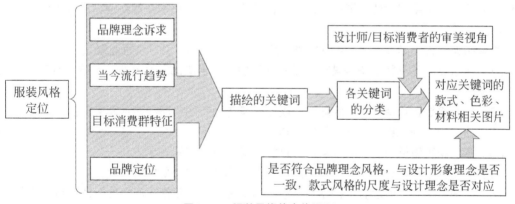

图3-69　服装风格的定位模型

六、品牌商品季节理念主题的设定

品牌商品季节理念主题是企业根据品牌理念主题根据不同季节的变化针对消费者进行的风格设计。按国际流行趋势发布的时间一般为春夏和秋冬两季，也可为正常的四季，还有的品牌在两季之间再增加一季。季节理念定位直接影响当季具体的服装产品风格和设计元素，可以从三个角度设定理念主题：流行趋势角度、消费者审美偏爱角度、体现其生活方式角度。进而具体从服装色彩、服装款式和服装面料等角度进行把握。

品牌商品季节风格的服装色彩设定。主要应考虑到品牌标志色彩、流行色彩、目标消费群体的色彩倾向、地域民族特征色彩等几种因素，确定主体色调、系，并细化出每一色调、系的具体色彩组成，一般一个色调不少于8～12种颜色。

品牌商品季节风格的服装款式设定。主要考虑当季的流行廓型、视觉中心和设计风格的分割处理、结构处理和线型安排，确立服装细节的呼应和创新。系列款式因男装、女装、运动装、休闲装以及定位人群和产品档次不同，而数量多少不等。

品牌商品季节风格的服装面料设定。首先要考虑到面料的适合性，考察与品牌理念、品牌风格，以及季节主题的吻合程度；考虑其功能性，运动功能、气候适合性、防护功能、穿着舒适性等；考虑其经济性，是否适合品牌定位的价格，洗涤保管的便利性、耐久性如何等；考虑其造型特征，色彩、图案的表面肌理质感、触感等；考虑其面料的机械性能，可缝性、褶裥成形性、立体造型性等。当然服装配饰设计、服装制作工艺的复杂程度等都是在季节主题的设定基础上要重点考虑的。

七、品牌理念的核检

品牌理念是该品牌的主旨和个性特色，它决定品牌文化、品牌形象、品牌设计、品牌广告和品牌风格等一系列的设计和传达。虽然产品语言和商品组成会随着主题、季节、时段、流行、商品延展有各种变化和创新，但在消费者总体印象中要有一个前后的一致感和风格的稳定性，所有的形式语言都是为了唤起和引起消费者对该品牌的联想、想象和记忆。这是赢得消费者信心和品牌信赖度以致达成消费忠诚的必需法宝。而这些都是在始终遵循品牌理念的前提下实行的。

服装品牌的各种形式表达是否遵循着品牌理念可以从以下几个方面检验。

（1）在市场同类品牌中是否具有明显的标示性，是否能比同类的产品带给消费者不同的感受和附加价值。

（2）其风格是否诠释了品牌的理念，使产品具有独特的物质和精神享受价值。

（3）品牌的软硬形象是否具有与理念和产品定位一致。

（4）产品物质质量档次和的价格是否目标消费者可以接受。

（5）产品营销的策略和卖场塑造方面是否与品牌理念和产品风格一致。

（6）品牌的核心价值理念是否在主旨不变的前提下有创新性动态发展以适应市场发展。

八、品牌理念风格案例分析

品牌理念向品牌风格转化的过程是复杂多变的，并没有一一对应的关系。但从理念到风格语言的转换过程，其视觉符号要符合目标消费群的认知习惯，转化后的品牌风格样貌要受到目标消费群的检验。品牌理念向品牌风格转化的关键是如何传达品牌风格核心形式符号元素，这是从品牌理念过渡到品牌风格的桥梁。

品牌理念风格就是通过消费认知，把体现理念价值的符号与视觉、听觉、嗅觉、触觉等与感官建立联系，把各种直觉联想用设计语言并转变成可被目标消费者了解和认知的元素符号，从而完成从品牌理念到风格的元素转化过程。

意大利设计师乔治·阿玛尼品牌以优雅闻名，它的品牌理念是"让人们对衣服的感觉与自由联系在一起，穿戴起来应该是非常自由的"。其考究的做工是高品位和高质量的精致体现。由此而来的设计风格是含蓄而典雅、飘逸而舒适。在设计语言表现上他恪守三条黄金规则：一是化繁为简；二是注重舒适；三是强调优雅与简约。另外还淡化性别差异和汲取东方审美元素，通过阳刚和阴柔兼具的手法体现他的设计理念，使得其品牌的男装与女装均具有别样的美感。同时，阿玛尼品牌在保有总体风格稳定的基础上还拥有多个成衣副线，除了代表高级时装的"乔治·阿玛尼（Giorgio Armani）"以外，他还陆续推出了面向年轻人的成衣品牌"爱姆普里奥·阿玛尼（Emporio Armani）"、女装品牌"玛尼（Mani）"、休闲装"阿玛尼牛仔系列（Armani Jeans）"和轻松活泼的童装等。另外，还有滑雪衣、高尔夫球装系列、配饰、珠宝和家居用品等等，以应对不同的市场需求。阿玛尼最大的成功之处就是对消费者和市场变化了如指掌，不同的副线不仅强化了消费者对品牌设计理念的了解，而且提高了本品牌在市场上的竞争力。

同时，阿玛尼品牌中性、简约、优雅的精神，还体现在它的店面形象的色彩、橱柜、装饰等各个方面，那极具西方又隐含着东方趣味的审美意蕴，使设计语言中的含蓄典雅有着神秘悠长的味道。

第四章 服装品牌产品设计

第一节 服装品牌设计的三大要素

一、设计风格

设计风格，也称服装风格，英译Fashion Style。其中风格一词源于希腊文st，最初含义用于表示一个长度大于宽度的直线体，如柱子、棍子。其引申的含义为文学语言中的阐述笔调或文体之意的方法，与此同时，其外延不断扩大，被应用到绘画、建筑、服装等艺术领域，设计风格成为现代化设计语言中重要的内容。设计风格的形成与艺术、科技、文化、消费观念等有密不可分的关系，设计风格是体出现时代的社会风貌、艺术文化等的特色。

随着时代的发展，服装的设计风格多种多样。从不同角度对服装设计风格进行划分可以形成不同的类别。从风格样式上归类可分为民族类风格、历史类风格、艺术类风格和后现代思潮类风格；从地域上分类可分为东方风格和西方风格、都市风格和乡村风格、民族风格和世界风格；从造型角度可分为经典设计风格、优雅设计风格、民族设计风格、运动设计风格、浪漫设计风格、田园设计风格、休闲设计风格、极简设计风格、前卫设计风格九种。本文从我们最为常见的造型角度对服装设计风格进行分类。

（一）经典设计风格（Classical Style）

经典设计风格是端庄大方、文静含蓄、色调沉稳，注重品质的一种服饰风格。经典风格的服装不易受流行因素的影响，设计相对比较成熟，大多数人能够接受这种相对比较保守和稳定的风格。西式套装、风衣、正装衬衫是其典型的服装款式（如图4-1）。经典风格的服装造型设计简洁高雅，少装饰，服装廓型多以X型、Y型和A型为主，面料多为传统的丝绸、精纺面料，图案多为条纹、格纹、千鸟纹等（如图4-2）。色彩以藏蓝、酒红、墨绿、宝石蓝、紫色、米黄色、咖啡色等沉静的古典色彩为主。众多服装品牌都会推出其经典设计风格的服装，如香奈儿（Chanel）经典套装、巴宝莉（Burberry）的风衣等。

图4-1 西式套装

图4-2 经典设计风格服装

（二）优雅设计风格（Elegant Style）

优雅设计风格是一种兼具时尚典雅、高品质感的服装风格，塑造端庄、高贵的女性气质。能够融合流行元素，也可以糅合其他风格，呈现时尚的或是复古的优雅感。这一风格讲究精致的细部设计，廓型多体现女性自然曲线的美感，色彩采用轻柔色调和灰色调，配色常以同色系的色彩以及过滤色为主，较少采用对比配色，面料多采用质地柔软、悬垂性自然的高档面料，如真丝面料、精纺羊毛等，以彰显成熟女性优雅稳重的气质（如图4-3）。其代表性品牌有：乔治·阿玛尼（Giorgio Armani）、纪梵希（Givenchy）、伊芙·圣·洛朗（Yves Saint Laurent）等。

图4-3 优雅设计风格的服装

（三）民族设计风格

民族设计风格是以不同民族的服饰及文化中汲取的灵感，结合现代流行元素进行造型设计的一种带有浓郁的民族风情的设计风格。常见的民族设计风格包括中国风格、日本风格、印度风格、波西米亚风格、苏格兰风格等。民族风格的服饰在其面料、色彩、图案及配饰中都流露出浓郁的民族气息，造型方面崇尚简朴大方、形象生动、变形夸张，常采用多层重叠结构，具有明显的民族服装特征。面料一般为棉、丝、麻等天然面料为主，在装饰手法上常采用绣花、印花、蜡染、扎染等传统民族工艺，色彩或古朴、或亮丽，常采用对比色系（如图4-4）。知名服装品牌常借鉴各类民族元素推出设计独特的服装产品。图4-5，Alexander McQueen2015春夏装设计灵感源自日本传统服饰和服的造型以及日本的国花樱花。代表性民族设计风格的品牌有：夏姿陈（Shiatzy Chen）、上海滩（Shanghai Tang）、东北虎（NE·TIGER）、高田贤三（Kenzo）等。

图4-4 民族设计风格的服装

图4-5 Alexander McQueen2015春夏设计灵感源自日本和服的造型和樱花

（四）运动设计风格（Motion style）

随着时代的发展和观念的变化，运动设计风格成为重要的现代服装设计风格之一。运动设计风格是借鉴运动装的设计元素，充满无限的活力，兼具运动风和都市气息的服装设计风格。这类风格的服装可在运动场合以外的非正式场合穿着（如图4-6）。在造型设计上常使用面造型和线造型，线造型以圆润的弧线和平挺的直线居多，面造型多使用拼接形式，多为对称造型，整体设计简洁大方；廓型以H型、O型为主，自然宽松，且穿着舒适，便于活动；面料常用具有良好透气性与吸湿功能的针织类棉面料，如网眼针织面料，以及防水、防风等的功能性梭织面料；在色彩方面，多用红色、黄色、蓝色、绿色等高纯度的明亮色彩，色彩对比强烈并富有朝气和活力。卫衣、运动针织裙、运动夹克是运动设计风格的代表品类，局部设计便于运动调节，如运动夹克往往采用插肩袖，为着装者提供更多可活动空间，袖口、下摆运用橡皮筋、罗纹或可调节的按扣，宽松的设计适合不同体型的人穿着。近几年众多品牌都推出了运动设计风格与时尚流行趋势融合的服装系列，如普拉达（Prada）、思琳（Celine）、Y-3、巴黎世家（Balenciaga）等。

图4-6 运动设计风格的服装

（五）浪漫设计风格（Romantic Style）

浪漫设计风格又称浪漫主义设计风格，是将浪漫主义的情怀和艺术理念应用到服装设计中的风格。源于19世纪欧洲的这一风格，其主体思想带有那个时代的艺术精神特性，崇尚自然，强调主观情感和想象，巴洛克和洛可可时期的服饰具有鲜明的浪漫主义风格的特点。不同于古典主义的服装设计，浪漫主义设计风格具有妩媚、性感而奢华的设计气息，常用复古、怀旧、民族等设计主题。其服装造型设计新颖独特，或柔美或奔放。色彩以柔和淡雅的色系为主，如白色、粉色、淡紫色等。面料多选用柔软轻薄、悬垂性强的丝、棉织物，如乔其纱、雪纺、蕾丝、经过特殊处理的天然和仿天然肌理织物等，使服装在穿着的运动过程中产生轻快飘逸之美感。还善于运用各种装饰，如刺绣、镂空、亮片、流苏、花边、蝴蝶结、花饰等，图案多为花卉，塑造出一种展现女性柔美与浪漫特征的女装（如图4-7）。浪漫主义设计风格的代表设计师有约翰·加利亚诺（JohnCaliano）、亚历山大·麦昆（Alexander Mcqueen）等。

图4-7　浪漫主义设计风格的服装

（六）田园设计风格

田园设计风格的设计理念源自19世纪文艺运动"回归自然"的理念，这种理念变成了现代流行服饰风格的表现主题之一。田园设计风格摒弃经典的艺术传统，追求一种简单、恬静、淳朴、清新自然的美，反对喧嚣华丽、繁琐装饰，穿着这一风格的服装给人带来悠闲浪漫、舒缓的心理感受。常从大自然中汲取设计灵感，如树木、花草、高山、河流、大漠等，展现自然无穷永恒的魅力（如图4-8）。田园风格的服装明快清新，款式宽松，采用天然的材质，色彩丰富以大自然为基调，呈现轻松恬淡、健康、随性与安然的色彩氛围。适合人们在参加郊游这类轻松活动时穿着，符合现代人生活的需求。图4-9，田园设计风格最具代表性的服装品牌是路易莎·贝卡里亚（Luisa Beccaria）。

图4-8 田园风格常用花卉图案来表现其设计理念

图4-9 路易莎·贝卡里亚（Luisa Beccaria）田园风格的服装

（七）休闲设计风格

休闲设计风格是在穿着上与视觉上追求轻松、随意、舒适与自由，适合人群的年龄层、阶层跨度较大，可以说是适合大多数人群在休闲时日常穿着的一种服装风格（如图4-10）。代表服装品类有休闲衬衫、休闲夹克等。休闲风格的服装在造型元素的运用方面没有太明显的倾向性，整体造型设计追求自然宽松，外轮廓多以O型、H型为主，弧线设计较多，装饰性元素的运用根据流行稍加变化，讲究服装搭配的层次感和随意多变。面料多为柔软透气的天然面料，如棉、麻等，也会运用经过涂层、亚光、特殊肌理效果等处理的面料。色彩多采用具有流行特征的中性色或含灰的明亮色彩。贝纳通（Benetton）、汤米希尔费格（Tommy Hilfiger）等都属于休闲设计风格的代表性品牌。

图4-10 休闲设计风格的服装

（八）极简设计风格

极简设计风格，又称极简主义风格，意于简约的极致，追求简到极点。极简风格设计注重的是"品质"和"本质"的设计，通过精确的结构设计、细致的细节处理加上面料性质的合理运用塑造出洗练的造型、精准的廓形。极简设计风格几乎不需要任何装饰，去繁从简，从而融入了更多精神层面的内容。极简主义简洁而不简单，极简设计风格看似简单却表现出一定的内涵和品味，且不失高雅个性，很好的诠释低调奢华（如图4-11）。极简风格很少出现装饰图案，常采用纯色或者面料自身的颜色、纹理设计，很少也出现装饰

图4-11 极简设计风格的服装

图案，运用冷色系和含蓄、清新色系来表现极简风格服装的特点。其代表品牌有吉尔·桑黛尔（Jil Sander）、卡尔文·克莱恩（Calvin Klein）、唐娜·卡兰（Donna Karan）等。

（九）前卫设计风格

前卫设计风格受非主流文化波普艺术、抽象派艺术、朋克风、摇滚风、街头文化等的影响，突破了经典的美学标准，成为一种反叛和创新的精神象征，它以颠覆传统、标新立异的艺术形式为主要特征的服装风格（图4-12）。前卫风格服装的灵感来源极具创意性，善于运用反传统、超出常规的设计元素，运用夸张、变形等手法进行错位设计，形成超乎寻常的或奇特、或怪异的造型设计；前卫风格的色彩打破传统的规律，营造出新颖奇特的色彩效果，视觉冲击力极强；前卫风格的面料新奇和时髦，往往选用新颖奇特、时髦的材质，如皮革、金属、塑料、涂层面料、闪光材质等。前卫的服装设计风格成为个性化设计的代名词，

图4-12　前卫设计风格的服饰

前卫风格的一些设计元素也开始逐渐被运用到年轻人的日常便装的设计中（图4-13）。其代表性品牌有：高缇耶（Jean Paul Gaultier）、薇薇安·韦斯特伍德（Vivienne Westwood）等。

图4-13　前卫风格元素在日常便装中的运用

除了以上几种常见的设计风格之外，在未来新科技、新工艺、新思潮对服装设计风格的影响会往一个新的方向发展，设计风格更为抽象，在复制、模仿、改造原有的设计风格上不断突破美学标准，服饰成为诠释某种设计理念的载体。图4-14，第一款利用3D打印技术制作的创意时装，第二款是利用高科技热熔方法设计出特殊形状的面料，在服装中加入了发光二极管LED，服装可以焕发出星空的光芒。

图 4-14　3D 打印技术与发光材料的运用

总之,服装品牌的设计风格涵盖两个方面的内容,设计师的设计风格与服装产品的设计风格。一方面,服装是表现设计风格的载体,不同的设计风格通过特定的表现形式将其造型、面料、色彩等的风格特色展现在人们眼前,服装整体所表现出来的风貌、特征和情感,在视觉上和精神上给大众带来双重感受。简言之,服装产品的设计风格就是服装本身的外形式样与文化内涵的结合后所呈现的设计特色,这种产品的设计风格成为消费者对品牌设计风格认知的最为直接的感观。另一方面,设计风格作为一种艺术形态,服装设计师会将个人的艺术特色和创作个性融入服装的创意设计中,设计师的设计风格也能给消费者对服装品牌产生新的认知和联想。当服装产品的设计风格与设计师的设计风格有机的统一为一体时,品牌设计风格的魅力更为强大,消费者能够客观地理解和认可服装品牌的设计风格,同时,在品牌理念的影响下,服装品牌的设计风格成为服装产品的灵魂,展现了服装的文化内涵。

二、产品系列

服装品牌每一季都会根据设定的主题推出若干个系列的产品,这些产品系列构成了服装品牌的整体产品框架。通过系列化设计可以突出服装品牌的特征和品牌形象的完整度,还可以使服装品牌每季产品的开发中延续其一贯的设计风格,更好地展示产品风格。另外,产品系列是根据目标市场消费者需求的特点进行设定的,在产品的设计、品质以及价格上都会有明确的体现。系列化设计还可以节约设计成本,从而获得更大的市场影响力。各类服装款式在系列中的比例是根据品牌定位确定的,畅销款则根据服装产品的销售情况调整款数。

产品系列的开发在设计主题的引导下才能产生相应的服饰风格和意境,传递出设计理念的某种主题才能使消费者对服装产品产生共鸣。在综合考虑色彩、面料、细节设计等因素,并遵循服装设计原则的基础上,根据服装品牌具体的设计要求完成产品系列的设计。针对具体某一主题而开发的多款、多套的系列产品在款式、色彩、面料、图案、结构等设计上的统一,从而造就了服装产品系列之间的某种内在或形式上的关联,其设计风格高度统一。相比单品设计的独立性和单一性,产品系列的推出使所设计的服装产品具有条理性和秩序感,更容易向消费者传递服装产品的主题、理念及整体风格等。同一个系列的产品更易相互搭配重新组合,提供更多的产品选择和搭配选择,以满足消费者的着装要求和审美需求。

(一)强调造型为主导的服装产品系列

服装品牌以造型为主导推出的服装产品系列相对较少。同一系列的产品有类似的廓型设计,具有鲜明的特色,如 H 形外套、H 形裤、H 形长裙组成一个系列。某些服装品牌推出的新产品会采用相似的廓型设计以形成一种独特而可识别的产品风格。图 4-15,2015 年迪奥

（Dior）女装的廓型为X型，收腰设计，扩大了臀部造型，裙摆设计宽大，塑造了优雅而高贵的女性形象。也有一些服装品牌在同一系列的不同产品的局部造型或结构线设计上运用类似的设计手法，以达到呼应的效果。图4-16，同一系列的服装产品虽然面料不同，局部采用相似的造型设计，这一手法，既丰富了服装产品的设计，又使服装产品的设计风格统一，消费者也能对这一独特的服饰形象印象深刻，从而吸引消费者购买产品。

图4-15　2015迪奥（Dior）春夏女装

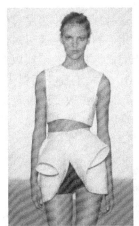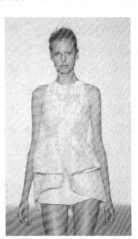

图4-16　同一系列产品相似的造型设计

（二）强调色彩为主导的服装产品系列

以色彩为主导的服装产品系列是指在视觉上服装产品的主色调统一，给人以协调的感觉，易于穿着和搭配。不仅能准确地表达流行，同时也增添服装的魅力，丰富了服装的表现语言。通过对某种单色或多色采用色彩渐变、重复、类似等的变化，突出服装产品系列色彩设计的亮点。色彩设计始终与主题理念相吻合，使其产生有机的关联，让人能够感觉到色彩中所推崇的生活方式和精神状态。如H&M 2015新春系列的男女装设计凸显年轻与时尚，服装和配饰品以红色系为主，不同面料的红色呈现出明度、亮度不同的效果。这种服装产品系列大范围采用不同的红色，营造出温暖的新春色彩氛围（如图4-17）。

图4-17 H&M 2015新春系列

（三）强调面料为主导的服装产品系列

面料的风格特征通常决定了整个服装产品系列的风格。这种以面料作为主导的服装产品系列设计是各类服装品牌开发产品中普遍采用的一种形式，利用面料的特色通过对比或组合表现系列感。当面料的风格特征非常鲜明时，运用相同材质或相同风格特征的面料以形成了视觉冲击力很强大系列感，造型或色彩设计成为辅助设计。图4-18，以羊毛提花面料作为设计材料，通过改变每款服装的局部造型设计形成不同的外观效果；也可以通过改变服装色彩、服装款式的长短、印花部位等形成新的外观效果，整体产品的设计高度统一，系列感强，其中多色同款式同面料是服装品牌运用最广泛的一种方式（如图4-19、图4-20）。

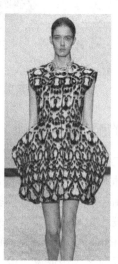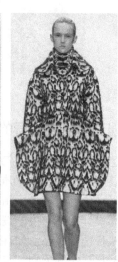

图4-18 运用相同面料的服装产品系列

图 4-19　同面料同款不同色彩的服装产品系列　　　　图 4-20　同面料不同色彩和款式的服装产品系列

（四）强调工艺手法为主导的服装产品系列

以工艺手法为主导的服装产品系列注重制作服装所采用的工艺特色，由独特的工艺手法贯穿整个系列产品的设计。工艺手法包括刺绣、镂空、扎染、洗水、印染、编织等。在多套服装中反复应用同一种工艺手法，能够形成独特的设计效果，并成为服装的风格特色。牛仔系列的服装根据不同的水洗方式，也可以形成完全不同的产品系列（如图 4-21）。图 4-22，采用不同的编织工艺也可以形成不同的产品系列，这个系列的设计利用编结的方式设计和制作了整个系列的产品，极具创意性。图 4-23，天意品牌 2014 产品系列采用传统的莨绸面料，利用扎染工艺使服装产品系列形成不同面积、不规律的色彩变化，改变原有面料的形态，在整体效果上的设计非常独特，整个产品系列透出浓郁的民族风情。

 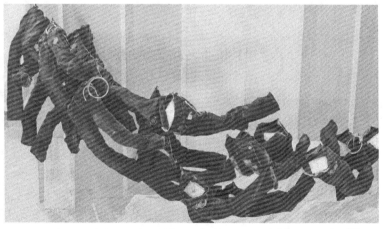

图 4-21　采用不同水洗工艺的牛仔服装

图4-22　以编织工艺手法为主导的服装产品系列

  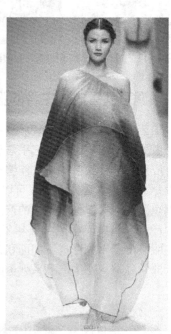

图4-23　以扎染工艺手法为主导的服装产品系列

三、设计元素

　　设计元素是构成服装产品整体风格的基本要素，服装产品可以看作是由各种设计元素所组成集合体。设计元素为服装产品的设计与开发提供方向，对设计元素的掌控程度直接关系到新产品受消费者喜爱的程度。从设计师的角度来看，设计元素与服装品牌理念的契合度决定了服装产品设计的成败，从服装企业的角度来看，设计元素是构建服装品牌形象的重要因素之一。大多数服装品牌都有相对固定的凝聚品牌的设计风格的设计元素，在吸引消费者的注意力的同时，增强品牌的形象。如服装品牌香奈儿（CHANEL）有H型造型、粗花呢面料、经典黑白色、山茶花等设计元素，塑造了不受时代限制的经典女装形象，符合众多年龄层次的着装要求和审美需求。服装品牌巴宝莉（BURBERRY）的风衣设计和标志性的格纹成为其经典品牌形象的独一无二的具象特征，消费者通过格纹和风衣设计就能识别出巴宝莉品牌。为满足消费者求新求异的心理特点，避免产生审美疲劳，这些设计元素会不断变化以适应新潮流的动向。在每季的服装产品设计中，要了解品牌多年来所采用设计元素的规律，结合服装调研和流行预测增加新的设计元素，精心筛选与产品要求匹配的设计元素，强化消费者对品牌特征的感知。受社会文化、时尚流行的影响，设计元素所涵盖的内容也在不断扩大。以文化体系对设计元素进行分类，可分为亚洲元素和欧洲元素、中式元素和西式元素、古典元素和现代元素等；以服装设计要点对设计元素进行分类，可分为造型元素、色彩元素、面料元素、图案元素、装饰元素、工艺元素、结构元素等。其中造型元素、色彩元素、面料元素、装饰元素更易被消费者关注。

（一）造型元素

造型元素特指服装廓型以及服装各个局部造型的设计元素，根据服装外轮廓的形状，廓型主要分为A形、H形、X形、T形、Y形、O形等。局部的造型主要指领部、肩部、袖部、口袋等的造型，服装的廓型是服装内部设计的基础。不同设计风格的服装都有其经典的造型元素。如军装风格的服装造型以H、X为主，局部设计也较为简练，没有多余的装饰，强调服装的实用性和功能性，塑造出硬朗、潇洒、帅气的着装形象。建筑造型、花朵植物造型、传统服饰造型、工业品造型等都能成为造型元素的设计灵感来源（如图4-24）。

图4-24 以建筑和花卉为灵感的造型元素

（二）色彩元素

色彩元素是具有感情的元素，不同的色相、纯度和明度都给人不同的心理感受。如红色给人一种温暖、热情、喜庆的感觉，中国传统的婚庆礼服就采用红色作为主色调。世界中存在的色彩只要符合人们的审美规则都能被转化为服饰的色彩，服装色彩的灵感来源就是世间万物的各种色彩。如图4-25～图4-28，设计师从自然风景、数码作品、抽象画、糖果等的色彩中提取适合服装设计的色彩元素。

图4-25 源自自然风景的色彩元素　　　　　　图4-26 源自数码艺术作品的色彩元素

图4-27 源自抽象画的色彩元素　　　　　　图4-28 源自糖果的色彩元素

（三）面料元素

作为制作服装的材料，面料是必不可少的设计元素。面料元素是构成面料风格特征的元素，包括面料的成分、外观、手感、质地、肌理效果等。面料元素受到流行趋势的影响，新型面料的开发和面料的再设计又不断推动着面料元素的创新设计，还能为设计师带来设计的灵感。面料的再设计则是设计师借助镂空、扎染、刺绣等设计手法，改变面料原有的外观，呈现出更多的肌理效果，满足大众求新求异的心理。

当然，日新月异的新科技对面料开发起到关键性的作用，竹纤维、大豆纤维、木棉纤维等不易织成面料的纤维通过新技术的改良和加工制作成服装面料，不同于传统的棉、麻、丝绸面料的手感和质地，此类面具具有更为柔软、舒适的质地和手感，透气性也更佳；保暖面料、凉感面料、记忆丝面料、涂层面料、反光面料等合成面料塑造出特别的质感和肌理，更贴合人们的需求，如保暖面料具有聚热功能，冬季穿着运用保暖面料制成的服装，则无需再穿特别厚实的服装，既实用又美观；运用金属、合成树脂、塑料线、竹片、羽毛等具有独特外观和质感的非常规材质的面料，可以塑造出风格独特的服装（如图4-29）。进行服装产品设计时，面料元素的选择必须与服装设计风格相一致。如某品牌推出具有未来科技感的前卫服装，所采用面料的质地硬挺，光泽感强才能体现出这种科技感和前卫感（如图4-30）。

图 4-29　非常规材质的面料

图 4-30　利用光泽感强的面料制作的服装

（四）图案元素

图案元素是指图案的题材、风格、配色、形式等。设计师运用设计语言将图案元素与服饰融于一体，或繁或简的图案元素是塑造服装设计风格的重要元素之一（如图 4-31）。艺术设计、美术作品、民间服饰图案、工艺品图案、自然风景等都能成为图案元素的灵感来源，将具象的事物转化为抽象的图案，或沿用图案的题材，或改变图案的配色贯穿于整个服装的设计之中（如图 4-32、图 4-33）。

图4-31 图案元素在服饰中的运用

图4-32 源自庙宇建筑的图案元素

(五)装饰元素

装饰元素是指装饰的材质、形式等。装饰元素的设计是对服装设计语言的补充和强化,增添美感,丰富细节的设计,完善服装的设计风格。浪漫主义设计风格、优雅设计风格、民族设计风格的服饰更多地采用装饰元素表现设计主题,高级定制类服装的装饰元素最为繁复、华丽、精致,运用手工刺绣、花卉、钉珠等制作工艺较为复杂的装饰手法。装饰的形式可以通过元素的"加法"和"减法"进行设计,"加法"设计是通过绣、贴、缝等方法在原有面料上,增加如珠饰、钻石、水晶、亮片、羽毛、蝴蝶结、流苏、立体花卉等装饰物(如图4-34、图4-35)。"减法"设计是通过镂空、烂花、剪切等方法改变原有面料的外观,营造出虚实相间的视觉效果(如图4-36)。

图4-33 源自William Morris的画作《生命之树》的图案元素

图4-34 "加法"装饰元素在服装中的运用

 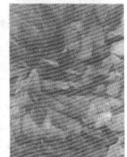 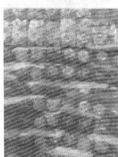 

图4-35 各类"加法"装饰元素(花卉、羽毛、珠片等)

图4-36 "减法"装饰元素在服装中的运用

（六）其他元素

结构元素：结构元素主要指服装内部结构的特征和形式，如省道位置的设定、分割线形态等。其中解构主义的服装设计主要就是打破传统服装结构的设计规律（如图4-37），一款服装将不同结构的袖子运用重复的设计手法成为胸部和下摆设计的主体，另一款则改变裙子的内部结构，形成与众不同的造型效果。

形式元素：形式元素是指形式美原则的运用，如比例、节奏、对称等（如图4-38），女装设计遵循形式美的设计原则，左右对称，装饰的花卉按照一定的规律排列，有大有小，富有节奏感。

搭配元素：搭配元素指服装穿着的搭配方式，包括款式的搭配和色彩的搭配，如两件套、三件套，上浅下深、内浅外深等（如图4-39），女装三件套的设计遵循上前下深的搭配方式。

配饰元素：配饰元素指配饰的种类、材质、造型等。如手工定制高跟鞋、手包、丝巾等的材质、图案、造型设计非常独特（如图4-40）。

工艺元素：工艺元素是指服装的加工方法，或缝制的工艺方法，如绗缝、拼布、编织等（图4-41）。

图4-37 结构元素（袖子、裙摆结构）   图4-38 形式元素（对称）   图4-39 搭配元素（色彩搭配）

图4-40 配饰元素（真皮材料、印花皮革、玛瑙石、钻石、塑料蝴蝶等）

图4-41 工艺元素（各种编织、绗缝等的运用）

第二节 设计的准备

一、储备设计资源

服装设计是一项需要利用多种资源的复杂活动，否则无法开展设计工作。构成服装设计活动的基本要素就是具有使用价值的设计资源。设计资源是指能被设计活动所利用的，有助于完成服装设计活动的各种资源。由于设计资源是社会经济活动的产物，随着人类科学技术和社会的不断发展和进步，设计资源的内容还会随之增加。储备设计资源是服装设计活动的第一步，也是最关键的设计基础。服装企业需要储备的设计资源主要有人才资源、信息资源、技术资源和材料资源。

人才资源：人才资源是服装品牌获得可持续竞争力优势的基础，它既是服装品牌资源的管理者和设计者，又是设计资源的组成部分。国外服装设计品牌非常重视人才资源，尤其是管理类和设计类人才，通过多种媒介和方式吸引各类专业型人才。

服装品牌可以利用现代多样的媒介宣传，树立一个重视人才的品牌形象，向社会广泛吸纳和引进优秀的人才。架构合理的人才结构才能将人才资源的效益发挥到最大，并建立由品牌策划师、服装设计师、制版师、工艺师等核心人员组成的高质高能力的设计团队。将具备不同知识和技能的人才安排到设计团队中合适的工作岗位，各人员各司其职，充分发挥他们的才能。在品牌服装的产品设计开发过程中，设计团队的效率很大程度上决定了新产品设计开发的结果。拥有很强的专业策划和设计团队，少则数十人，多则上百人，由设计总监或高级策划顾问来把握和调控产品整体设计的方向和质量，将团队中各个成员的能力和设计构思转化为设计资源。拥有上百人设计师团队的ZARA充分发挥人才资源的效能，快速而高效地完成产品的开发、设计、制作与销售，缔造快速时尚服装品牌的传奇。

合理的人才培养方案、优良的工作团队、完善的工作机制和晋升机会都能够吸引综合素质较强的人才。服装品牌还可以采用轮换的方式让缺少经验的新晋员工体验不同岗位的工作，让员工得到多方面的锻炼，结识更多的工作伙伴，增强团队的合作能力，无形中提升了员工的个人价值，服装企业的价值也随之提高。会提升服装品牌的产品设计能力。总之，储备人才资源就是在为服装品牌的发展提供支撑力量，凝聚宝贵的资源财富。

信息资源：储备信息资源是展开设计工作的前提，在现今服装行业内的竞争日益激烈，要及时掌握服装时尚的动向、市场的需求。如同服装品牌的资金、设备、人才资源一样，信息资源是服装品牌必不可少的资源，既是服装设计的方向标，也是品牌策划的基础。服装产品的开发与设计建立在有效信息的收集与整合，用于产品设计与开发的信息资源丰富，涉及市场信息、时尚信息、销售信息等内容，这些信息可以从流行预测机构、展览会、时尚媒体、企业内部部门等多种渠道获得。街头流行、异域文化、艺术、社会重大事件等都能成为获取信息的重要线索。信息资源是服装品牌的巨大"财富"，某个信息能够直接影响到服装品牌的经营决策，如果误判市场信息、时尚信息或消费需求信息会直接导致服装品牌失去原有的消费群和消费市场。

在开展设计工作前，储备信息资源的最佳方式是建立起便捷、灵活、稳定的信息资源系统，提高获取信息的准确率和效率。将各类信息资源分类存档，直接观看发布会搜集信息，或者从蝶讯网、Stylesight、VOGUE时尚网等专业的网站下载流行趋势预测、发布会图片等（如图4-42）。其中Stylesight是一个激发和实践创意的线上平台，可以根据时装的风格、面料、

图4-42　发布会与专业网站的信息资源

功能、设计元素、品牌名称等多种方式提供超过900万张的图片信息。重点关注权威机构发布的流行信息，以及与服装品牌相关的市场信息。一方面直接参考或间接借鉴这些信息资源作为设计灵感的来源，理清设计思路。因为服装设计是一种充满创意性的工作，这种创意并非凭空想象的，或是可以批量生产和复制的，服装设计的创意是建立在大量信息的理性分析上获得的。另一方面根据品牌形象的定位，将信息资料作为设定品牌策划方案的参考依据，充分发挥信息资源的效能，服装品牌能够把握目标消费群的需求也是建立在大量的市场信息和数据资源的分析。处于信息时代的背景下，服装品牌只有善于获取与运用信息资源，并对市场的信息反馈有快速反应的能力，才能获得更好的经济效益。

材料资源：材料资源是指面辅料资源，材料的选择是服装产品设计活动的设计要素之一。拥有材料资源才能将设计灵感转化为实际存在的服装产品，它是服装品牌实现产品设计的重要保障。材料资源对设计的重要性是显而易见的，那么服装品牌与材料供应商或代理商的合作就更为重要，要建立良好的供应链关系。服装品牌会与材料销售商签订合同以获得某种面料的独家使用权，确保服装产品的独一无二，吸引更多消费者。如著名的奢侈品牌都拥有专门的材料供货商提供定制的面辅料，如定制手工蕾丝面料、镶钻面料等，以确保高级定制服装拥有独一无二的材料和顶级的质量。开发新品时必须要考虑的因素就是选取何种面料，由于服装材料的品种、产地、价格、质量、产量、特色等都存在一定的差异性，想要寻找合适的面料必定很费周折。材料资源通常可以从面辅料制造商、面辅料代理商和面辅料市场三个渠道获得，中间流通环节越多，材料的价格也越高。大批量生产的成衣品牌通常与面料制造商合作，直接获得材料，价格低且交货速度也快，但材料资源有限，即使服装品牌有面料工厂也需要与其他材料供应商合作。因为，成衣品牌拥有很多合作的供应商提供高质量、批量大、种类多的材料，其可供选择的材料范围就越广，设计和生产也越有保证。服装品牌建立材料资源库更有利于设计工作的展开，将现有的材料资源（如材料供应商提供的样品，图4-43）按照一定的规律进行分组整理，根据面辅料供应商提供的材料品种、品质、价格、服务等将供应商进行分类，建立技术档案并分别制订不同的材料采购规划，从而形成一套与服装品牌产品相吻合的材料资源库。

图4-43 材料供应商提供的样品

技术资源：创造出服装产品高附加值的设计思维是设计师完成设计活动的精髓，技术资源的创新则推动了整个服装行业的发展。在现代的企业竞争中，越来越多的企业开始重视创新技术的资金投入，加大研发力度，力争站在同行技术的制高点，产生率先行动优势。企业的创新技术能力是决定企业生存和发展的最重要的动力之一，也是现代服装设计资源的基本组成部分。技术资源包括了支撑服装设计活动的各类知识和技术。技术推动了服装产品设计步入数字化时代，比如平面绘图软件Photoshop、Illustrator、Coreldraw、服装CAD等的广泛应用，以计算机高速和大量的数据存储以及处理能力与人的综合分析及创造性思维能力结合起来，使设计更标准和快捷，缩短了设计周期。如计算机辅助软件CAD的应用，大大减少了人工打板的时间与误差。随着三维CAD技术的发展，可以将服装平面图生成三维的模拟人体模型穿着效果，以便进行立体状态下的局部修改与观察不同面料的三维悬垂效果。不仅提高产品质量、降低生产成本，还增强了服装品牌的市场竞争能力与创造能力。除了辅助设计软件为服装产品的设计和生产提供支持，新型纤维材料的研发、功能性服装的开发得益于不断进步的现代纺织技术，先进的服装后整理技术、数码印花技术、3D打印技术等将服装设计的发展推到新的领域，为设计师观察事物的角度和思维方式提供了不断延伸和扩展的机会。另外科技也影响到服装款式的变化，比如专门为服装设计用来装移动电话、MP3、笔记本的口袋，而有的服装则直接在服装内植入电子芯片，从而将电子产品与服装合二为一。因此借助先进的技术手段作为产品设计的支撑是服装品牌获得可持续竞争力的必要手段。如建立更全面的数字化服装产品数据库，包括款式的造型、色彩、面料、图案、结构、工艺说明等，将所有的产品设计信息录入系统，进行产品设计时可以及时调出储存的资源。图4-44，在数据库中储备所有格子面料设计的信

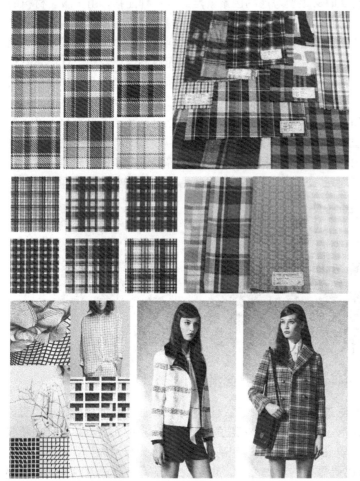

图4-44　一组格纹面料的设计信息

息，包括面料电脑绘图、面料小样、面料供货商信息、格纹的灵感来源、格纹服装等，在选择面料时将此作为设计参考，不需要再花大量的时间做调研或寻找面料供应商。另外，采用专业的销售软件自动录入销售信息，并将销售的分析数据传回公司内部作为共享资源，策划师和设计师能够及时掌握最新的信息。自主研发新型面料的服装品牌公司则需要广泛累积最新的技术，如研发各种新型功能性材料，如"可呼吸织物"具备轻薄耐用、防风防寒、吸汗透湿等多种性能，可以用来制作户外功能服装。购买新型的设备提高后整理工艺的科技含量，创造崭新的视觉、触觉效果和优良的服用性能。

设计资源是服装品牌设计活动存在和发展的基础，也是设计财富的源泉。服装企业所拥有的设计资源直接影响到服装产品的设计，如果没有设计资源中的任何一项内容，设计活动将无法进行。根据现代品牌服装企业产品

开发的一般流程中，四大设计资源在这个流程中是相互联系和制约的。以信息资源作为设定产品开发决策的前提，材料资源作为实施产品开发的物质基础，并以创新的技术资源作为完善和提升产品开发的技术支持。其中人才资源一直占主导地位，是其他资源的协调与利用者。合理有效地利用设计资源能为服装品牌带来源源不断的创意设计灵感，同时对某些不可再生的、特殊的设计资源加以保护，创造出无形的文化价值。服装企业加大对设计资源的投入能够使其获得一定的经济和社会效益，势必进一步增强服装品牌的市场竞争力。优化地组合各种设计资源能更好地激发创新潜力。灵活的品牌定位与品牌形象的设计管理将为服装品牌创造出无形与有形的设计价值。

二、修炼专业水平

　　面对竞争日趋激烈的服装市场，设计师或者品牌策划师需要将自身的品牌文化传达给大众，赢得消费者的认可。服装设计工作的细分需要整个品牌团队各成员的专业性和通力合作力。如品牌策划师从市场角度进行考量，掌控服装产品的定位，设计师从专业角度进行产品设计。没有品牌策划师的服装企业就需要设计师能够既掌握专业知识和能力，还要具备一定的策划能力。总之，品牌策划师和设计师都对服装品牌的生存和持续发展起着重要的战略性意义，两者都要具备优秀的工作素质和专业的技术能力，并从多方面提高自身的专业素养和水平。

　　加强专业知识的学习：从事品牌策划和设计工作的人员一般都掌握了服装设计基础、品牌运作、品牌策划、市场营销、服装心理学等方面的知识。由于市场的日益复杂和竞争的日趋残酷，设计工作需要囊括的内容也越来越多。未来的真正需求是兼具商业理念和设计才华的拓展型人才。因此，要深入地对这些理论进行学习。专业人员在专业知识与艺术的熏陶中培养自身超前的时尚意识，提高审美能力，以科学的方法全方位地掌握专业资料和各类信息，特别是涉及服装的造型形态、材质运用、配色方法以及饰物使用等具体的设计方法和规律。

　　从经典品牌案例中学习经验：透过品牌设计的成功案例，会有助于服装品牌策划师和设计师在模仿中学习提高，合理地设定目标市场，借助深厚的服装专业功底加上科学的方法与创新的理念，设计师对服装的造型设计、陈列方式、材质运用、配色方法以及配饰的使用能够灵活运用到产品设计中，成功开发新产品。对于初涉服装行业的人来说，模仿应该视为一种很好的学习方法。通过这样不断的学习与思考，就能够拓宽自己的视野，提高自己的创新意识。

　　参与实践：服装产品设计是实践性很强的工作，只有通过不断的实践才能获得更多直接的经验。只有在实践中才能充分了解服装品牌的设计资源和品牌定位，坚持本品牌的设计理念、风格的前提下再加入流行元素，所设计出的产品才不会偏离品牌的设计理念。在实践中了解各部门工作的目标和职责，分析服装品牌以往的产品策划的实绩，并从中吸取经验和教训，为当前的品牌策划的工作提供参考资料。在实践工作中提升团队合作的能力，具备相应的品牌策划能力。能够准确地设定目标市场，通过对消费者的着装风格的分析，掌握目标消费群的喜好，制订合乎品牌需求的产品策划案。对于服装品牌来说，服装产品设计目的是为了将产品销售给目标消费群，并获得经济价值。品牌策划师和设计师的工作就是不断完善产品的设计得到消费者认可。这就要求设计师和策划师一方面要熟悉自身服装品牌的销售现状，另一方面要有解决问题的能力。在深入了解不同款式的销售情况以及造成差异的原因等，通过不断地进行市场调研，反复思考，多做预测，才能够进一步提高品牌策划的成功率。如某个季度新品经过策划推出之后，销量并没有达到预期目标，策划师就应该进一步跟踪确定原因，是消费定位、产品设计或是销售环节出现问题，学会根据实际情况提出解决问题的具体措施。

设计师与品牌策划师的专业水平和能力只有在这样反复的实践中才能真正得到提高。最终掌握品牌的风格、市场定位、竞争品牌的概况、每季不同定位的服装设计风格的转变、不同城市流行的差异、所针对消费群对时尚和流行的接受能力等，还要清楚应该何时推出新产品、如何推出、以何种价格推出等问题。在未来的工作中，灵活运用专业的技术能力和专业性的决策能力规避风险，准确预估市场行情。

三、端正工作心态

品牌策划师和设计师承担了服装品牌产品设计的策划和实施工作，这一环节责任重大。在负责不同季度的服装新品开发和实施时，要做好设计调研工作，了解消费者需求和上季度的销售情况，能够准确预测新季度的畅销品，选定合适的面料，安排样衣的生产，参加订货会，安排大货生产。整个工作流程与服装设计和生产活动密切相关。某些忽视工作心态的重要性服装企业往往会引发一系列的"连锁反应"，一旦某一环节设计人员因怠慢工作而影响整个设计工作的进度，必须推迟服装产品的上市时间，可能会错过最佳的销售季。这种不严谨的工作态度甚至可能造成更严重的产品设计失误，导致服装产品严重滞销，危及服装品牌的正常运营。

品牌策划师和设计师持有认真负责的工作心态，不仅能够提高工作效率，还能协调好品牌策划部、设计部、生产部、销售部之间的关系，增加团队合作的凝聚力。对工作要积极主动，有一种执着的追求和创新探索的精神，有较强的设计质量意识，以及较高的工作效率。在工作中遇到任何问题时，不退缩回避问题或推卸责任，应及时分析出现问题的原因，与各部门进行积极的沟通。听取企业内部专业人士的建议，及时共享信息资源，快速做出正确的决策。当消费者希望购买到个性化、专属性的产品，服装品牌就要更多地推出限量版的产品。当针对低端市场推出的服装产品相应增加基本款的数量。总而言之，对品牌的总体设计做好统筹工作，要求策划师和设计师始终从消费者角度出发设计和生产服装产品，建立起为消费者提供最好品牌服务的观念。

四、分析设计任务

服装设计是遵循一定的计划而完成的一系列有目的的设计活动，当然任何一个设计活动都要历经起因、经过和结果的过程，在这一过程中需要完成的设计任务也是多样而复杂的。服装品牌的设计任务因品牌文化、定位、流行趋势的不同而各有差异，同样开展设计工作的方式也不同。有实力的服装品牌在策划部、设计部投入的资源更多，品牌运作程序更规范，设计任务的安排合理清晰，各项工作都有专人负责，部门人员各司其职，设计工作更为轻松，符合服装产品设计的工作特点。规模较小的服装品牌的设计任务相对比较模糊，开发新一季的产品时，设计师也要担当品牌策划师的职能，需要完成所有工作，包括服装调研工作、设计师的压力和工作量比较繁重。因此，分析设计任务有助于设计工作顺利展开，整个设计流程清晰明确，在规划设计任务时可以合理分工，提高设计工作的细致程度和效率。

服装品牌通常召开产品开发与设计的策划会议来下达设计任务。产品策划会便于协同各部门工作，集合各部门的优势资源，结合市场和流行趋势，探讨新季度产品的设计方向，并达成共识，确认服装品牌新季度所需的产品结构，既要有产品的设计卖点，又能延续品牌文化，减少产品开发设计的异议。服装品牌下达产品设计任务后，就要分析设计任务和明确目标。首先确定设计什么产品以及为谁设计，有了目标对象再对消费者以及同类型产品进行调研；然后再对消费者需求进行分析，确定产品设计风格、产品价位等内容，经过层层设计方案的筛选，最终确定最佳的产品设计方案并投入生产。如果设计任务较为繁重则可相应增加研发人员或研发时间。对设计任务进行分析后的工作就是制订详细的设计计划以便于设计工作的开展。

五、制订设计计划

服装产品设计是品牌策划的重点工作。在制订设计计划时，总体设计的前期工作，包括相关的市场情况、设计定位、产品定位和价格定位等内容，如果不能在产品总体设计以及其品类组合中得到具体实现，都会变成"纸上谈兵"，品牌的设计理念不能确切地反映到服装产品上。因而，制订详细的设计计划对展开服装的总体设计至关重要，通过对大量设计案例的分析，归纳出图4-45的服装设计计划的流程图。

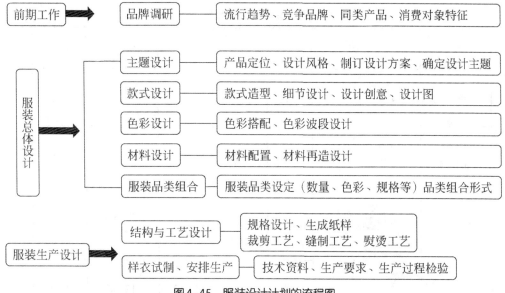

图4-45 服装设计计划的流程图

第一步，品牌调研。服装企业在每个季度的产品开发都要安排目的性明确的调研任务，调研在初步确定设计方案之后，调研时间根据设计的需要大约1～2周之间。这一工作一般由品牌策划部门的工作人员负责，也有的服装企业由设计部门的设计师或设计助理实施负责。主要搜集市场趋势、竞争品牌、同类型产品、目标消费者特征等资料，全面了解市场动向并掌握消费者的需求，并做出可行性报告，为其他部门的工作提供指导。

第二步，服装产品总体设计。产品设计是设计任务最为艰巨的一项工作。一般由策划部门做好产品设计的规划工作，确定完成的时间以及服装产品上市的时间。设计部门在既定时间内

图4-46 服装产品设计图

根据品牌的定位从面料、款式、色彩等方面做好新品的设计。通过对市场和消费者需求的分析，由策划部、设计部、采购部、销售部等共同对新季度产品的市场、风格和价格进行定位，并确定服装产品的设计主题。策划部的工作侧重于确定产品的架构、品类配比等内容，通过产品策划把握产品设计的全局；设计部负责产品开发计划的实施工作，将抽象的策划方案实物化。根据一系列市场与流行的调研报告，选择适合产品设计的元素，从款式、色彩、材料设计等方面深入设计，用明确的设计语言准确表达设计理念，以时装画、款式图或技术文本向大众展现具体的产品形象，来表达设计思路，采购人员或设计师助理按照设计的要求选择合适的面辅料样品（如图4-46）。设计师需要从品牌整体形象的角度，考虑全部产品成品效果、产品系列之间的关系，以及经典款、形象款、畅销款的配比关系，确定合理的服装品类组合。由于服装产品设计方案往往需要更改数次设计方案才能完成，在产品设计过程中，要做好各部门之间的沟通工作。服装品牌通常会制订详细的服装产品设计进度计划表，以确保工作的顺利进行（如表4-1）。

表4-1 服装产品设计进度计划表

序号	外套类		款式图	发版		制版	面料	初样	正确样
1	隐域系列			颜色	淡粉白色		针织棉		
	设计号 D2014001			日期	11.23	12.6	12.12	1.10	1.25
2	隐域系列			颜色	白色黑色粉色		聚酯纤维涤纶		
	设计号 D2014001			日期	11.23	12.12	12.16	1.10	1.25
3	隐域系列			颜色	黑色粉色		薄呢涤纶珠片		
	设计号 2014001			日期	12.7	12.19	12.27	1.22	2.12

第三步，结构与工艺设计。由技术部根据设计师的效果图或款式图转化为可用于批量生产的服装结构图（如图4-47）。根据目标消费群的体型特点确定合理的规格设计，优化纸样设计。如针对45岁以上年龄的男装则要腹部、背部等关键部位做结构优化，使穿着的服装能修正大肚子，或驼背的体型特征。

图4-47 工业纸样

第四步，进行样衣试制、安排生产。为了保证最终成衣的质量，要经过至少两次的样衣制作过程。

第三节 服装总体设计

一、主题设计

主题设计是服装品牌展开服装总体设计的第一步，是指导设计和实现设计目标的重要方式之一。主题的商业价值和设计价值体现在两个方面：一是服装品牌的设计团队有明确的设计方向，直接依据主题开发服装产品，避免所设计的服装产品不符合市场的需要。当款式设计杂乱没有特色，品类繁多，产品组合零散，只会增加生产和销售的压力。二是主题设计能为服装品牌带来较高的附加值，主题是服装产品的"思想"和"灵魂"，是创意性设计元素和设计理念的浓缩。主题设计能使服装品牌的设计风格统一，服装产品成为表达设计理念、品牌形象、设计亮点等内容的载体。

主题设计是建立在充分了解消费者需求和欲望的基础之上，而时代潮流、社会风向、文化理念等是主题设计重要的影响因素。服装品牌进行总体设计时，可以根据品牌自身情况，结合流行趋势设定一个主题的基本方向，为增加服装产品的丰富性，再根据大主题设定若干小主题，形成设计风格明确的系列主题。狭义的主题设计是指设定文字主题，确定产品的灵感来源和设计方向。广义的主题设计包括文字主题、款式主题、色彩主题、面料主题的设计，结合图片、视频等视觉元素可以更加清晰地表达主题，有助于下一步设计工作的展开。

（一）文字主题

文字主题也称为主题概念、故事概念或文字概念，是指按照服装品牌的设计风格和理念进行产品设计时，设定一个或多个主题，并编写精炼的文字说明。一般用具有联想性、启发性和趣味性的名词来设定主题的名称，抽象的主题更为感性，如"时光掠影"利用时光这一抽象的概念去表现服装的沉静之美。而具象的主题更为形象，以图画、剪纸、建筑物等具象事物命名，如"华尔街区"以都市作为设计的灵感来源，展现沉稳的商务男装的设计。在主题设计中，文字主题能反映主题的核心内容，在产品定位与风格统一的前提下，辅以详细的文字说明，从不同角度对品牌形象、品牌设计理念进行深入诠释与演绎，并形成情境化的氛围，还可以配备具有代表性和视觉冲击力的图片，强化服装产品系列的主题诠释。图4-48，新季度产品的设计主题是"青春"，洋溢着满满的年轻气息，主题概念的描述贴合服装品牌的设计理念。

图4-48　YOUTH的文字主题

（二）色彩主题

色彩主题也称配色主题、色彩概念，是最能表达主题设计理念的一组色彩。通常按照系列或产品大类，选择包含拟采用色彩的资料图片或灵感来源图作为色彩形象，将图片中的色彩归类和提炼，利用行业内通用的标准色卡表达。图4-49，用色彩概念板向设计团队传达整体的服装产品的基本色调。

图4-49　YOUTH的色彩主题

（三）面料主题

面料主题，又称面料概念，是表达主题概念的一组面料小样，是指示该季度或该系列将会选用的面料风格、质感、图案的重要依据。按照系列或产品大类，选取几组有能够代表产品的整体色彩和质感风格的面料小样，可以是真实的面料或面料图片（如图4-50）。在选择过程中，要充分考虑到各种不同手感、面

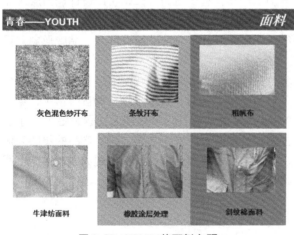

图4-50　YOUTH的面料主题

料风格的组合和搭配。通常设计工作开始之前所做的面料风格和主题是一种意向性的面料，具体的样衣面料在之后开展的设计工作中会相应的调整，或者在大生产之前根据该面料概念向面料商订货，这样可以保证运用该面料所开发的服装符合面料的流行趋势。

（四）款式主题

款式主题也称造型主题、款式概念，款式主题要与色彩主题、面料主题相一致。款式主题是服装产品的设计灵感或设计方向，运用几组有代表性的图片或款式图来准确传达出本系列服装廓型的特征和局部设计的细节（如图4-51）。每个季度新产品开发中服装品牌在推出流行款的同时，都会保留具有代表性的经典款，经典款能够反映品牌的设计风格，或造型设计理念。因此款式主题的设计要结合品牌的设计风格，保留经典款式的特征基础上开发新款式，突出廓型和局部的设计。

图4-51 YOUTH的款式主题

在产品设计过程中，按照一定的设计主题将色彩、面料、款式做成设计主题展板，将有助于设计范围的确立和后期产品系列的销售。主题设计成型后，多数服装品牌会做出该季度主题风格的图板，包括一些灵感图片、主题款式图片、主题面辅料小样、主题色样等。整个主题板直观地表达了设计主题的各个方面，设计师团队也可以在此基础上进行调整。丰富性的设计主题能创造出更多的服装产品，是服装产品设计的方向标，能够统一产品的设计风格。因此主题设计应满足市场上的消费需求或能够刺激消费者的潜在需求，依托当下的社会文化和流行时尚的发展趋势，遵从品牌风格与理念诠释品牌形象，以保证服装企业的经济效益和社会效益。

二、款式设计

服装品牌推出新季度服装产品时，款式设计是服装总体设计的重点，包括廓型和细部设计。服装品牌的定位不同，针对不同的消费群、不同风格的服装产品在款式设计上也会有不同的侧重点。廓型是体现服装造型的基本外轮廓，直接呈现给消费者的形象，而细部设计是区分不同服装产品特点的主要元素，也是拓展系列化设计的关联性元素。

（一）廓型设计

服装廓型（Silhouette），在服饰语言中是指服装的外形线或外轮廓线，它是款式设计中的第一要素。影响服装整体变化和视觉印象，它以最简洁的语言表现出服装造型的基本特征，也是用来区别和描述服装的重要特征。受流行趋势的影响，每一季的服装廓型都会有所变化，相对而言，这种改变非常细微，早已形成相对固定的形式。服装廓型体现了一个时期的重要服装造型风格，也是服装品牌体现自身风格的重要载体。成熟的服装品牌会在整体上呈现出较为稳定的服装廓型，一般选用1～3个廓型，采用过多的廓型设计反而使设计凌乱而没有节奏感和系列感。不同风格的产品在廓型设计上有自身的特点。按常规的分类方法可以将服装廓型划分为H形、A形、X形、O形、Y形等。

H形：1954年迪奥（Dior）秋冬所推出的款式运用了H形轮廓线，H形成为经典的廓型之一（如图4-52）。H形使视觉重心上移，平肩不收紧腰部、筒形下摆，弱化了女性胸腰的曲线，形成直腰身的箱型外观。休闲风格、运动风格、极简风格等追求简约、宽松的设计风格常运用H形作为服装产品的基本廓型设计。

图4-52　H形服装

A形：也称正三角形，1955年迪奥（Dior）春夏推出A形服装，直到现在依然非常流行的廓型设计。A形的视觉重心在下方，给人以有力的上升感和稳定感。A形常用于大衣、连衣裙的设计，优雅设计风格、浪漫设计风格常采用A形廓型（如图4-53）。

图4-53　A形服装

X形：最能体现女性曲线的廓型，其造型特点是根据人的体形塑造稍宽的肩部、收紧的腰部、自然的臀形。用线条勾勒出近似X形的外轮廓。X形线条的服装具有柔和、优美的特点。在经典风格、浪漫风格、优雅风格的女装设计中常用的廓型（如图4-54）。

图4-54　X型服装

O形：O形造型特点是肩部、腰部以及下摆没有明显棱角的弧形廓型，特别是腰部线条松弛，不收腰，整个廓型比较饱满、圆润。O形还具有休闲、舒适、随意的风格特点，常用于连衣裙和外套的设计。在前卫设计风格、休闲风格、运动风格的设计中常用O形廓型（如图4-55）。

图4-55　O形服装

Y形：服装强调肩部造型，腰部以下收紧，是一种不稳定的造型意向。这种不稳定的意向使着装者重心上移，提高身材比例，宽肩造型衬托华丽感和强硬作风，多用于前卫风格、优雅风格的服装设计中（如图4-56）。

图4-56　Y形服装

  在服装品牌推出每一季的服装产品中，为了满足消费者多样性的需求，产品的廓型设计通常比较丰富。运动、休闲风格的服装产品廓型以H形、O形居多，优雅风格、浪漫风格的服装产品廓型以A形、X形为主。当然并非所有的廓型都是以上的廓型分类，大多数服装品牌推出的服装产品的廓型都以上述廓型为基础进行变化后产生。服装廓型变化是服装美感的重要体现，为了保证廓型的新颖性，服装品牌在传统廓型的基础上会做细微的调整，每季推出略有变化的新廓型，塑造新的视觉感受。每种廓型都可以从横向、纵向或其他方向改变比例以形成新廓型，如将H形的横向比例缩小，则分化出新的I形廓型，这种新廓型是基于H形基础上产生变化的，比H形更修身一些。任何廓型都可以采用不同的材料来表现，设计师就要根据品牌的风格和定位以及流行的影响，在传统廓型、流行廓型之间找到最佳的平衡点，以及它与款式设计的关系，把控廓型的节奏，既能体现流行性，又能体现服装品牌的风格特征。

（二）细部设计

  服装产品廓型设计的变化相对有限，服装细部设计相较于廓型设计来比，其变化更为丰富，通常人们认为细部设计通常体现了服装设计的精华之处。服装细部设计是各服装品牌区别于其他同类品牌的设计亮点，除了服装廓型、色彩与面料的变化能最直观地吸引消费者的购买兴趣，细部设计成为消费者在挑选同类服饰时重要的参考标准。借助多样化的设计手法，领、袖、肩部、腰部、门襟、下摆、袋型的变化，以及分割线、褶裥、省道、立体造型等变化的应用都能使同样廓型的服装产品呈现出不同的特点，既有功能性特点，又有独特的装饰性，还丰富了服装品牌的产品线。服装细部设计是对廓型设计进行完善和拓展，有助于服装整体造型的塑造和设计主题的表达，增加服装造型的感染力。本节主要介绍对塑造服装廓型与风格影响较大的三种细部设计。

1. 领型设计

服装的领型设计最易受关注，在服装细部设计中有极其重要的作用。领型设计可以衬托或改善着装者的脸型，以及协调服装的整体效果。常见的领型有无领（圆领、V领）、立领、翻领等，领型的设计丰富而多变。作为服装设计的一个重要组成部分，领型设计要遵循形式美设计原则和功能性设计原则。领部设计要根据服装设计风格、材料的风格特征、体型特征以及审美的需要，可以运用夸张、放大、延伸等手法，利用直线、曲线的特性进行合理的组合设计（如图4-57）。不同设计风格的服装领部设计各有特点，如深V领常用于浪漫设计风格和优雅风格的服装设计中，浅V领则多用于休闲风格、运动风格的服装设计中。材料的风格特征也会影响领型的设计，如质地硬挺的光泽感面料适合将领型设计成立领，以充分体现领型的立体塑造能力。领型与脸型的协调原则是两者不是相似的造型，如圆脸型更适合V字领，能够将视线的重点下移，脖子较短则不能采用立领设计，而是V领，可以起到美化的作用，总之，从多方面考虑进行领部设计，还能够达到造型与装饰的统一效果。

图4-57　领型设计

2. 肩部设计

肩部是服装的最上部的支撑部位，肩部设计直接影响领部和袖部的造型（如图4-58）。根据流行变化，肩部的造型多以衬垫来塑造肩部形状。特别是近几季流行趋势中，肩部仍然是非常受重视的设计点，耸肩、坦肩、溜肩等。肩部造型设计要与其他细部设计以及整体造型在风格上保持统一。服装产品的肩部造型设计要根据服装的风格来确定，如前卫风格往往采用夸张视觉冲击力大的肩部设计。

图4-58 肩部设计

3. 袖型设计

手臂是身体活动的主要部位，致使袖子是上装中活动频率最高、使用率最大的部位，因此，袖子的功能性要求高。袖子造型与服装整体造型的舒适度是设计的关键，这也决定了服装的品质。喇叭袖、荷叶边袖、泡泡袖等曲线造型的袖子具有优雅的风格。圆装袖、平装袖等直线造型的袖子具有现代风格的特点，夸张的袖型设计如羊腿袖、立体袖等具有前卫风格的设计特点（如图4-59）。

事实上，领、肩、袖细部设计的变化承担了廓型设计的支撑主体，其他下摆、口袋、分割线等的变化更丰富（如图4-60）。时尚类服装产品设计可以借助这些细节设计形成更多样的变化，通过细节变化产生不同的视觉效果。图4-61，Channel 2015春夏新品，这四款服装的廓型为H型，其中两件通过腰带设计的收缩而转变为X廓型，以体现女性的S型曲线。衬衫的设计就是通过细节设计的变化中使产品各具特色。从整体来看，领部、肩部的变化较为稳定，对称的肩部设计、高度和大小不同的立领和翻立领设计，使整体造型设计非常干练。带有荷叶边的披肩袖设计和荷叶边领型的设计又为服装增添了优雅的特点，塑造时尚、干练、雅致的女性形象。每一款服装的设计都非常精致，多层次的披肩袖、形态不同的口袋、门襟、下摆、长短不同的衣长、袖长等细节方面的变化，既可以作为内搭衬衫，也可以直接外穿，满足不同体型、不同喜好的消费群的需求。

图4-59 袖型设计

图4-60 服装腰部、下摆、口袋、结构线的设计

图 4-61　Channel 2015春夏新品

如果服装品牌想要在产品的设计上能够给消费者形成独特的印象，那么细部的设计要有更多的变化。前卫风格、解构主义风格的服装产品的细节设计变化非常丰富，前卫风格更侧重于细部设计的夸张设计，如高耸的肩部设计，或极度夸张的羊腿袖。解构主义风格的服装则打破常规的设计方法，将服装分解后重组，产生新的视觉效果，这位服装产品的设计提供了新的方向和思路。如川久保玲（Comme des Garçons）的服装产品是由不同造型和材质的裁片拼接而成，运用抽褶、堆积等立体造型设计方法进行处理突出服装某部位的设计细节，一些部位的设计比较平服，以突出两者的对比效果，细节部位的设计非常另类独特（如图4-62）。这一风格的服装适合追求特立独行的穿衣风格的潮流人士。当然，细节的设计不仅仅具有装饰作用，有时也同样具有实用功能。如由于进行户外活动要适应野外恶劣的生存环境，户外服装的设计细节是门襟采用双门襟的设计，在腰部、肘部、膝盖位置等加厚设计以防寒和防伤，多个口袋的设计方便放入各种紧急的物品，在细节的设计中无不彰显功能性的作用。

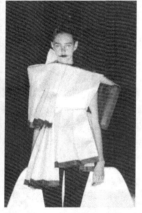

图 4-62　川久保玲（Comme des Garçons）的设计

（三）款式系列设计

服装的整体造型风格取决于服装轮廓与各细部的造型之间的协调感，两者相协调和呼应则能设计出多种多样的服装款式。简单来说，款式的系列化设计就是廓型设计与细部设计的组合。服装款式系列设计围绕某一设计风格或款式特征而开发多数量、多件套的系列产品。首要考虑的因素是廓型设计，再从细部展开设计，协调服装廓型与内分割线风格的关系，注重款式的可搭配性设计。

通常很多服装品牌推出的服装产品是服装单品，而不是系列化的产品，那么在设计时要有意识地对所推出的各类单品进行详细规划，并对不同单品进行搭配设计，以便于消费者根据自己的喜好自由搭配服装。将不同的廓型、品类、细部设计的服装组合搭配可以形成不同的风格类型。如衬衫配牛仔裤的搭配整体风格比较休闲，而衬衫配短裙则更偏向于优雅风格。不同于服装单品的设计，款式系列化设计则能够使得服装产品整体的设计风格完全统一，整体的变化也有节奏感和稳定感，统一系列之间的单品也非常易于搭配。图4-63，这一系列的时尚女装设计风格统一，塑造优雅干练端庄的女性形象，外套采用X型廓型，强调修身设计，在细节上领型、袖型、肩部造型、门襟的设计变化多样，四款外套均可以搭配不同的时尚连衣裙和裤子，适合不同场合的穿着。如外套搭配裤装更适合在工作场合穿着，外套搭配裙装既可以在工作场合，也可以在社交场合穿着。

图4-63　时尚女装的设计

当然进行款式系列设计最常见的设计方法是整个系列的服装产品设计可以采用相似的廓型，再通过细节的变化来体现产品的丰富性。如同一系列的服装品类可以在不同部位的结构线上使用类似的设计手法，以达到呼应的效果。图4-64，这一系列的男衬衫设计采用了相同的造型，主要通过改变分割线的位置，采用相同的拼布工艺实现了款式的系列化设计。

图4-64　男衬衫的设计

时尚类服装产品的设计还可以通过对款式中的某些元素重复、叠加、递减、类比等手法，达到变化的效果，保留系列感。将某元素作为设计中的表现重点，在多个款式的不同部位进行搭配的方法，如色彩、图案、工艺等，细节设计可以成为整个系列的线索和设计亮点。如图4-65，服装品牌维果罗夫（Viktor & Rolf）2015秋冬新品利用重复、叠加、夸张等方法将荷叶边元素运用到领部、门襟、下摆、腰部等部位的设计，增添了服装的装饰性效果，并形成较强的系列感，使整个系列的设计风格非常鲜明。

图4-65　款式系列设计元素（荷叶边设计）

为了使款式系列设计的系列感更强，还可以采用装饰法，在服装的细部或整体运用亮片、刺绣、钉珠或其他辅料来装饰。从美观角度来说有局部修饰作用，也能影响服装的廓型。设计师可以综合考虑以上的系列化设计的方法对不同系列产品进行设计，重视消费者对廓型的第一感觉，以服装的外轮廓造型吸引消费者的关注，再借助产品细部设计的变化诠释流行主题使之更完善，让消费者对服装产品产生兴趣，激发消费者的购买欲，让消费者亲身体验服装产品的穿着感受和效果。

三、色彩设计

色彩是视觉中最突出的媒介，是最具感染力的艺术载体。色彩是表现服装外观形象的重要特征之一，色彩成为服装品牌风格和文化的浓缩符号，是品牌形象在传播中的视觉感官点。知名服装品牌的经典配色，如香奈儿（Chanel）的黑与白、华伦天奴（Valentino）的红、卡尔文·克莱恩（CK）柔和的中性色彩、汤米·希尔费格（Tommy Hilfiger）的红白蓝色给人们带来了鲜明的色彩印象。休闲品牌贝纳通（United Colors of Beneton）擅长运用多种多样的色彩来表现运动的活力和精神，向大众传达休闲的生活方式以及积极的生活态度，丰富的产品色彩成为贝纳通的品牌标志。总之，服装产品的色彩设计在品牌经营活动中有着重要作用，关系到服装产品风格的美感表达，合理丰富的产品色彩设计能够延长产品流行的生命周期，对消费者的购买行为产生积极影响，激发人们的消费欲望。产品色彩设计要遵循色彩的基本原理，突出服装产品的风格定位,展现与设计主题相吻合的色彩组合。综合考虑整体色彩风格的定位、色彩波段设计、服装色彩组合搭配设计是服装品牌成功设计产品色彩的唯一路径。

(一)服装色彩的认知

自然界的色彩千变万化,可以从中汲取的色彩元素也非常多(如图4-66)。著名的"七秒色彩定律"论证了色彩作为视觉要素的影响力。因此,透彻了解色彩的基本属性、色彩体系以及情感特征,可以获得产品色彩设计的原理、规律和技法等。

图4-66 自然界中的色彩

1. 色彩的基本属性

色彩基本的构成要素是色相、明度和纯度,这三个要素是人的视觉所感知的一切色彩现象都具备的特性。

(1)色相 色相的概念是指色彩的相貌,是区别色彩特征的名称。如红、橙、黄、绿、蓝、紫等代表了不同特征的色彩。学者通过对色彩的研究制作出有规律性的色相环,人们可以直观地辨认出色相环中的任何一个色相(如图4-67)。

(2)明度 又称亮度,是指色彩的明暗程度。不同的色相的色彩明度不同,同一色相因光亮的强弱也会产生不同的明度变化。任何一种色相加黑或加白,都产生深浅的变化,通常称之为同色相不同明度变化。在有色彩系中,任何一种纯度色相都有自己的明度特征,即为不同色相不同明度变化。黄色为明度最高的色,相当于无色彩的浅灰;紫色为明度最低的色彩,接近于浅黑的明度。在无彩色系中,白色明度最高,黑色明度最低,中间存在一个从亮到暗的若干色阶的灰色(如图4-68)。

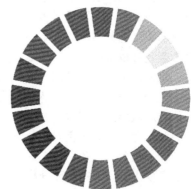

图4-67 二十四色相环

(3)纯度 又称色度、饱和度,是指颜色的饱和度或彩度、明亮程度或暗淡程度(如图4-69)。任何一个纯色都是纯度和色彩饱和度最高。将任何一个纯色加入白色,明度则会提高,但色彩被白色混合而稀释,纯度反而降低。如果加入黑色,不但明度降低,纯度也会同时降低。一般来说,纯度越高,色彩鲜艳活泼;纯度低的色彩典雅、柔和。如运动品牌多采用纯度高的色彩以达到主题的要求。

图4-68 明度变化　　　　　　　　　　图4-69 纯度变化

2. 服装色彩体系

（1）无彩色系　无彩色系中的色彩指的是黑、白、灰这三种色彩。从物理学角度来说，在光谱中黑、白、灰色是不可见的。实质上，无彩色系是服装色彩体系中的重要组成部分，无彩色系既是服装中的流行色，也是服装中的常用色。

（2）有彩色系　通俗来讲，区别于黑、白、灰的色彩即为彩色。从物理学上说，有彩色系包括可见光谱上的所有色彩，如红、黄、绿、蓝、紫等。有彩色系在服装色彩体系中的变化最丰富，形成红色系、黄色系、绿色系、蓝色系、紫色系、青色系。图4-70，红色系中包含了各种明度、纯度发生变化的各类红色，有粉色、玫红色、橙红色等。

图4-70 红色系

3. 色彩的情感特征

色彩作为一种无声的语言，向人们传递着丰富的情感，并可以塑造、完善个人的性格、爱好、审美、气质等。不同的服装品牌对色彩的诠释各有特色，通过色彩这个最直观的语言传达出品牌的性格和精神，无须任何文字的注解，都会对服装的色彩作出解读。人们在长期的历史发展和经验中对色彩也形成了不同的认识，设计师通过色彩语言来实现服装与穿着者之间的沟通，不同色彩所表达的情感更是直抵消费者内心，或华丽或优雅或庄重严肃，在穿着者心中蔓延，无论是单一色彩还是多个色彩之间的搭配形成的色调，都包含了无穷无尽的色彩情感。虽然色彩原理有其科学的基础，但色彩的选择常常还会涉及其他因素，其中心理学因素在如何选择适当色彩以及如何在设计中应用起着一个非常重要的作用。

色彩的情感特征是因人的心理感知来自色彩的物理光刺激而产生的。不同的色彩给人带来的主观心理感受不同，而人们对色彩的感知趋于一致，有温暖、消沉、平静、沮丧、清雅等。色彩的冷暖感是人们对色彩产生的一种主观感受。人们把日常生活中的色彩进行物理分类，用冷色和暖色来表达对色彩的感觉。红色、橙色，让人联想到太阳、火，这种色彩给来带来温暖的感受。蓝色、绿色，让人联想到蓝天、海洋，让人感受到凉爽与寒冷的感觉。如一件浅蓝色的裙子使人感到清凉，而同样一件红色的裙子则使人感到热情奔放。在无彩色系中，灰色、银色是中性色，没有明显的冷暖感。另外，色彩还具有膨缩感，一般来说，暖色、明度高的色彩有明显的膨胀感，而冷色、明度低的色彩有收缩感。在选择配色方案时一般多考虑由色彩产生的冷暖感，春夏季中的冷色系偏多，秋冬季暖色系偏多。

（二）服装色彩风格形象的定位

服装品牌要在多变复杂的市场竞争中获得固定消费群体和立足的市场地位，占有一定的市场份额，色彩营销策略是赢得有效竞争力的重要渠道之一。服装品牌色彩风格形象的定位是一项系统性的艺术工程。色彩的形象风格可以通过人们对色彩相同的感性认识来分类，建立起感性认识与色彩认知之间的联系，通过规划可以使不同色彩有其相适应的色彩风格，如经典、浪漫、民族、田园、前卫色系等。抽象的色彩语言变得非常直观性，能够与设计思维、理念、品牌形象、品牌风格等相匹配。

（1）浪漫色系　浪漫色系的色调柔而带有梦幻的感觉，色彩以淡色系、粉色系、玫瑰色系为主，如玫瑰红、淡蓝色、淡粉色、淡紫色、淡黄色、米色、象牙白等（如图4-71）。

图4-71　浪漫色系

（2）休闲色系　休闲风格推崇"舒适、随意"的理念，适合多类人群的日常着装，色彩多以明亮色系、中性色系、舒缓的大地色系为主，如明黄、紫色、米色、白色、卡其色等（如图4-72）。

图4-72　休闲色系

（3）优雅色系　优雅风格是时尚与女性气质的结合，色调柔和，多用紫色系、黄色系、浅绿色系，如粉紫色、米黄色、烟绿色等（如图4-73）。

图4-73　优雅色系

（4）极简色系　极简主义风格的服装色彩简洁、素雅，不采用明度纯度极高的色彩，没有太多的图案装饰。常采用的色系有无彩色系和明度低的有彩色系，主要有黑色、白色、灰色、米色、淡青色、深清灰等（如图4-74）。

图4-74　极简色系

（5）田园色系　田园色系最贴近自然的色彩令人产生舒适、悠闲的感觉。大面积采用色彩斑斓的印花图案呈现淡雅质朴的气息令人心旷神怡，色彩多以驼色、米黄色、蓝色等为主（如图4-75）。

图4-75　田园色系

（6）清新色系　清新色系适合充满活力的年轻群体，常用于运动风格服、可爱风格的服装设计中，色彩以明亮清新的黄色系、绿色系为主，如翠绿色、孔雀绿、荧光绿、米黄色等。搭配白色、米白、象牙白等色彩会使整体服装效果更有一种清新舒畅的感觉（如图4-76）。

图4-76 清新色系

（7）经典色系 经典风格受流行因素的影响较小，整体风格特征高度协调。经典风格的服装端庄、大方，多以红褐、酒红、深棕、蓝色等颜色为主（如图4-77）。

图4-77 经典色系

（8）前卫色系 前卫风格受先锋艺术思潮的影响，如摇滚风、嬉皮风、波普风等，设计标新立异。色彩的应用呈多元化（如图4-78），有明艳、深沉的色彩，明艳色彩多用纯色，如红色、黄色、蓝色、绿色等；较深沉的色彩多用中性色，如黑色、灰色等。色彩搭配方面也常用对比色以凸显服装的设计风格。

图4-78 前卫色系

（9）民族色系 民族风格的服装具有浓郁的民族特色和时尚感。民族风格的色彩借鉴民族服饰的色彩，如波希米亚风、印度风等，色彩浓郁，具有较强的视觉冲击力。常用明度、纯度高的色彩，如紫色、红色、绿色、蓝色、橙色等（如图4-79）。

图4-79 民族色系

（三）色彩设计与运用

色彩作为视觉审美的第一要素对于服装起着至关重要的作用，服装产品色彩设计既要符合服装品牌的风格定位，也要突出服装的美以满足消费者的审美需求。成熟的服装品牌在主题设计中的色彩主题确定后，着重进行服装产品的色彩搭配设计以及根据上市时间进行色彩波段设计。

1. 主题色彩的选择

服装新产品的色彩设计一般都以季节性的主题作为指导。如果服装品牌推出多个季度的色彩主题，那么每个主题都要有清晰的色彩体系。服装设计师要根据服装品牌的定位对每个主题进行分析，以明确的色彩组合表达产品的风格和特点。尽可能地从自然环境、生活题材、艺术品以及色彩流行趋势等表达出主题的题材中提取产品色彩组合，主题色彩可以是一组色彩或是多组色彩，以成组的色彩渲染出色彩主题的氛围（如图4-80）。许多服装品牌都有一组常用色，设计师要有计划、有主题、有节奏地选色，遵循季节变化的规律，以大延续、小变化的色彩设计手法来确定产品的整体色调。色彩方案可同时选择几组色调来表达，以确立最佳的方案。服装产品色彩的主色调可以根据季节特征和服装的设计风格来选择，如春夏季服装冷色系居多，而秋冬季度的暖色系居多；运动风格服装的色彩以鲜艳的色彩为主，浪漫风格的色彩以粉色系、紫色系居多。当然在已经设定好的色彩基调之上，还要针对每个季节做详细深入的策划。

图4-80　色彩灵感来源图

服装设计师通过分析上季度同季度系列中销售较好的产品色彩，进而根据产品风格的特征和时尚度的分类确定本季新品的主色和辅色，协调主色与辅色的用色比例。其中流行色在产品设计中的运用尤为重要，流行色是代表着一定时期的一系列时尚色彩，流行色经过一段时间的发展可能成为常用色，而常用色也可能在一段时间之后再度流行。流行的变化有其客观规律，如流行暖色调再转向冷色调，明度、纯度的变化也有类似现象。把握流行色与常用色的运用方式能够丰富和完善服装产品，除了保留服装品牌经典的常用色系，也会根据流行趋势适当选用一些流行色，即使是单色的服装品牌也需要考虑流行色的运用，流行色可以作为该品牌的点缀色出现，使品牌在每一季都有新的风貌。如香奈儿（CHANNEL）每季产品都会推出经典的黑白色系服装，同时也推出最新的流行色系。不同品牌类型的服装，目标消费群、产品定位和风格不同，常用色、流行色的运用都不同。常用色与流行色的运用比例直接关系到品牌整体色彩形象的传达。如时尚的女装品牌一般选用的流行色比常用色的占比更多。沉稳的商务男装品牌产品的色彩以稳定的黑、白、灰、蓝色等常用色为主，流行色运用的比例相对要少一些。在产品色彩设计的过程中，要与其他部门人员沟通，以确保最终的色彩方案符合目标消费群的喜好，只有进行全面的分析才能保证产品顺利上市。

2. 服装色彩波段设计

优秀的服装品牌在策划新季度产品色彩时非常细致周密，会按照服装产品上市时间进行色彩波段设计。细致的色彩设计通常在整体色彩风格保持不变的基础上，对个别色彩组合的比例进行微调，或者直接调换搭配色和点缀色，以达到色彩变化丰富的形象，也激发消费者对色彩的敏感度和关注度。图4-81，某休闲男装品牌的春夏季色彩波段设计。春季色彩分为两个波段，春季1～2波段的主色为墨绿色，占色彩总比例的25%，搭配色为红色、黄色，色彩比例为15%，常规色的总比例为60%，米白（10%）、本白（10%）、卡其（20%）、灰色（7%）、藏青色（7%）、黑色（6%）；随着春季温度的升高，主色彩的明度变高，春季3～4波段的主色由墨绿色转为浅绿色，其余搭配色、常规色以及色彩比例不变。夏季色彩分为三个波段，夏季1～2波段的主色为深蓝色，色彩占总比例的25%，搭配色为红色、黄色，色彩比例为15%，常规色的总比例为60%，米白（10%）、本白（10%）、卡其（20%）、灰色（7%）、藏青色（7%）、黑色（6%）；夏季3～4波段的主色为蔚蓝色，夏季5～6波段的主色为天蓝色，其余色彩及配色比例不变。由于男装色彩的变化相对比较稳定，因此色彩波段设计的变化也趋向稳定，而女装色彩波段设计的变化更丰富。

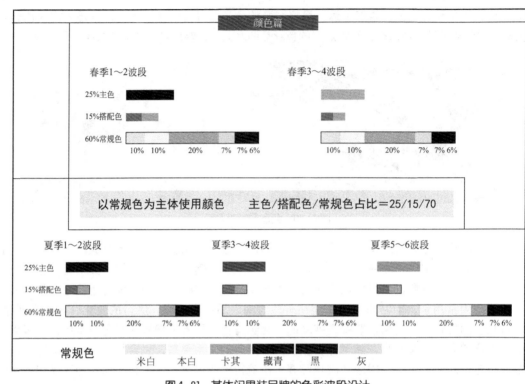

图4-81 某休闲男装品牌的色彩波段设计

3. 色彩搭配设计

服装色彩搭配是指两种以上的色彩并置在一起，使之产生新的视觉效果。狭义指上下装、内外装的搭配；广义上指上下装搭配、内外装搭配以及服饰配件在内的搭配。许多服装品牌采用美国Pantone、国内CNCS的配色系统，完备的色彩体系研究成果为企业选色、配色提供了专业意见。色彩搭配设计受到不同因素的影响，如季节、目标顾客形象、面料种类、流行色、服装的特征与类型等。如在职业制服设计中，色彩通常起到一定的实际功能，而时尚职业装的设计选择沉稳的色彩。依据形式美的基本规则进行色彩设计，从色彩空间、比例、节奏、秩序等角度进行整体色彩的布局。合理的色彩搭配组合会使人在视觉和心理上产生美的愉悦感。总之，色彩搭配要保证整体色彩风格的统一，传达产品的风格。

（1）有彩色系的搭配设计

① 同类色搭配设计。同类色即相似色，在色相环上间隔约15度，是指同一色相中色彩变化所形成的相似色彩。如红色可细分为大红、朱红、粉红、浅红等，这几种色彩在深浅、亮度、纯度有所变化，色彩基调相同，统称为红色系。为避免同类色搭配时有些沉闷单调，这类色彩在搭配时要掌握好色相的明度与纯度变化。同类色的搭配呈现出稳定感和温和感，色阶差小调和感越强（如图4-82）。

② 邻近色搭配设计。在色相环上跨度为15～30度，在色轮上邻近的颜色可用作近似调和。如红色与橙黄色、黄绿色和蓝色互为邻近色。相邻色系视觉反差不大，近似色的配搭可以由相互之间共有的色素产生调和。近似色的色阶清晰，色彩饱和度高，可以形成协调的韵律感，搭配自然，整体色彩显得稳重而成熟（如图4-83）。

图4-82 同类色搭配设计

图4-83 邻近色搭配设计

③ 类似色搭配。在色相环上30～45度范围的色相组合为类似色相组合搭配，如红色和紫色、黄色和绿色。降低其中一色的纯度进行弱化对比强度。类似色的搭配较为清新、亮丽、平和、雅致，既有同类色组合的安静、温和，又在明度和纯度上有着一定的变化，增添了色彩层次的对比感。色彩之间的调和较为自然，能产生一定的变化效果（如图4-84）。

图4-84 类似色搭配设计

④ 对比色搭配设计。在色相环上105～180度的几组色彩称为对比色，如黄色和紫色、红色与蓝色、橙色与绿色。对比色具有鲜明、饱和、跳跃、醒目的感觉，有明显的冷暖感。色彩搭配时可以利用各对比色彩面积的比例关系达到调和作用，减弱对比的强烈关系。或降低对比色的纯度和明度，使整体色彩较为协调（如图4-85）。

图4-85 对比色搭配设计

⑤ 补色搭配设计。在色轮上完全相反的色彩被称为补色，在色相环上相距180度。如红色和绿色、黄色和紫色、橙色与蓝色互为补色。补色的运用可以形成强烈的对比效果，呈现年轻和运动的气息。在补色组合也常加入其他过渡色，弱化对比度。或通过改变纯度、明度能达到相对协调的效果（如图4-86）。

图4-86 补色搭配设计

（2）无彩色系的搭配设计　无彩色系中的黑、白、灰是典型的常用色系。经典的黑白色搭配形成了独特的色彩搭配形式，上下装黑白两色形成鲜明醒目的对比效果。通过灰色的变化形成不同的搭配层次，能带来一种沉稳、雅致和含蓄感。无彩色系的搭配常用于优雅风格、简约风格服装的配色（如图4-87）。

图4-87　无彩色系的搭配设计

（3）有彩色系与无彩色系的组合搭配设计　无彩色系与任何有彩色系搭配都能形成协调感。由于无彩色系属于中性色彩，具有不偏向任何色彩的特性。常被用作缓和有彩色系搭配时的中间色或过渡色，缓和两色对立所产生的不协调感和生硬感，也有的设计中将无彩色系作为主色，有彩色系作为点缀色，或者将无彩色系与有彩色系融为一体（如图4-88）。另外，当纯度高的色彩与无彩色系配色时，色感跳跃、鲜明；纯度低的色彩与无彩色系配色时，体现出沉着、稳定的色彩感觉。

（4）其他搭配色彩设计

① 渐变配色设计。渐变色是色彩从明到暗、或由暗到明、或由深转浅、或由浅转深的变化形成独特的色彩效果。既可以是同一种色彩的明暗变化，也可以从一个色彩有规律地过渡到另一个色彩。无论是优雅风格、民族风格或浪漫风格的服装，渐变色的运用都能创造出别样的效果，符合人们的视觉审美需求。色彩组合变幻无穷、神秘浪漫，有强烈的秩序感、层次感和韵律感，是比较独特的色彩搭配方式，已经被各大服装品牌广泛应用于服装产品的设计中（如图4-89）。

图4-88 有彩色系与无彩色系的组合搭配设计

图4-89 渐变配色设计

② 间隔配色设计。不同的色彩按一定规律，通过几何形分割的形式交替反复出现的色彩搭配组合。这种配色设计方法适合两种以上的色彩，在视觉效果上形成具有节奏感的间隔效果（如图4-90）。

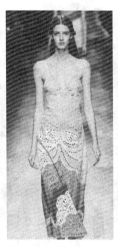

图4-90 间隔配色设计

有彩色系的组合搭配极为丰富，色彩的对比与调和运用合理就能呈现和谐的美感。色彩对比能够加强视觉冲击力和感染力并使服装产生不同层次感和空间感。主要有色相对比、明度对比和纯度对比。其中补色组合搭配的色相对比较强，间色组合搭配的对比度次之。而色彩调和可以形成和谐统一的搭配，同类色、近似色都属于近似调和，色彩搭配有秩序，明度与纯度的变化较为缓和，富有层次感。在类似色、对比色、补色的组合搭配中，当两色或多色搭配中出现不协调时，可以通过改变色彩的明度或纯度以达到色彩调和的目的。无彩色系也可以改变色彩的明度、纯度或与有彩色系搭配运用能创造出更多色彩搭配效果，渐变配色设计和间隔配色设计则提升服装视觉美感，丰富了色彩搭配设计的形式。服装产品无论采取何种配色设计方法都要有全局意识，色彩的搭配和谐统一，色彩的主次明确，往往设定一个主色，辅以若干其他色彩进行相互搭配，多色彩的搭配能够活跃服装整体造型。

以某男装品牌秋季新品的色彩设计为例（如图4-91）。其色彩主题为"米兰之旅"，主色为常用色黑白灰，辅色为绿色、卡其色、红色和蓝色。主要服装品类为T恤、衬衫、毛衫、外套、西服、大衣、牛仔裤、休闲裤。内搭类：T恤的色彩有黑色、白色为主色调，辅以绿色、红色、蓝色；印花衬衫选用的色纯度高，红色与蓝色鲜艳明快而柔和，纯色衬衫采用的黑色与白色较为稳重；毛衫以黑色、灰色、蓝色、红色和绿色，色彩变化丰富。外套类：西服采用沉稳的色系，以无彩色系黑色、灰色为主，辅色为绿色、蓝色；外套以灰色、黑色、蓝色、卡其色为主；大衣以黑色、绿色、灰色为主。裤类：牛仔裤以蓝色和黑色为主；休闲裤以黑色、灰色、蓝色为主。为了便于各类单品服装的搭配，每类单品的色彩3～5种。其中内搭类服装的色彩最丰富，外套类和裤类服装的色彩非常稳重，以深色系为主，不采用白色、红色。整体服装色彩的可搭配性很强，为消费者提供了多样的款式和配色选择，遵从内浅外深、上浅下深的配色原则，结合无彩色系的配色设计、无彩色系与有彩色系的配色设计获得多样的配色方案。如白色衬衫可以搭配灰色、黑色、蓝色的西服，也可以搭配黑色、灰色的大衣，下装可选择黑色、灰色、蓝色的休闲裤，或者蓝色、黑色的牛仔裤。

主色：白色、灰、黑色

辅色：蓝色、绿色、红色、卡其色

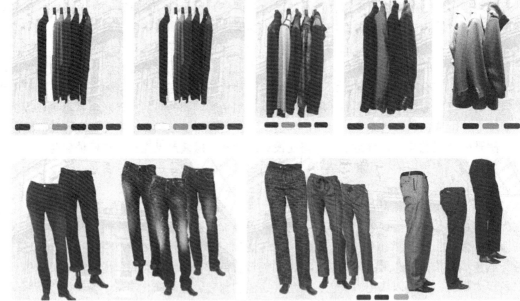

图4-91 某男装品牌服装色彩设计

  当然女装的色彩要比男装更加丰富，往往运用到各种配色设计以丰富女装产品的设计。以国内品牌卡沫女装品牌推出的2014夏季一款衬衫为例。衬衫的设计优雅简洁。多色同款同面料是服装品牌运用最广泛的一种配色方式，为消费者提供更多色彩选择。这款无袖衬衫一共采用了四种色彩，运用了常用色白色和黑色，以及当季的流行色水粉色和，四种色彩的款式比例是白色：黑色：水粉色：烟紫色=4：2：3：5，四种颜色的衬衫可以搭配相似设计风格的短裙，有纯色或印花图案的短裙，当然也可以搭配其他类型的长裙和裤装。在上下装的色彩搭配中，一般下装色彩比上装深，因为这种搭配方式让人产生上轻下重，能够显瘦的视觉感受。当然，为了丰富色彩的搭配，某些款也可以是上衣深色，搭配带有印花图案的下装。无袖衬衫的色彩搭配可以运用了以下几种色彩搭配方式（如图4-92）。有彩色系中的类似色搭配组合：烟紫色衬衫（上装）+深蓝色印花短裙（下装），有彩色系中互补色搭配组合：烟紫色衬衫（上装）+鹅黄色/浅黄色印花短裙（下装）；有彩色系与无彩色系的搭配组合：白色衬衫（上装）+鹅黄色/浅黄色印花短裙（下装）、黑色衬衫+浅黄色印花短裙（下装）、水粉色衬衫（上装）+黑色短裙（下装）。除了以上的色彩搭配组合方式还有如水粉色衬衫（上装）+鹅黄色/浅黄色印花短裙（下装），整体搭配显得青春而有活力，而白色衬衫（上装）+深蓝色印花短裙/黑色短裙（下装）、烟紫色衬衫（上装）+黑色短裙（下装）、水粉色衬衫（上装）+深蓝色印花短裙/黑色短裙（下装），这几种上浅下深的色彩搭配则较为沉稳。在实际销售中，最畅销就是烟紫色与深蓝色的色彩搭配组合。

图4-92 无袖衬衫与短裙的色彩搭配

四、材料设计

服装材料是服装设计的物质载体，也是影响艺术性、技术性、实用性和流行性的关键因素，想要达到理想的着装效果，就必须通过选择恰当的材质来实现。作为服装设计师对服装的材料要有全面的认识和了解，掌握各种材料的特性和效果已达到更好的使用材质实现构思的目的。同时，加强对材质的理解与认识，提高对材质的运用能力，并能够进行创新性的材质设计。

（一）服装材料的分类

（1）根据服装织物原料分类　可分为纤维类、裘革类及其他特殊材质类服装材料。纤维类材料分为天然纤维和化学纤维材料（如图4-93）。天然纤维材料的优点是绿色环保，主要指棉、麻、丝、毛，其中棉织物的用途最广泛，羊毛和丝绸的产量相对较少。化学纤维主要有人造纤维和合成纤维，人造纤维材料主要有人造丝、人造棉、人造毛呢等，在视觉效果上跟天然纤维材料非常相似。合成纤维材料主要有涤纶、腈纶、锦纶、氨纶等，透气性、染色性、吸湿性等没有人造纤维材料好。随着科技的进步，纤维材料的加工技术不断发展，功能不断改进，也越来越注重环保性纤维制品的开发，出现了回收再生环保纤维和再生蛋白质纤维。裘革类材料主要以牛皮、羊皮、狐狸毛、貂皮、裘皮等原料为主，毛皮的设计大都采用原料原有的色泽、外观、纹路，不进行其他特殊加工，充分展示材质本身所具有的原始美。其他特殊材质类制品又称非常规材质材料，主要为竹、塑料制品、贝壳、拉链、羽毛、金属、绳线等，设计师利用特殊材料展示某种设计概念或风格。

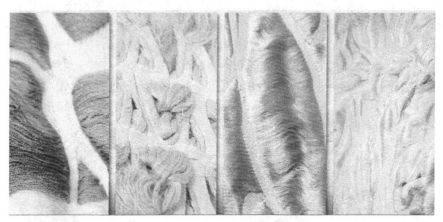

图4-93　各类纤维材料

（2）根据织造方式分类　可分为机织物、针织物、非织造物。机织物也称梭织物，有纯纺织物、混纺织物和交织物，按织物组织的特点可细分为平纹织物、斜纹织物和缎纹织物。机织面料广泛应用于各季节各品类的服装生产中。针织物因生产方式的不同分为经编和纬编针织物，根据线圈的结构形态和相互间的排列方式可细分为基本组织、变化组织和花色组织三大类。针织物的弹性好，质地柔软，广泛应用于羊毛衫、针织衫、T恤、童装、瑜伽服、运动服等服装品类。非织造物又称为无纺布，不经传统的纺纱、制造或针织工艺过程，有一定取向或随机排列组成的纤维层或由该纤维层与纱线交织，是由纺织纤维经黏合、熔合或其他机械、化学方法加工而成的织物。主要有无纺面料、无纺衬布、黏合布、非织造绣花布等。作为新兴的纺织物非织造物具有产量高、成本低、性能优良、用途广泛等优点。除了用作服装材料，非织造物还被用做医疗用品和日常生活用品的材料。

（3）根据材料的功能分类　可分为功能性面料、装饰类材料、紧扣材料。功能性面料采用特殊的原材料或经过特殊处理的纤维材料进行加工。这种特殊功能的面料主要有弹性面料、保健型面料、安全防护型面料、凉爽舒适型面料、保暖面料、防水面料、智能型面料等。常用于成衣设计的功能性面料有保暖型面料、弹性面料、凉爽舒适型面料，应用于保暖内衣、保暖衬衫、泳装、新型运动服、紧身裤袜等品类。防水面料可以用来制作潜水服或者是风衣，防护型面料主要用来制作具有防护功能的职业工作服装，如防火服、救生服等。装饰类材料包括各种对服装起到装饰和点缀作用的材质，如金属片、花边、珠子、亮片等，以增加服装的美感和附加值。紧扣材料在服装中主要起连接、组合和装饰的作用。它包括纽扣，钩、环、拉链与尼龙子母搭扣等种类。

（4）根据材料表面整理技术分类　表面整理技术包括各类印花、材料后整理加工、拼缝、珠饰、刺绣和其他装饰。面料在后整理加工中，通过化学或物理方法改善材料的外观、质感以及服用性能。主要有柔软型面料、褶皱面料、烂花面料、镂空面料、静电植绒面料、涂层面料、防水面料等。如涂层面料的光泽感较强，适合设计前卫风格的服装。

（二）服装材料的选择

1. 服装材料的选用原则

服装品牌对材料的选择非常慎重，通常设计师对面料的选择并不是单一地针对某个款式，而是通过面料的优化选择来统一产品整体风格。很多设计师将面料设计作为设计构思的切入点，在设计款式的同时就确定面料的品种，并通过面料设计出与众不同的服装产品，往往采用品质好且新颖的面料的服装产品更吸引消费者购买，从而在消费者的消费价值观中发挥重要作用。一些服装品牌通过保留经典款的面料来传承品牌的产品形象，如香奈儿的粗花呢面料、三宅一生的褶皱面料。也有一些服装品牌不改变经典款的款式，而是通过改变面料保持服装产品的新颖性。设计师要从多方位角度来考虑如何选择合适的衣料，要符合品牌理念、风格形象和季节性要求，还要满足消费者对产品的功能性要求相适应。材料的选择既灵活又要遵循一定的规律和原则。

（1）适合性原则　选择材料时要把握适量适度原则。首先材料的外观风格要符合服装品牌的理念、风格以及季节设计主题等的要求，采用与服装品牌设计风格不同的面料，会破坏和影响服装品牌的风格，造成设计杂乱，服装各品类不易搭配。商务男装宜选用天然纤维为主的面料，如纯毛花呢、华达呢、驼丝绵等，以体现严谨、沉稳的男性气质。其次，所选材料种类要适量，材料品种太少则会导致服装产品整体的丰富性降低。

（2）功能性原则　材料的功能直接影响服装的品质和服用性能，因此所选材料要符合服装的功能性需求，包括穿着的舒适性、保暖性、可防护性、耐穿性、可洗涤性等。如野外登山服装就需要选择具备保暖性和防护性的功能性材料，而不能选择常规的牛仔面料或是丝绸面料。

（3）可加工性原则　要根据服装加工工艺要素来选择便于缝制加工的材料，有特殊处理工艺如刺绣、水洗等要控制好加工时间和成本。

（4）经济性原则　面辅料成本是服装直接成本中占比最大的成本，材料的选择要符合服装品牌价格定位的要求，材料价格与服装品牌价格定位成正比。中档服装品牌不宜选用过多材料品种，因为材料种类过多，成本相应会大幅度上升，也不易选择价格昂贵的面料。高档服装品牌则会选择价位较高的面料，如真丝面料、手工蕾丝面料等。

2. 服装设计风格与材料的选择

服装材料的品质直接影响消费者对服装质量的判断，它是塑造服装风格的重要载体，也是设计师选择材料时考虑的关键性因素。服装材料的风格通常由其质地、手感、厚度、悬垂性、外观等方面体现，采用不同材料同款同色的服装中会形成不同的风格。结合视觉和触觉的感知可以将材料风格描述为有光泽感、平挺、透薄、柔软、有弹性、厚实、滑爽等，这些特征使材料具备了某种审美风格（如图4-94）。在产品设计过程中，设计师或策划师需要熟悉材料的功能，凭借丰富的经验和敏锐的观察力分析哪种材料风格适合表现服装产品的设计风格（如图4-95）。

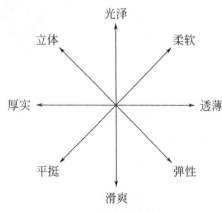

图4-94　材料风格特征图

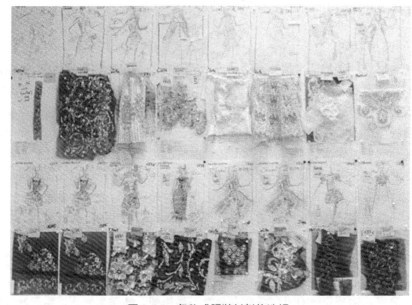

图 4-95　各款式服装材料的选择

（1）经典设计风格的材料选择　经典设计风格是以高雅而含蓄与高度和谐为主要特征，不受流行影响的一种服饰风格。常采用有光泽感、平挺、柔软、厚实型风格的材料，如塔夫绸、天鹅绒、丝缎、绉绸、灯芯绒、粗花呢、麦尔登、薄花呢等（如图4-96）。高贵的品质感是选材的重点，在制作中再配合精致的手工以传承经典。

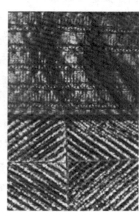

图 4-96　经典设计风格的材料

（2）优雅设计风格的材料选择　优雅设计风格的服装主要采用有光泽感、柔软、厚实型风格的材料，如真丝、塔夫绸、金银锦缎、雪纺绸、法兰绒、粗花呢等天然材质的材料（如图4-97）。礼服、裙装都会选用这类有光泽其柔软的材料，塑造女性优雅、高贵的气质。

（3）民族设计风格的材料选择　民族设计风格的灵感多源自于民族服饰元素，所选择材料更有传统复古的感觉，常采用平挺、立体、厚实、滑爽型风格的材料，如蓝印花布、真丝缎、天香绢、香云纱、麻布等。通过采用印花、扎染、蜡染、刺绣等工艺改造材料，材料的图案和色彩具有浓郁的民族风情，如波希米亚、游牧民族、各少数民族风情等（如图4-98）。

图4-97 优雅设计风格的材料

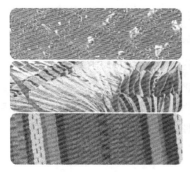

图4-98 民族设计风格的材料

（4）运动设计风格的材料选择　运动设计风格的服装主要采用具有功能性特点的材料，材料的风格特征是质地柔软、有弹性，如有良好透气性、吸湿性和弹性的材料，如网眼布、锦纶面料、针织面料、防水、防风等功能性材料（如图4-99）。塑造充满年轻朝气和运动活力的风格。

图4-99 运动设计风格的材料

（5）浪漫设计风格的材料选择　浪漫设计风格的服装主要采用透薄、柔软、滑爽型风格的材料。这类材料悬垂性强也较好，如乔其纱、雪纺、柔性薄织物、天鹅绒、丝绒、羽毛、蕾丝、经过特殊处理的天然质地织物、仿天然肌理织物等，再配合彩绣、珠绣、花饰、印花等细节处理（如图4-100），充分展现女性柔美与浪漫的特征。

图4-100　浪漫设计风格的材料

（6）田园设计风格的材料选择　田园设计风格的服装常采用风格特征是柔软棉、麻、丝等天然纤维面料，如带有小方格、均匀条纹、各种美丽花朵图案的纯棉面料（如图4-101）。配以棉质花边、蕾丝、蝴蝶结、镂空面料等装饰元素。加上各种植物宽条编织的饰品、对比的肌理效果、粗犷的线条，突出鲜明而清新的田园风格。

图4-101　田园设计风格的材料

（7）休闲设计风格的材料选择　休闲设计风格的服装采用具有弹性、柔软、平挺风格特征的材料，如牛仔布、针织布、海岛棉、涂层面料、皮革面料等（如图4-102），适合外出旅游或参加户外活动时穿着的休闲风格服装轻便而实用。

（8）极简设计风格的材料选择　极简设计风格的服装常采用有光泽感、平挺、柔软风格特征的材料，如皮革面料、丝光棉、太空棉、软缎、天丝、涂层面料、天鹅绒、亚麻织物等（如图4-103）。还通过对材料的肌理进行处理以展现服装的简练之美。

（9）前卫设计风格的材料选择　前卫设计风格的服装以有光泽感和非常规的材料为主，如金属织物、涂层织物、漆皮、蝉翼纱等（如图4-104）。将皮毛与金属、皮革与薄纱、镂空与实纹、透明与重叠、闪光与亚光等各种材质组合在一起，给人夸张、另类的感觉。

图4-102　休闲设计风格的材料

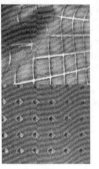

图4-103　极简设计风格材料

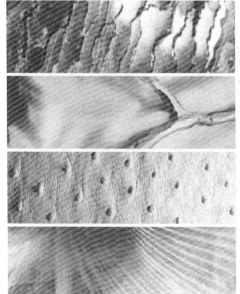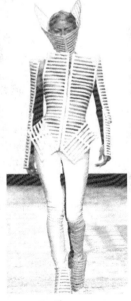

图4-104　前卫设计风格的材料

总之，服装材料经过选择运用到各种不同设计风格的服装设计中，不同的材质必然带来不同的效果。设计师要利用材质提高自身美感的同时，还要创造材质美感。尤其是在服饰个性风格的塑造中，运用服装材料的风格特征对服装进行相应的设计，特别在服装细部设计中被转移到服装材料的再设计上，成为体现服装设计创新能力的标准，也能突出服装的设计风格。图4-105的系列中，通过麂皮绒、皮革、针织布等材质，带来轻松悠闲的休闲风格。而在图4-106的系列中，通过亚麻布、钉片面料等材质突显该系列的民族风情。两个系列根据服装品牌不同的设计风格，进行了不同材料的选择，呈现出截然不同的风格特征。

图4-105　休闲风格服装材料的选择

图4-106　民族风格服装材料的选择

（三）材料再造设计

每种材料都有各自的风格特征，甚至是同一种材料因运用不同的设计方法也能展现出不同的风格。材料的再造设计是突出服装品牌风格的重要手段，借助传统手工和现代科技手段实现材料的创意设计的目的,通过多种方法展现出服装多样的风貌。服装品牌可以根据服装设计的理念定位,对材料整体进行再造设计,能强化面料本身的肌理、质感或色彩的变化。也可以为突出或强调某一局部的变化增强不同材料的对比性,可针对性地进行局部的材料再造设计。主要部位有领部、肩部、袖部、胸部、臀部、下摆等部位。如在服装的领部、袖口部采用刺绣以形成软浮雕的立体效果。材料再造设计的方法主要平面设计与立体设计两大类。

1. 材料的平面设计

在服装材料上直接进行加工处理,不改变材料性能的基础上,形成各种色彩、花纹或图案的装饰效果,提升服装的审美效果,常见的印染设计手法有印花、手绘、扎染、蜡染等。无论借助传统的染织工艺,还是现代的冷转移印花、数码印染等工艺,都丰富了服装面料的设计。

印花:在面料上印花,可以使用多种印花技术,如筛网印花、滚筒印花、手工印花、数码印花,通过各种印花工艺,可以实现图案、色彩和质地的变化。印花的色彩比较丰富,并且印花可以实现各种图案风格,几乎是平面设计中运用最广泛的设计手法。要想取得理想的印花效果,需要选择合理的技术,这种技术必须适合面料,并能使面料制成的服装具有良好的手感。印花图案的灵感来源可以是建筑物、自然界中的花卉、艺术作品等(如图4-107)。

图4-107 印花设计

手绘：手绘是采用染料以手工绘画的技法直接在服装上绘制图案的材料设计方法，手绘风景、图案、装饰纹样等（如图4-108）。一般手绘采用印花色浆以及各种无腐蚀性、不溶于水的颜料。手绘受工艺的限制少，具有较大的灵活性、随意性以及强烈的艺术效果，能够表现出设计师个人的风格。手绘材料具有不可复制性，适合单件或批量较小的服装设计，其成本也比机器印染更高一些。另外设计师常将手绘的涂鸦作品作为灵感来源运用于服装的设计中。图4-109，D&G2015秋季女装新品的图案设计，就采用了两位设计师的侄子侄女的涂鸦作品，增添了女装的童趣又不失优雅感。

图4-108　手绘设计

图4-109　D&G2015秋季以手绘涂鸦作品作为图案的一组女装设计

扎染：扎染是通过把布料捆扎缝合而达到防染的目的的面料染色方法，这种困扎缝合是经过预先设计的，等染色过程结束之后，拆掉缝线打开面料，即可出现图案纹样，甚至形成晕染效果，其效果也具有不可复制性（如图4-110）。

蜡染：蜡染是通过石蜡或蜂蜡等作为防染剂在面料设定的区域进行覆盖，冷却后浸入染料中染色，染色结束后去掉防染剂的方法。其原理和扎染设计相似，都是通过特定的手法达到面料部分区域的防染目的。蜡染前需要提前制作专门的图稿模板，这使得蜡染图案的形式更为丰富，既能表达严谨的图形图案，又能表达随意自由的形式，尤其是经染料的渗透后出现自然的裂纹成为蜡染独特的设计效果（如图4-111）。

图4-110　扎染设计

图4-111　蜡染设计

因科技的发展印染的技术也在不断地发展,也有设计师将高科技的印染工艺直接向消费大众展示材料再造设计的过程。如1999年Alexander McQueen的春夏系列曾采用机器人喷墨的方式直接在白裙上喷颜料,受喷墨量以及喷墨角度的影响,可以形成不同的而且独一无二的印染效果(如图4-112),既塑造出别具一格的艺术效果,又传达出服装品牌的形象以及其倡导的设计理念。

图4-112　Alexander McQueen1999春夏系列采用机器人喷墨染色

2. 材料的立体设计

对材料的立体设计就是通过特殊的工艺手段改变原有材料的肌理，视觉上产生明显的变化，结合服装造型的设计，运用于服装的局部或整体，塑造较强的立体效果和视觉冲击力。

绣饰：运用刺绣、珠绣等工艺改变材料的外观形态，形成不同效果的特色图案和造型，具有很强的装饰性效果（如图4-113）。刺绣如苏绣、湘绣、蜀绣和粤绣能够创造出独特的图案效果。珠绣则是利用不同形状、材质、色彩的珠子或珠片按照一定的顺序组合起来，形成独特而华丽的立体效果。

图4-113　刺绣与珠绣设计

镂空：镂空类似剪纸的手法，运用抽丝、挖空、切割等方法使材料形成不同的层次感和亦实亦虚的效果。镂空部位的边缘一般会根据材料进行锁边处理，有的还会在镂空的地方施加其他面料，形成对比效果。不同特性的材料可以采用不同的手法来达到镂空效果。如皮革类、较厚的面料可以采用机器切割法；织物结构紧密不脱丝的薄面料，可以直接采用挖空法或机器切割法，薄面料在使用机器切割法时，还需要垫一块衬料，增加厚度和强度，避免出现破洞；织物结构松散、易脱丝的面料可以采用抽丝的方法。镂空处理可以是规律的，也可以是随意的，其位置和镂空图案的表现形式根据服装类别设计（如图4-114）。镂空效果不仅丰富了图案的设计表现力，还能创造出立体的视觉效果（如图4-115）。

  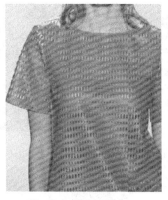 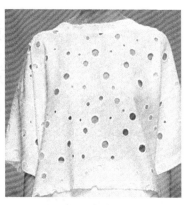

图 4-114　镂空设计 1

 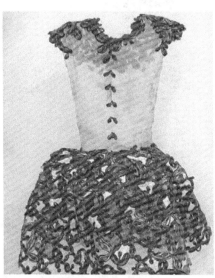 

图 4-115　镂空设计 2

皱饰：皱饰设计以材料为主体，通过特定手段压纹、抽褶、压褶处理，使服装材质上形成规则或不规则的折裥或规则性的压制纹理，从而形成立体感的肌理效果。压纹是对织物进行规则或不规则的压皱处理，定型后的面料形成立体的凹凸纹理，是一种个性化的处理方式，使材质的设计更具艺术化效果。根据不同的抽缩方法可以形成各种形态的立体纹样，使面料的肌理感大增，通过在服装上不同的部位抽缩，能够有效地衬托女性的曲线美。褶皱是服装中立体层次较强的形式，特别是在女装中，褶皱的形态变化万千，有很强的视觉感染力（如图 4-116）。

堆饰：堆饰是将服装面料或装饰材料（羽毛、花卉、流苏、贝壳等）通过叠加和重复等手段，使一个或多个元素反复出现形成立体造型效果，可以通过设计元素的大小、位置、排列等方式产生变化（如图 4-117）。

编织：编织是指通过手工或机器编织或编结的方法，将不同宽窄的布条、绳、带、花边等制作出各种极富创意的，具有独特外观的材料，形成凸凹、疏密、交错、连续、对比的视觉效果。常见的编织形式有交叉、横向、纵向、斜向。无论用在局部或整体采用编织设计面料都有种稳中求变、质朴而优雅的感觉，很有层次感和韵律感（如图 4-118）。

图4-116 皱饰设计

图4-117 堆饰设计

图4-118 编织设计

总之，因科学与技术的革新，材料的设计会越来越丰富和多样，再造设计的方法也会在原有基础上变得更有创意性。服装材料设计具有独特的优势则会将这种优势延伸到服装产品上，凸显服装品牌的定位。服装品牌在材料设计上要取得独树一帜的优势就必须掌握材料的分类、材料选择的原则、材料的风格特征以及再造设计的方法。在设计或选择材料时的前提是整体材料风格要符合服装品牌的设计风格。所选择的材料种类适中，可根据不同的品类或款式特征选择合适的材料。还要考虑材料的成本，如有印花图案也要与服装风格、主题以及色彩达成一致。首先，材料主题的设定要考虑的是最新面料流行趋势、热销面料的品种与特征、服装品牌的风格、材料的风格、季节等因素。也就是说要准确把握材料性能和特征，使材料性能在服装中充分发挥作用以外，还应该根据服装信息趋势变化，独创性地进行面料组合，使服装更具新意。其次，在材料搭配方面，一个系列应形成统一的搭配方式，这种搭配方式将每种面料的特性都发挥得淋漓尽致，主次分明。最后，面料图案的组合搭配，包括图案在服装中应用的比例、大小、色彩，要符合服装整体统一的要求，图案纹样起到烘托服装主题，装饰服装的效果。如运动休闲服装品牌Lacoste（鳄鱼）将20世纪70年代复古网球广告图片作为新一季经典POLO衫、T恤、卫衣的图案（如图4-119、图4-120）。复古图案中的人物动态色彩无不传达出70年代服装设计的风格，也展示了运动设计理念的传承。大面积平铺的印染图案烘托了整个系列的设计主题，使款式固定的服装产品更为生动。单品之间也存在着某种联系，蕴藏着运动而轻松的生活气息。广告图片独特的阴影使图案具有立体的效果，有一种通透的直视感，栩栩如生的图案也带来一股运动的激情，既能勾起忠实的消费群体关于70年代的回忆，也能够吸引年轻消费群的关注，更深入地向大众推广服装品牌的经典形象。

图4-119　70年代网球广告

图4-120　运动休闲服装品牌Lacoste（鳄鱼）的POLO衫与卫衣设计

五、品牌产品设计案例分析

（一）"JM"服装品牌定位

"JM"女装品牌的设计理念源于欧洲的时尚理念，主要以时尚混搭风格为主，色彩明快注重细节，崇尚时尚女人味。本品牌提倡的口号是"穿出层次和节奏，拒绝平庸"的混搭新哲学，以百变造型，成就女性明星般的时尚风范。

（二）人群定位分析

针对25～35岁的追求时尚生活的女性，让消费者感受来自欧洲最新的时尚混搭理念。

（三）秋冬流行趋势分析

1.2013～2014年秋冬关键色彩

秋冬季度的关键色系有五种（如图4-121）：一是沉稳的蓝色系，明度不同的变化带来的是恬静感；二是收获季节的秋季独有的丰富而斑斓的金色系；三是如同肥沃的森林一般幽深的绿色系；四是从冷物质中提炼的棕色系，带有一股神秘感；五是既有亮丽的红色，也有稳重的红色，不同明度和纯度的变化让红色系变得高端而雅致。

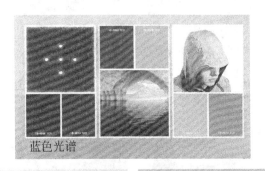

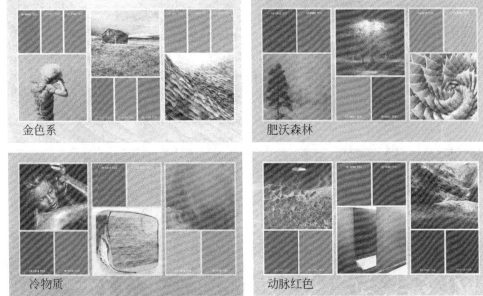

图4-121　2013～2014年秋冬关键色彩

2.2013～2014流行廓型、款式细节与面料设计

本季度的廓型以H型为主，服装较为宽松（如图4-122）。在细节上主要采用耸肩外套、斗篷式上衣、夸张立体的领型设计、收腰等设计，拼接、撞色、压褶等的处理使服装的造型设计更为丰富（如图4-123）。流行面料主要有皮草、羽毛、网纱、蕾丝等（如图4-124）。

图4-122　流行廓型设计

图4-123　流行细节设计

图4-124　流行面料设计

（四）"JM"女装品牌2014秋冬主题——声音

1. 火焰的声音

燃烧的火焰代表热烈与刚强，特别能表现出女性刚强的个性，在服装上主要表现为酷帅，有代表性的品类是带有奢华感的外套和大衣等，金色的金属链子、扣子。腰带、肩章和项链等所有的辅料以及细节处理都呈现出奢华与复古的时尚感，另外需要加入皮草与真丝花型连衣裙的搭配。代表性的颜色为燃烧时的金色，代表性的面料是火焰燃烧后带有怀旧味和复古感的面料，外套采用硬挺的面料以表现酷感，同时火焰燃烧时是柔和的，用色彩柔和的花型烫上金粉的真丝面料做连衣裙（如图4-125）。

图4-125　火焰的声音主题图

2. 花开的声音

花卉是时尚界永远不变的主题之一，本课题的风格是以浪漫女人味为主，表现出女性精致甜美的天性。女性化的印花图案，钉珠以及丰富的褶皱处理，精致外套搭配浪漫女人味的花型连衣裙，表现出女性如花绽放般的美丽姿态。代表性的颜色秋季以花卉的粉红色；绿叶的灰绿色为主，冬季的颜色将过滤到黑色，灰色，白色和红色，迎接圣诞新年的喜庆气氛。面料方面以垂感好的柔软型面料为主（如图4-126）。

3. 水流的声音

无论春夏秋冬哪个季节，度假一直是人们努力追求的生活方式，蓝天，白云，海滩，享受的是一种轻松愉悦的心情，在服装表现上最为轻松随性的就是混搭风潮，本主题强调的就是混搭主义的理念，强调不同材质的混搭以及色彩的混搭，表现出女性独特的个性魅力。代表性的颜色：大海深浅变化莫测的蓝色、云朵的白色、点缀色为粉红色。代表性的面料：条纹面料、棉麻面料、水洗纹棉质的面料、牛仔磨砂水洗、人造棉或全棉印花面料等（如图4-127）。

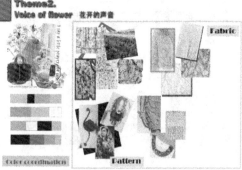

图4-126　花开的声音主题图

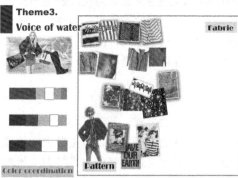

图4-127　水流的声音主题图

4. 自然的声音

大自然充满了无穷的魅力，探险大自然需要一份帅气与勇气，本主题延续了帅气军装风潮，廓型比较硬朗，大量运用军工装中性的元素来表现女性帅气的外表，搭配性感和野性的动物花纹连衣裙。代表性的颜色：大地色、深咖色、米咖色、自然的灰绿色、点缀色为落叶的姜黄色。代表性的面料大自然中动植物花型，如斑马纹、豹纹、蛇纹、孔雀羽毛等（如图4-128）。

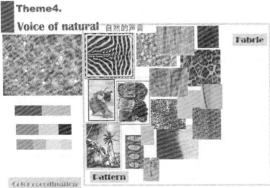

图4-128 自然的声音主题图

5. 岩石的声音

岩石向来给人一种坚毅冷峻的感觉，充满沉稳的质感和独特的张力。在女装的表现上透露出浓浓的中性气质，用妩媚的女性化元素结合帅气洒脱的中性设计款式，超越性别的界限，混合了自信、幽默和性感，印证出摩登和帅气所散发出的冷静自我，突出女性刚柔并济的某种前所未有的魅力。代表性的颜色为最具代表性的灰色系，深浅递进。点缀色为较为温暖的赭石色，能搭配单一色彩并改变单调的沉闷感。面料的选择上讲究材质的优越品质感，强调肌理和层次的变化，但又不失简洁舒适（如图4-129）。

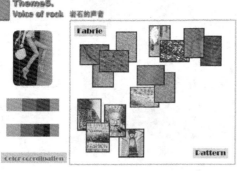

图4-129 岩石的声音主题图

（五）客户群分析（见表4-2）

表4-2 客户群分析

Theme1 Voice of fire 火焰的声音	复古奢华，针对25～35岁的追求时尚，注重生活品质的女性，凸显女性的高贵气质。适合职场、PARTY、正式场合等
Theme2 Voice of flower 花开的声音	浪漫甜美，针对25～35岁的追求时尚，注重生活品质的女性，凸显女性的精致甜美。适合恋爱约会、日常生活、正式场合等
Theme3 Voice of water 水流的声音	休闲度假，针对25～35岁的追求时尚，注重生活意趣的女性，凸显女性轻松随性。适合度假、逛街、日常生活等
Theme4 Voice of natural 自然的声音	性感野性，针对25～35岁的追求时尚，注重生活品质的女性，凸显女性的性感魅力。适合日常生活、职场、PARTY等
Theme5 Voice of rock 岩石的声音	帅气中性，针对25～35岁的追求时尚，注重生活品质的女性，凸显女性的干练个性。适合职场、日常生活等

（六）"JM"女装品牌2014秋冬色彩波段设计

图4-130所示，秋季色彩主要分为三个波段，第一波段推出火焰的声音和岩石的声音这两个色彩的主题色，火焰的声音主要为黑色、浅粉色、白色，辅色为灰色、金粉色，点缀色为金色，岩石的声音主要为深灰色、蓝灰色、浅灰色、棕色；第二波段是花开的声音与水流的声音两组主题色，花开的声音以暖色系为主，主要有粉红色、红色、灰绿色，辅色为白色、灰色、

黑色，点缀色为金色，水流的声音以冷色系为主，有深蓝色、海军蓝、浅蓝色，辅色为蓝紫色、白色，点缀色为粉色；第三波段推出自然的声音的主题色，主色为咖啡色、米咖，辅色为粉绿色、墨绿色，点缀色为姜黄色。

冬季色彩主要分为五个波段，第一波段推出三组主题色彩，火焰的声音主要有黑色、浅粉色、白色，辅色为灰色、金粉色，点缀色金色，冬季水流的声音的色彩与秋季的不同，主要有海军蓝、天蓝色、灰紫色，辅色为白色、粉蓝色，点缀色为粉色，岩石的声音的色彩为深灰色、蓝灰色、浅灰色、棕色；第二波段推出花开的声音与自然的声音两组主题色彩，花开的声音的色彩与秋季不同，主要采用红色，辅色为白色、浅灰色、蓝灰色，点缀色为金色，自然的声音的主色为深咖色、咖啡色，辅色为粉绿色、绿色，点缀色为秋菊色、姜黄色；第三波段推出两组主题色彩，火焰的声音的色彩与第一波段相同，水流的声音推出海军蓝、深蓝色，辅色为灰紫色、白色、粉蓝色，点缀色为紫藤色；第四波段推出两组主题色彩，花开的声音主色为绿色、白色、黑色，点缀色为金色，自然的声音主色为咖啡色、深咖色，辅色为秋菊色，点缀色为姜黄色；第五波段推出一组主题色彩，花开的声音主色为红色、白色、黑色，点缀色为金色。

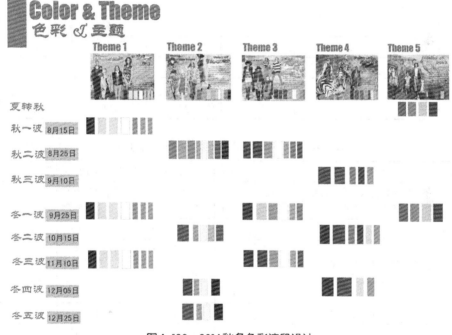

图4-130　2014秋冬色彩波段设计

（七）"JM"女装品牌秋冬季产品设计

1.2014秋冬产品开发计划表

秋季分为四个波段推出不同主题的服装产品开发14个品类，款数共150款。第三波段推出的服装产品总量最多，也是销售的旺季（如表4-3）。冬季一共分五个波段推出不同主题的服装产品，有12个品类，比秋季少了风衣和马甲，款数共250款，羽绒服、大衣的数量相比秋季明显增多，如羽绒服的比例由秋季的1%上升到20%，大衣的款式比例由秋季的6%上升到20%，也有的款式比例相较于秋季明显减少，如外套的款式比例由14%下降到3%（如表4-4）。

表4-3 "JM"女装品牌秋季产品开发计划表

品类	款数	第一波 夏转秋 8.05 岩石的声音	第二波 8.15 火焰的声音	第三波 8.25 花开的声音	第四波 9.8 自然的声音	比例
节假日		年中庆			中秋节	
00牛仔	12	2	2	3	3	2	8%
01毛衫	20	2	4	5	5	4	14%
02T恤	18	2	4	4	4	4	12%
03衬衫	12	3	2	3	2	2	8%
04半裙	8	2	2	2	1	1	5%
05裤子	10	2	2	2	2	2	6%
06连衣裙	20	4	4	4	4	4	14%
07大衣	10			2	2	6	6%
08外套	20	2	5	5	4	4	14%
09风衣	8	1	2	2	2	1	5%
10马甲	2		1		1		1%
11羽绒服	2					2	1%
12棉服	4			1	1	2	3%
13裘皮	4		1	1	1	1	3%
合计	150	20	29	34	32	35	100%

表4-4 "JM"女装品牌冬季产品开发计划表

品类	款数	第一波 9.25 火焰的声音	第一波 9.25 水流的声音	第一波 9.25 岩石的声音	第二波 10.15 花开的声音	第二波 10.15 自然的声音	第三波 11.10 火焰的声音	第三波 11.10 水流的声音	第四波 12.05 花开的声音	第四波 12.05 自然的声音	第五波 12.15 花开的声音	比例
节假日			国庆						商场周年庆	圣诞/元旦		
00牛仔	16	2	2	1	2	2	2	2	1	1	1	6%
01毛衫	28	3	3	2	3	3	3	3	3	3	2	12%
02T恤	12	2	2	1	2	1	1	1	1	1		5%
03衬衫	5	1	1		1	1						1%
04半裙	15	2	2	1	2	1	2	2	1		2	6%
05裤子	12	2	2	1	1	2	1	1	1	1		5%
06连衣裙	28	2	2	2	3	3	3	3	3	3	4	12%
07大衣	50	4	4	3	6	6	6	6	5	5	5	20%
08外套	20	2			2	2						3%
11羽绒服	45	3	4	3	6	6	6	6	5	5	6	20%
12棉服	20	2	2		3	3	2	2	2	2		8%
13裘皮	6	1			1	1	1		1		1	2%
合计	250	26	23	19	31	31	27	25	24	22	22	100%

2. "JM"女装品牌2014秋冬产品价格带

"JM"女装品牌2014秋冬产品的价格带在去年的基础上进行调整,相对而言内搭类服装的最低价格普遍提升,最高价格没有变动,如毛衫、T恤、衬衫、半裙等,大衣、风衣的价格明显提升,反而是高价位羽绒服、裘皮的价格定位没有变动,跟2013年同季度相同,(详细秋冬季价格带见表4-5)。充分体现了"JM"女装品牌在低价位和高价位的价格带设定是有充分的考量依据,当单品的最高价格保持不变,反而让价格产品心理认同,觉得服装的价格变化不大而始终保持在合理的范围内。

表4-5 "JM"女装品牌2014秋冬JM竞争品牌价格带

代号	品类	2013秋冬产品价格带/元	2014秋冬产品价格带/元
00	牛仔	499～799	519～969
01	毛衫类	499～999	539～999
02	T恤	369～639	399～699
03	衬衫	439～739	499～739
04	半裙	369～739	439～739
05	裤类	399～839	499～899
06	连衣裙	799～1299	799～1490
07	大衣	1099～2299	1390～2390
08	外套	799～1299	799～1490
09	风衣	699～1299	899～1390
10	马甲	399～839	539～839
11	羽绒	1099～4299	1099～4299
12	棉服	769～1799	899～1799
13	裘皮	1999～6999	1999～6999

3. "JM"女装品牌2014秋冬季的主推产品图

续表

衬衫类					
半裙类					
裤子类					
连衣裙类					
外套类					
大衣类					
马甲类					

续表

羽绒服类				
棉服类				
裘皮类				

第四节 服装品类组合

  服装品牌通常在每个季度换季之前，向市场推出一系列的新产品，通常将上衣、裤子、鞋子、帽子等服装品类进行简单组合进行销售。随着消费者的消费观念的不断成熟，促进了服装品牌细分化目标市场，所设计的服装产品更符合消费者日益个性化的需求。在这个过程中，服装产品的细分化程度也越来越高，品类组合的内容和形式也越多样，最大限度地吸引消费者购买为目标。服装品类组合的实施原则和确定依据源自服装品牌的设计风格、品牌定位、市场定位和产品定位的基础上，从产品组合的宽度、长度、深度等方面优化产品组合的结构，这也是提高服装产品市场竞争力的必要策略之一。服装品类组合的设定能更好地满足消费者对服装产品的需求，建立品类组合有利于服装品牌做好产品管理和服务工作，如服装陈列、存货管理、新产品开发及促销活动等。

一、服装品类组合内容

  国际知名的AC尼尔森（市场研究公司）将品类定义为："确定什么产品组成小组和类别，与消费者的感知有关，应基于对消费者需求驱动和购买行为的理解"。而美国ECR（高效消费者响应）理念则将品类定义为："一组独特的、易于管理的产品或服务，在满足客户需求方面被客户认为相互联系的或可替代的"。两者其实都是从满足消费需求的角度来定义品类的。服装品类是为满足消费者在某一场合穿着的可以相互联系或相互替代的产品类别，也是进行服装细分化的重要区分单元。简单来说，服装品类就是指服装产品的种类。服装品类的分类就是为了便于消费者对服装产品的识别和购买。

　　服装品类组合指某一特定的销售者卖给消费者的一组服装产品，涵盖服装品牌的所有产品线和具体的产品项目。服装产品线也称产品大类或产品系列，是指同一产品品类中密切相关的产品，由规格、型号、花色等不同的若干个产品项目组成的，这种相关性是指运用相同的工艺，销售给同一个消费群体，或通过网店销售，或价格在同一区间内。对于服装来说，可以是休闲夹克产品线、西装产品线、牛仔裤产品线。服装产品项目则是指某一品牌或产品线内的具体产品，可以由尺寸、价格、款式或其他属性加以区分。受产品组合的宽度、长度、深度和关联性的影响，构成了不同的服装品类组合。服装品类组合包括品类的数量组合、款式组合、色彩组合、面料组合、图案组合、规格组合、价格组合等组合方式，服装品牌根据其品牌定位、设计风格、文化内涵进行品类的组合。服装品类组合应重视不同品类服装在色彩、面料、细部之间的系列关联性，并根据主题商品、畅销商品、长销商品的比例确定每一款型的数量，同时设定衬衫、针织衫、裙装、裤装、外套等不同品类服装的构成比例。

　　服装品类组合通常根据品牌以往的销售情况、目标消费者的穿着习惯等进行设定。根据款式的类别进行组合时，一般根据服装大类细分为针织品、梭织品、毛织品。梭织品可分为上衣类、裙装类、外套类等，也可细分为外套、夹克、裤装、裙装、衬衫等，针织品和毛制品可分为长袖套头衫、短袖开衫、长袖开衫等，衬衫可分为长袖衬衫、短袖衬衫等。款式组合会受到不同季节气候特征的影响。如秋冬女装以外套、长裤为主，秋冬季的色彩以暖色调为主；春夏女装则以衬衣、裙装为主，色彩则以冷色调为主。不同服装品牌具有不同的服装风格，对各自品类的认定方式也不同。如一些偏中性的女装品牌，春夏装则以衬衫、T-shirt、裤装（长裤、短裤）、裙装为主。有的品牌将女裙分为多个品类，也有只作为一个品类。在设定款式组合的基础上即可确定款式数量的比例，需要综合考虑时尚潮流的变化，目标消费群的生活方式和对服装的需求，不同的品类款数的确定要按预测量设定，而不是随意设定。每款服装的色彩组合比例根据流行色和常规色进行设定，通常一款服装配3～5种色彩，畅销色彩的款数设定也多一些。不同品类的服装产品可以选择不同的面料进行组合搭配，图案的组合主要体现在面料的应用上。另外，还需进一步明确不同品类的款式规格，服装规格作为服装设计、生产、销售的规范参考数据。不同国家、地区的服装规格都有不同的表示方法，国内常见的几种规格表示方法有：男装衬衫以领围尺寸作为款式规格参数，如34、36、38、40；以英文符号作为不同品类服装的规格参数，如S、M、L，英文全称为Small、Medium、Large，与之对应的中文是小号、中号、大号；以号型作为服装的规格参数，不同的性别、不同年龄层次、不同的地区的号型规格都有所不同，"号"指人体的身高，以厘米为单位，是设计和选购服装长短的依据。"型"指人体的上体胸围和下体胸围，以cm为单位，是设计和选购服装肥瘦的依据。另一方面"型"还指人的体型分类，它是以人体的胸围与腰围的差数为依据来划分体型，体型分类代号分别为Y、A、B、C。如女上装155/80A、160/84A、165/88A，女下装155/64A、160/68A、165/72A。不论采用什么规格标准作为参数，服装品牌的规格要按一定的比例进行配比，参考依据是款式的特点、适用人群的性别、目标消费群的体型特点等，规格比例的设定还要根据各规格实际销售量进行调整。一般规格的设定比例是中号M最大，适用人群最多，超大号XL的比例最小，小号S和大号L可根据情况而定，如S：M：L：XL的比例为1：2：3：1或2：4：3：1。因消费者对价格的设定非常敏感，价格的定价策略有助于服装产品的销售，不同服装品类因面料材质的成本、款式加工成本等的不同,设定多个品类的价格组合,有高价段、中价段和低价段之分。

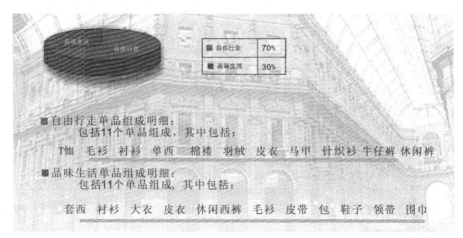

图4-131 服装款式品类组合

图4-131,表4-6,某商务休闲男装的新品推出两个经典与时尚结合产品系列,根据两个系列产品设计的特点,其款式品类组合也不相同,两组品类间取长补短,顺应市场需求,增强服装品牌的综合竞争力。"自由行走"系列的单品构成比例占70%,单品的款式组合包括T恤类、衬衫类、西服类、羽绒棉服类、皮衣类、马甲类、裤装类、皮装类、针织类;"品位生活"则为30%,单品的款式组合包括西服类、衬衫类、大衣类、裤装类、毛衫类、配件类这一季度主推的产品就是"自由行走"系列。服装品牌根据往年销售的情况对款式数量、色彩组合、规格组合以及价格组合进行设定,两个系列的服装一共推出120款,"自由行走"系列的总款数的比例为70%,机织服装占50%,共60款,针织类占20%,共24款;"品位生活"系列的总款数的比例30%,机织服装占20%,共24款,针织类占10%,共12款。每个品类的服装色彩3-5种,服装品牌的产品上装规格一共设置了7种,下装规格共10种。上装规格主

表4-6 商务休闲男装品牌品类构成表

大类	自由行走系列(70%)休闲细分品类	品位生活系列(30%)商务细分品类
衬衫类	长袖衬衫、短袖衬衫	长袖衬衫、短袖衬衫
T恤类	长袖T恤、短袖T恤	
马甲类	厚马甲、薄马甲	
西服类	薄西装	厚西装
皮装类	长款皮衣	短款皮衣
羽绒、棉服类	棉褛、羽绒服	
大衣类		长大衣、短大衣
裤装类	牛仔裤、休闲裤	休闲裤
针织类	毛衫、针织衫	毛衫
配件类		皮带、领带、包、鞋子、围巾

要有165/84A、170/88A、175/92A、175/96A、180/100A、180/104A、180/108A，其中身高175cm、180cm的人群相对较多，因此设定了多个细化规格，可供同样身高的消费者根据自己的体型特征选择合适的胸围尺寸。175cm设定了92A与96A两种不同的胸围尺寸，180cm设定了100A、104A、108A三个不同的胸围尺寸。下装规格主要有165/72A、170/74A、170/78A、175/82A、175/84A、175/88A、175/90A、180/92A、180/94A、180/96A，其中170cm身高设定了74A、82A两个腰围，175cm身高设定了82A、88A、90A三个腰围，180cm身高设定了92A、94A、96A三个腰围。不同品类的服装规格组合和价格组合也不同，如商务类服装价格高于休闲类服装，内搭类服装的价格段相对低些，而外套类的价格段则高些，商务类服装更修身，而休闲类更宽松，其规格组合的设置有所不同（详细的品类组合构成表见表4-7、表4-8）。

表4-7 商务休闲男装品牌"自由行走系列"品类组合构成表

自由行走系列（70%）休闲细分品类	款数	色彩	面料（图案）	规格	价格段/元
长袖衬衫 短袖衬衫	14	白色、浅蓝色 浅绿色	棉布（条纹） 棉布（圆点印花）	170/88A、175/92A 175/96A、180/100A 180/104A	300～500
厚马甲、薄马甲	6	卡其色、中黄色 湖蓝色	涤纶 抗皱保型面料	170/88A、175/92A 175/96A、180/100A 180/104A、180/108A	500～900
薄西装	10	灰色、黑色 深蓝色、深咖色 卡其色	棉布	170/88A、175/92A 175/96A、180/100A 180/104A、180/108A	900～2000
长款皮衣	10	黑色、深咖色	人造革、牛皮	170/88A、175/92A 175/96A、180/100A 180/104A	2000～4000
棉袄、羽绒服	12	白色、黑色 深咖色、墨绿色 灰色	涤纶、羽绒 服纶棉	170/88A、175/92A 175/96A、180/100A 180/104A、180/108A	1500～3500
牛仔裤、休闲裤	8	黑色、灰色 深蓝色、浅咖色	棉布 牛仔布	165/72A、170/74A 170/78A、175/82A 175/84A、175/88A 175/90A 180/92A、180/94A 180/96A	300～700
长袖T恤、短袖T恤	10	白色、蓝色	棉	165/84A、170/88A 175/92A、175/96A 180/100A、180/104A	200～400
毛衫、针织衫	14	灰色、绛红色 蓝色	羊毛、棉布	165/84A、170/88A 175/92A、175/96A 180/100A、180/104A	700～1200

表4-8　商务休闲男装品牌"品位生活系列"品类组合构成表

品位生活系列（30%）商务细分品类	款数	色彩	面料（图案）	规格	价格段/元
长袖衬衫、短袖衬衫	5	白色、浅蓝色	丝棉（条纹）真丝（印花）	165/84A、170/88A、175/92A、175/96A、180/100A、180/104A	600～1000
厚西装	5	灰色、黑色、深蓝色、深咖色	毛呢	165/84A、170/88A、175/92A、175/96A、180/100A、180/104A	2000～4000
短款皮衣	4	黑色、浅咖色、深棕色	牛皮、羊皮	170/88A、175/92A、175/96A、180/100A、180/104A、	2000～4000
长大衣、短大衣	6	黑色、深蓝色、卡其色	棉	170/88A、175/92A、175/96A、180/100A、180/104A	3000～5000
休闲裤	4	黑色、灰色、深蓝色	棉布、涤纶	170/74A、170/78A、175/82A、175/84A、175/88A、175/90A、180/92A、180/94A、180/96A	1000～2000
毛衫	12	灰色、深蓝色	羊毛	165/84A、170/88A、175/92A、175/96A、180/100A、180/104A	1000～2500

二、实施原则

在产品设计中品类组合能够增加服装产品的多样性和丰富性，降低服装产品的重复性，还能让消费者更准确地购买所需的服装。品类组合的实施原则主要有以下两个。

（一）合理性原则

服装品类组合不是随意性的，而是根据实际需要合理地设定的。在服装品牌运营中，品类组合的各个产品项目会因市场环境和竞争局势的变化而产生分化，有些产品受欢迎，有的产品则会被淘汰。通过对品类组合中各个产品项目或产品线的销售记录、产品利润和市场占有率的调查，就能判断品类组合的发展潜力或发展趋势。为了使品类组合能够保持最优的产品结构，并达到最佳利润，服装品牌就需要合理地设定新季度的品类组合，剔除不合理、不平衡的服装品类，增加优势服装品类的数量。如在每季度的品类组合中可以根据时尚度和上季度销售情况合理设定经典款、畅销款、潮流款的品类组合，每款有不同的颜色和号型可供消费者选择，某些生命周期非常短的服装品类也不会造成积压。虽然服装品牌的众多品类中并不是每个品类都能赢利，但合理优化的品类组合能使品类形成一个整体，每个品类都能发挥极致的作用，从而使品类组合的整体功能比孤立的单一品类效果更强。掌握优胜劣汰的规律,合理的品类组合能够使产品线更加多元化,吸引更多目标客户群,有效地占领服装市场。

(二)可变性原则

在服装品牌开始经营时,一般产品都比较单一。随着服装品牌的发展,服装产品线不断丰富和成熟。服装品牌每个季度推出的产品品类组合都会因季节、流行等因素有所不同。当服装品牌的产品线能够获得的利润集中在少数几个服装品类上,那就要及时改变原有的服装产品组合。这种产品组合的可变性原则要遵循产品组合的宽度、长度、深度和关联度。

1. 服装产品组合的宽度

服装产品组合的宽度是指一个服装品牌所拥有的产品线的数量。产品线越多,产品组合的宽度就越宽,丰富的产品种类使消费者在购买服装产品时可选择的动能范围就越大,也有利于服装品牌开拓市场。产品组合的宽度应根据服装品牌的实际情况进行设计,如男装品牌组合的宽度可以是正装系列、休闲系列、运动系列,也可以是衬衫类、T恤类、背心类、毛衣类、夹克类、配件类等。

2. 服装产品组合的长度

服装产品组合的长度是指每一条产品线内的产品项目数。服装品牌拓展消费者选择和搭配服装产品的空间,并且不增加同类产品的开发和管理的负担,就可以通过扩大服装产品组合的长度来实现。服装产品组合的平均长度可以根据所有产品线相加,所获得的产品组合的总长度除以宽度即可。服装产品的组合长度越长,其需要开发的产品品类、项目就越多,有各种各样的单品自然会为消费者带来更有利的选择条件,有利于提高服装品牌的市场占有率(如表4-9)。

表4-9 服装产品组合的长度

序号	组合宽度	组合长度
1	正装系列	套装、衬衫、外套、大衣
2	休闲系列	夹克、T恤、裤子、连衣裙、毛衫、风衣
3	运动系列	针织上衣、针织长裤、马甲、背心、短裤
4	内衣系列	胸罩、内裤、睡裙、针织内衣
5	配件系列	帽子、腰带、皮鞋、运动鞋、围巾

3. 服装产品组合的深度

服装产品组合的深度是指每产品线上有多少个不同的产品项目。如表4-10,某女装品牌夏季推出的衬衫系列中,有长袖和短袖两大类,在不考虑面料品种的情况下,每个大类中有2种不同的领型、3种不同的色彩,每个类别均有3个不同的规格尺寸,那么服装产品组合的深度就是 $2 \times 2 \times 3 \times 3 = 36$,拥有36个不同的衬衫项目。服装产品组合的深度要力求丰富,但不宜过深,因为相同的款式越多反而会减少产品的丰富性。当一个产品项目采用的款式、规格、面料、色彩越多,组合深度就越深,产品项目也随之增多,消费者的选择空间增大,可以在选定某一款式后,根据色彩、规格、面料、色彩等方面再进行挑选。

表4-10 某女装品牌品类组合实例

序号	组合宽度	组合长度	组合深度
1	衬衫系列	A1 短袖 A2 长袖	A1-1 短袖翻领纯色　A1-2 短袖无领纯色 A1-3 短袖翻领印花 A2-1 长袖翻领纯色　A2-2 长袖无领纯色 A2-3 长袖翻领纯色
2	T恤系列	B1 短袖 B2 长袖	B1-1 短袖V领印花　B1-2 短袖圆领印花　B1-3 短袖一字领纯色 B2-1 长袖V领印花　B2-2 长袖圆领印花
3	毛衣系列	C1 套头衫 C2 开衫	C1-1 纯色套衫　C1-2 印花套衫 C2-1 拉链开衫（多色）C2-2 纽扣开衫（多色）
4	外套系列	D1 皮夹克 D2 风衣	D1-1 立领单门襟拉链短夹克　D1-2 立领双门襟拉链短夹克 D2-1 单门襟短款风衣　D2-2 单门襟长款风衣 D2-3 双门襟短款风衣　D2-4 双门襟长款风衣
5	配件系列	E1 鞋类　E2 包类 E3 袜子	E1-1 运动鞋　E1-2 休闲鞋 E2-1 单肩休闲背包　E2-2 双肩休闲背包　E2-3 休闲挎包 E3-1 短棉袜　E3-2 腈纶短袜

4. 服装产品组合的关联度

服装产品组合的关联度是指服装品类组合中的各类产品线之间在性能、用途、生产条件、销售方式以及其他方面相互关联的程度。如表4-10中所有产品组合的最终用途属于女士服饰类产品，拥有同样的目标消费市场，销售方式也类似，这表明产品线与产品线间有着较强的关联性。服装品牌的不同产品线之间存在着不同的关联程度，如关联程度越大，其所有产品的风格就越近似，设计目标也会越加一致，服装产品的整体形象就越鲜明。没有关联性或是关联性较低的产品组合会阻碍产品开发的方向，较高的产品关联度能提高服装品牌的品牌形象。因此，服装品牌可以通过整合与调整产品组合的关联度，提高服装产品形象，彰显服装品牌的设计理念。

总之，服装品牌追求最佳的服装产品组合状态，可以透过产品组合的宽度、长度、深度、关联度来调整和拓展产品线。

三、确定依据

（一）根据不同的季节确定

不同季节的气候特征决定了服装款式的类别，通常秋冬以外套、裤装为主，春夏以衬衫、裙装为主。一般情况下，服装品牌每年都会设计和生产春夏与秋冬两个季度的产品，每一季的服装品类组合都不同。针对不同地区的气候特点也要调整品类组合，如南方地区属于亚热带和热带气候，春夏季度的时间较长，而北方地区属寒温气候，冬季持续时间长，且非常寒冷。因此，针对南方地区的市场，多以单衣类为主，如裙子、衬衫、短裤等服装品类的数量多一些，根据袖长对服装品类进行细分可分为无袖、短袖、七分袖、长袖；北方地区则以保暖类为主，如羽绒服、棉衣、毛衣、皮衣等防寒性的服装品类的数量相对多一些，冬季服饰基本都是长袖，根据衣长再将服装品类细分，还可以分为长款羽绒服、短款羽绒服。

（二）根据服装品牌的风格确定

不同的服装品牌具有不同的设计风格，品牌的设计理念也不相同。休闲风格的服装品类组合一般以单品居多，设计师可以不用考虑服装的搭配，由消费者自由搭配组合，这一风格的服装品类非常丰富，如T恤类、休闲衬衫类、休闲夹克类、牛仔裤等；运动风格的服装品牌的产品针织类则要多于梭织类，以运动针织衫、运动针织外套等为主。

（三）根据服装品牌销售情况确定

服装品牌的销售情况是设定服装品类组合的重要依据。搜集上一季度或每月服装产品的各品类的销售情况，从详细的销售数据中总结出各品类组合的数量，确定畅销款的服装品类以及滞销品类，及时调整新季度或新波段的服装品类组合。如销售量最好的某一款式品类组合相应增加数量，最好卖的色彩比例也可以增加，滞销的品类组合就要调整品类的产品结构或直接淘汰。当然也有些采取独特的"饥饿营销模式"的服装品牌则是反其道行之，越受欢迎的品类组合采取限量供应的方式来激发消费者的购买欲和求新欲，而且在一个星期之内就能推出新品类的服装。

（四）根据服装流行趋势确定

每个季度的流行趋势也会影响服装品类组合的设定，时尚款和畅销款的品类组合都会融入当季流行的服装品类。如2014年流行的迷彩羽绒服，在很多服装品牌的品类组合中都出现了这一款式，只是配色和细部的设计不相同。由于款式、色彩、面料、搭配方式等都会受服装流行趋势的影响，服装品牌在保持原有服装设计风格定位的基础上，就应根据流行的变化而适当调整服装品类组合的结构。受流行趋势影响小，具有稳定销售量的经典款的品类组合一般不用根据流行趋势进行调整。

四、品类组合案例分析

（一）某男装品牌的产品定位

本品牌以时尚商务风格为主的男装，产品定位为中高档服装品牌，在整体风格中融入了休闲、时尚、商务、运动休闲等元素，如图4-132。

（二）消费群定位

本品牌主要的消费群（见图4-133）为高级白领、政府公务人员、企业负责人、商业精英以及其他一些中高收入的、有一定社会地位、受过良好教育的成功男士。消费群的年龄在30～45岁之间，核心消费群的年龄在32～42岁之间，辐射消费群的年龄在30～31岁、43～45岁之间。这类人群注重高格调，高品质的生活，积极，充满活力，追求时尚，富有自信，渴望卓越的成就，又懂得享受生活，年薪在10万以上。服装穿着的场合工作场所为60%，私人场所为40%（如周末休闲、聚会等）。

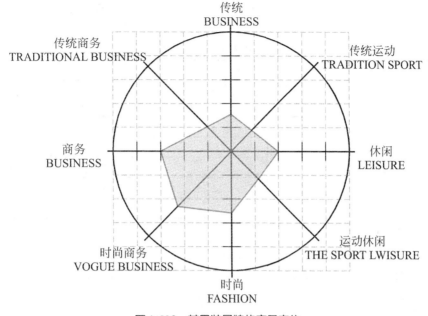

图 4-132　某男装品牌的产品定位

辐射消费人群
核心消费人群

穿着场合：工作场所60%

私人场所40%（如：周末休闲/聚会等）

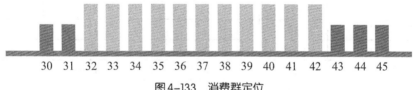

图 4-133　消费群定位

（三）品类组合

　　本品牌新季度推出3个服装系列，总款数达到178款，上装：148款，下装30款，配饰共75种，详细的品类组合见表4-11。以蓝紫色为主色调的商务时尚系列，作为服装品牌推出的主打系列产品，其产品款数量最多。品类组合数量占总体的41%，共73款服装。服装品类有T恤、毛衫、正装衬衫、休闲衬衫、单夹克、休闲西装、正装单西、正装套西、风衣、大衣、皮衣、裘皮、尼克、棉夹克、羽绒夹克、休闲裤、牛仔裤，配饰包括领带、围巾、袜子、皮带、提背包、钱夹、鞋共30件。以咖绿为主色调的商务休闲系列，所推出的服装与配件品类与商务时尚系列相同，仅个别单品的数量要少一些，品类组合数量占总体的36%，共61款服装，配饰25件；以黑红色为主色调的商务运动系列，品类组合数量占总体的23%，共41款服装。配饰的品类与其他系列相同，共20件。而服装品类要少于其他两个系列，有T恤、毛衫、正装衬衫、休闲衬衫、单夹克、风衣、皮衣、尼克、棉夹克、羽绒夹克、休闲裤、牛仔裤12种品类。

表4-11 某男装品牌品类组合表1

类别	品类	计划款数	总款数：178款（上装：148款，下装30款）		
			商务时尚—蓝紫系列41%	商务休闲—咖绿系列36%	商务运动—黑红系列23%
服装	T恤	14	5	5	4
	毛衫	30	12	10	8
	正装衬衫	12	5	5	2
	休闲衬衫	8	3	3	2
	单夹克、外套	10	3	3	4
	休闲西装	4	2	2	
	正装单西	4	2	2	
	正装套西	6	4	2	
	风衣	4	2	1	1
	大衣	4	2	2	
	皮衣	14	5	4	4
	裘皮	5	3	2	
	尼克	12	6	4	2
	棉夹克、外套	16	5	5	6
	羽绒夹克、外套	5	2	2	1
	休闲裤	16	6	5	3
	牛仔裤	14	6	4	4
	合计	178	73	61	41
配饰	领带	10	4	4	2
	围巾	6	2	2	2
	袜子	16	8	4	4
	皮带	16	6	6	4
	提背包	8	3	3	2
	钱夹	9	3	3	3
	鞋	10	4	3	3
	合计	75	30	25	20

　　从产品品类组合的合理性来看，每个系列所推出的产品秉承商务男装的设计特点，同时又各有侧重点。有商务时尚类、商务休闲类与商务运动类，丰富产品线的同时，满足消费者的不同需求。所推出的款式数量也符合服装品牌的经济实力。再深入地从整个产品组合的可变性原则来看，产品的宽度、长度、深度以及关联度都发挥到最佳水平，其产品品类组合在求变中又求稳定，综合考虑多种因素以突出产品设计风格统一于和谐，为消费群设定了多样化的选择空间。如表4-12，其产品组合的深度不考虑其他因素，单看色彩组合就达到266种。价格组合的设定也符合其品牌运营的目标，一共设定了三个价格段，低价位段占比为30%、中价段占

比为50%、高价位段占比20%。每一个品类都设定了低价、中价和高价的价格段，以便于消费者挑选合适价位的服装产品。如T恤数量一共14款，价格段涵盖了低、中、高三个价位，价格段区间在780～2680之间，14款服装一共设定了5种价格，分别为780/880、1380/1680、2380。这一品类组合的案例的成功之处在于从服装品牌经营的目标为出发点，为满足目标客户的需求为目的，设置合理而丰富的品类组合，体现服装品牌的设计风格与产品形象。

表4-12 某男装品牌服装品类组合表2

类别	品类	计划款数	价格段数	价格段/元	低价位 占比：30%	中价位 占比：50%	高价位 占比：20%
服装	T恤	14	5	780～2680	780/880	1380/1680	2380
	毛衫	30	7	880～3280	880/980	1280/1680/1980	2380/3280
	正装衬衫	12	6	880～2980	880/1280	1680/1980	2680/2980
	休闲衬衫	8	4	880～1680	880	1080/1280	1680
	单夹克、外套	10	5	1380～2980	1380	1580/1980	2380/2980
	休闲西装	4	3	2680～3680	2680	2980	3680
	正装单	4	3	2980～6800	2980/3280	3980	6800
	正装套	6	4	2980～26800	2980	4680/6800	26800
	风衣	4	4	1980～4680	1980	2980	3680/4680
	大衣	4	4	2680～4680	2680	3280	3980/4680
	皮衣	14	6	6980～29800	6980/8880	10800/15800	22800/29800
	裘皮	5	3	23800～36800	23800	29800	36800
	尼克	12	9	4980～46800	4980/5280/8880	10800/15800/19800	23800/32800/46800
	棉夹克、外套	16	5	1580～3980	1580	2280/2980	3280/3980
	羽绒夹克、外套	5	3	2680～4680	2680	3280	4680
	休闲裤	18	6	780～2380	780/980	1080/1480	1680/1980/2380
	牛仔裤	12	4	780～1480	780/980	1080	1480
	合计	178	81				
配饰	领带	10	3	480～680	480	580	680
	围巾	6	3	780～1180	780	980	1180
	袜子	16	3	98～148	98	118	148
	皮带	16	4	980～2380	980	1380/1980	2380
	提背包	8	3	1980～2580	1980	2380	2580
	钱夹	9	6	298～1680	298	498/698/980	1280/1680
	鞋	10	4	880～1680	298	1180/1380	1980
	合计	75	26				

第五章 服装品牌运作——品牌推广

第一节 服装品牌运作

一、服装品牌运作的概念

运作，即营运操作之意，平时所说的操作的概念应该包含在运作之中。服装品牌运作就是在一定的规范下，将服装品牌定位结果付诸实践，达到预想目标的过程。

二、服装品牌运作的特征

（一）预言性与变量因素

品牌定位只是一个大体框架，品牌定位报告的可操作性因人而异，定位报告具有语言性，是在理想状态下得出的可行结果。预言的结果与预言者的专业水平有很大关系。由于实际运作过程中，主观和客观尤其是客观方面存在着许多不可预计的变量因素，必然会影响这个理想状态，此时，解决突发事件和调整定位内容的能力就显得非常重要。因此，从这个意义上说，一个成功品牌的运作过程是不断克服和解决变量因素，使之朝着预定目标前进的过程。

（二）季节感和时机的把握

服装商品的季节感特别强，服装商品的热销时间尤其是以第一零售价销售的时间很短，商品的品种是否及时上柜和商品的尺码是否齐全，这些因素将直接影响到销售额。商品上柜的时间过早或过晚都会引起滞销，商品断码或断色也是销售的弊端。只有一切时机和环节都调理恰当，才能使产品利润达到最大值。另外，服装企业最难于解决或常遇到的难题是因滞销而积压的产品。虽然处理库存的办法很多，但是在何时何地选择哪一种方式处理库存，其效果截然不同。销售积压产品的目的是使产品利润的损失达到最小值。

（三）合理的人为管理机制

人类文明演化的结果，使人类活动产生了行为和人为这两种不同的行动方式。行为是应该而为，是理性的行动。人为是为所欲为，是感性的行动。在团队行动中行为因素是经过集体认同而固定下来的内容，具有积极和规范的意义。人为因素是个人主观意志的体现，容易产生消极和混乱的结果。两者是管理过程中的一对矛盾，当品牌运作中人为因素的影响较大，则会面临杂乱无章的管理局面。因此，管理是否规范就成为企业是否能顺利完成品牌企划的关键。为了保证达到预期目标，品牌运作应该在规范的行为方式下进行。服装企业无制度管理、家族制管理等都是不可避免的人为化运作的模式，在长期的不合理的运作下必然会遭遇各种危机，因此合理将人为因素与理性行为因素合并制定妥善的管理机制非常重要。

（四）繁琐性与环节把握

品牌运作是以品牌企划报告为行动准则的，因此，品牌运作强调计划性和条理性。从理论上讲，品牌企划可以做得非常有计划性和条理性，可是，计划执行的过程很容易出现方向偏移。虽然从表面上看，服装产品与其他工业产品一样，无非是经过企划、设计，采购、生产、销售等几个工业化生产的常规环节，但是，由于服装业是劳动密集型产业，其产品是与人体最为亲密接触的人性化产品，具体运作过程中还有许多非常繁琐的细小环节，然而，这些细小环节却会大大地影响产品的最终效果，在服装产品长长的环节链接中，很容易出现各种各样的问题。因此，必须重视对各个环节的控制，抓品牌管理的实质是抓环节管理。

三、服装品牌运作的主要环节

可分为直接围绕产品的主要运作环节和间接围绕产品的其他运作环节，每个环节都有非常具体的工作细节。不管哪个环节，或者是某个环节的一个细节，都是非常重要的，都离不开一个贯穿各个环节及各个细节的工作中心：管理。如果每一个细节都能恰如其分地按时按质按量地完成，就证明了每个环节完成得非常出色，更预示着整个品牌运作有了充分的保证，这是品牌运作中得工作链接，因此，为了品牌总目标的达成，运作管理要从每个微小的细节开始。

（一）设计环节

将抽象的品牌意念转化为具体的可视状态。设计师产品企划的抽象状态转变为具象状态的喉咙和桥梁。该环节最为强调的是设计品质。

（二）生产环节

将设计样品转化为标准化产品。从样品转化为产品，需要工业化生成机制的介入，手工作坊式的生产很难保证产品的一致性。该环节最为强调的是产品的质量。

（三）销售环节

将作为资金投入的产品转化为资金收入。产品的最后出路是销售，是企业得以生存的根本。该环节最为强调的是销售通路。

（四）间接围绕产品的其他运作环节

（1）资金环节　合理高效地运作资金的流出和回笼。

（2）仓储环节　严密控制产成品的暂时存放和流动。
（3）物流环节　保证能及时提供产品的运输和回收。
（4）安全环节　保障生产加工过程中得安全和舒适。
（5）资源环节　对内部资源和社会资源储备及利用。

四、服装品牌运作的模式

目前我国国内的服装品牌经营，从营销角度看，主要有三种模式。

第一种以设计、生产、销售为主的品牌服装经营。这种模式从服装设计、面辅料采购、在自己的工厂组织生产，到批发和零售，一条龙运作，有些服装企业甚至还有自己的面料厂。如"雅戈尔"服装品牌。

第二种以设计、销售为主的品牌服装经营。这种模式也从事服装设计、面辅料采购，批发和零售，但基本上没有自己的服装加工厂，靠外加工制作服装。如"美特斯邦威"服装品牌。

第三种以零售为主的品牌服装经营者，主要包括三类：① 各级服装品牌代理商，采购其代理品牌，然后在加盟店内零售；② 私人服装商，采购一个或多个品牌，然后在其服装店内零售；③ 少数百货公司采购部，采购某些品牌，然后在其百货公司内零售。

上述三种服装品牌经营模式可以归纳成两大类：一类为实体型品牌运作模式；另一类为虚拟型品牌运作模式。

（一）实体型品牌运作模式分析

实体型品牌运作模式的基本特点是企业集生产和销售于一体，其运作模式为：市场需要的识别——设计开发——生产——营销——渠道——消费者。实施这一模式的服装企业早期一般都是生产性企业，专门从事服装的生产，同时配备少量的销售人员，推销自己生产的服装。随着企业的发展和市场竞争的需要，企业开始重视研究开发和产品设计，打出自己的品牌，建立起营销网络，再一步步发展成了集设计、生产和营销于一体的实体型的真正意义上的现代服装企业。目前，浙江的大部分服装品牌企业都是由此演变而来。其中著名的有杉杉、雅戈尔等服装公司。

实施实体型品牌运作模式的企业，除了具有品牌设计、品牌营销能力，一定的品牌知名度外，还必须拥有自己的服装加工厂，拥有一流的服装加工制作人员，熟练的服装制作工人和服装质量监控人员。这就需要企业具有较强的经济实力和一定的服装生产加工及质量管理经验。而这些经验也需要一定时间的积累。从目前的运作情况看，实体型品牌运作出现了三种不同的发展方向。

第一种是由单一品牌产品向综合性服装服饰品牌演变及向服装行业的前后延伸。如浙江省的雅戈尔服装集团公司，2001年就与日本的晃晃水洗公司签约，建立了总投资额近千万元的水洗厂，主要从事服装面料的印染、水洗等，使雅戈尔服装集团进入了服装业的上游产业。

第二种是完全自产自销的三合一模式，这一模式基本上转向了服装品牌的设计和品牌的市场经营。这些企业由于品牌的成功运作，品牌产品的市场需求量超出了企业现有的生产能力，为了扩大市场占有率，满足市场需求，开始寻求品牌服装加工企业。这类企业有可能最终转变为第二类品牌经营模式，即放弃中间的生产环节，专注于产品设计和品牌经营的虚拟型运作模式。

第三种发展方向是放弃品牌经营，专心于服装品牌的生产加工。这类企业有较强的服装生产制作能力，而在服装品牌的开发设计、宣传销售方面实力不足，在经过几年的品牌经营后，发现品牌运作不是自己的强项，也有一些企业因资金实力不够等原因，放弃了品牌经营，转向一心一意做加工，包括承接国外知名品牌的服装加工制作。这类企业今后可能演变成品牌服装的定点加工企业，在服装的生产加工领域获取较丰厚的利润，而不挤品牌经营这一独木桥。现在，已有一些浙江的服装企业做了这样的定位。

实体型品牌运作模式，因集服装的设计、生产加工、经营销售于一体，因此，企业在服装质量的控制上，作业流程的管理上积累了丰富的经验，并形成了自己的特色和风格，这是实体型品牌运作模式的基石，一旦品牌打响，产品占领市场后，因进入门较高，别的企业一时难于模仿跟进，能够稳住市场占有率。

（二）虚拟型品牌运作模式分析

虚拟型品牌运作模式与实体型品牌运作模式最明显的区别是将传统企业经营模式的中间去掉，只抓两头，虚拟企业不从事产品的批量生产。虚拟经营的关键有两个：① 产品的设计开发；② 营销和网络建设。可见虚拟经营并非真正的虚拟，它同样需要进行市场分析，需要把握未来的市场需求趋势，并将顾客的需求转化为具体的产品式样和性能指标，还需要做品牌的形象建设、品牌文化建设、加盟店和整个网络的建设等。虚拟经营做得最出色也是最有名的当数美国的耐克运动系列产品，浙江温州的"美特斯邦威"服装品牌也不错。

虚拟经营对我国的大部分企业而言是一个新鲜的话题，真正引起人们关注的时间并不长。事实上我们今天称之为虚拟经营的企业经营模式，在国外早已存在。长期以来我们把虚拟经营更多地称之为特许经营、连锁经营。就服装行业而言，国外企业早就在做虚拟经营了，如我国出口的绝大部分服装打的大多是外国企业的品牌，国外的服装企业不拥有一家工厂，却能获得源源不断的打上它们品牌的产品，并以它们的名义销往世界各地。这些国外服装企业从事的就是一种服装品牌的虚拟经营。

对虚拟经营的企业而言，产品的开发和设计非常重要，这是其成功的保证。虚拟企业必须有一批富有创意的设计开发人员，能不断地推出原创性的设计和产品。否则虚拟经营就非常危险。对虚拟经营企业同样重要的是品牌的运作。虚拟经营与传统的生产性企业不同，虚拟经营靠的是品牌的号召力，凝聚着加盟店，来吸引消费者的光顾和购买。虚拟经营最大的特点是以品牌为核心，来开展企业的一切活动。如通过广告来提升品牌的价值，来演绎品牌的内涵，展示品牌产品的附加价值；通过消费者的着装来展示品牌的优良品质、独特风格、生活理念和生活方式。因此，产品的设计要符合品牌的文化和理念，加盟店选择要与品牌的形象和定位相协调等等。对虚拟企业而言，品牌是企业最有价值的资产。

虚拟型品牌运作模式，由于放弃了服装品牌运作中资产占用最多的服装生产加工这一环节，能使企业的资本迅速扩张，并通过企业的营销网络，使产品快速占领市场，在短时间内把市场做大，成为服装业的巨头。

（三）服装品牌运作模式的选择

我国迄今为止还没有叫得响的国际服装品牌，而国内市场又有各种高档服装品牌的消费需求，作为服装企业来说，很想通过打出自己的品牌，来提高服装品牌的附加值。因此，每个企业在发展定位上都面临着两种选择：① 如何使企业做专做精，创造出全国乃至世界一流的服装品牌；② 如何使企业做多做大，成为国内外服装业的巨头。然而，从国际国内创立品牌的历史来看，一个成熟品牌的创立在短时间内是难以成功的，国际一些顶尖服装品牌有过几十年甚至上百年的品牌历史，而大多国内服装品牌却是在近20年内创立的，在品牌内涵、品牌文化、品牌宣传与推广等方面，与国外高档服装品牌相比，存在较大差距。同时，我国服装行业绝大多数是中小型民营企业，其数量占服装行业总数量的50%以上，因此，国内服装企业应借鉴国际品牌运作的经验，在服装品牌的运作上要充分发挥现有资源优势，做到扬长避短，开创出一条适合本土品牌发展的路线。

1. 企业经营优势、经济实力与品牌运作模式

从国内服装发展的历史看，我国已成为世界上最重要的服装加工国之一，服装制造业相对比较发达，许多服装企业在服装品牌的生产加工、质量控制、降低成本、保证交货期等方面已积累了相当丰富的经验，而在品牌营销特别是品牌销售中的网络建设及品牌宣传方面缺乏相应的经验。品牌服装的生产和销售完全是两回事，需要不同的管理机构和专业人才。现代企划把品牌运作看成是围绕品牌形象，以市场为导向，涵盖设计、生产、营销、服务等诸多要素协调发展的有机整体。在这一整体中，必须理顺企业内外部供应链上的每一个环节，从生产到管理，从行政到人事，从供应商到客户，从分销商到零售店，任何一个方面的疏忽都会导致销售额的下降乃至品牌的丢失。为此，企业在做服装品牌时，应选择一条能较好地发挥企业经营优势的运作模式。如果企业既具有服装加工制作、质量管理、成本控制等方面的优势，又有品牌设计与开发、品牌形象宣传、品牌营销方面的能力和经验，也就是说，虽然企业在某一方面的优势不是十分突出，但组合起来后品牌的整体运作优势却比较明显，则适宜选择实体型品牌运作模式。

实体型品牌运作模式需要强大的经济实力作支撑，需要大量的资金用于服装的生产加工场地和加工设备的投资。作为中小型服装企业，除了服装品牌整体运作能力不强外，还缺乏品牌整体运作的资金实力，这时可以选择经营国外的服装品牌，利用国际成熟的品牌设计技术和营销理念，结合中国的市场特点，在国内加工制造，以降低经营成本和市场风险。待企业完成了资金积累，有了比较丰富的品牌设计及市场营销经验后，再自创品牌。雅戈尔服装品牌的成长过程，采取的就是这一品牌运作模式。分析雅戈尔服装品牌成长的整个历程可以将其划分为四个阶段：雅戈尔成长的第一步是为当时的衬衫业巨头——上海"开开"衬衫加工服装及买断部分产品经营权；第二步是建立自有品牌——"北仑港"，这一品牌使雅戈尔储备了充足的资金，丰富了产品设计、营销渠道建设及管理方面的经验，为品牌经营模式的创建打下了良好的基础；第三步是和澳门南光合作建立了中外合资的雅戈尔品牌，放弃有浓厚地域性的"北仑港"品牌经营。雅戈尔品牌的设计理念、文化内涵等最初定位旨在做高端类品牌，其对发展前景的规划有长远考虑；第四步是西服领域是服装业的最高端产品，雅戈尔投入巨资介入西服领域，从德、意、日等国外引进了现代化的西服生产线，为追求高标准的品质引入设计和生产优质的意大利西服样板和精湛的工艺。意大利宽松风格的雅戈尔西服不仅赢得了消费者的青睐，也使雅戈尔成为了西服业界的一匹黑马。从雅戈尔品牌经营发展的过程来看，服装品牌的经营应选择一个适合本企业成长发展的品牌运作模式非常重要。

2. 服装品牌定位、品牌特色与品牌运作模式选择

首先，从服装品牌的定位和品牌特色来看，男性品牌服装与女性品牌服装在需求上有许多

不同。俗话说："男人穿牌子，女人穿样子"，这话道出男女服装在需求上的最大差别。男性服装品牌中的西服与休闲服在需求上也有一些不同，女性服装中定位于中年女性的服装与年轻女孩的服装也有着许多差别。

一般来说，男人在选购服装时比较注重质量和做工，而女性选购服装时更注重款式和色彩的搭配。男性服装中，品牌西服与品牌休闲服的需求也有许多不同之处，品牌西服的消费者，一般都有着一定的身份地位，有稳定的职业和中高档收入，他们在选购西服时注重面料的质地、衬里、做工等内在质量而相对轻款式；而选购休闲服装品牌的消费者以年轻人居多，他们还处在活泼好动的年龄段，消费需求上爱赶潮流，选购服装时重款式而轻做工质量，这类服装的流行期短，款式要求多变，因此，男性服装品牌的经营上，西服品牌应采用实体模式运作而休闲品牌比较适合采用虚拟模式运作；在女性服装中，中年女性的中高档品牌服装与年轻女孩的休闲服装在需求上又有许多差异，中高档中年女装的着装视点聚焦于有品位、个性化的中高档品牌服装，这类消费者舍得花钱，希望买到能够较长时间穿着而又不落伍的服装。其次，中高档中年女装强调服装的文化内涵，既注重服装本身的文化内涵，同时也将着装者的文化内涵结合起来，创造出新的文化内涵，穿出品味。同时又十分注重服装本身的内在质量，如面料的质地、服装的做工，衬垫及小饰物的搭配等；而年轻女孩在服装的需求上追求的是新颖、时尚、流行，选购时注重款式、色彩的搭配及是否新潮等而轻面料质地和做工，因此，在女性服装品牌的经营上，定位于年轻女孩的品牌比定位中年女性的中高档服装更适宜选择虚拟型品牌模式。

其次，休闲服装由于质量要求和制作工艺相对要求低，容易找到放心满意的服装生产加工基地，而西服由于制作工艺复杂、质量要求高，难于找到放心满意的生产加工基地。因此，在经营上休闲服装比较适宜采用虚拟型品牌运作模式。

西服品牌经营必须以产品的质量为基础。综观浙江服装企业的西服产品，其质量都有三大基础作保证。一是采用优质的面料，二是比较重视设计，三是大力引进一流的生产设备。其中，引进先进生产设备是发展品牌的基础和保障。早在1991年，杉杉公司就引进德国杜克普设备等国际上最先进的服装生产设备，1998年又投资2.3亿元建成了国际上最先进的成衣生产基地；雅戈尔投入8亿元，建世界一流的集纺织印染和服装加工于一体的工业城。事实上，浙江有一定规模的服装企业无不引进国外一流的生产设备，一些公司几乎全面引进国际上最先进的设备，形成了全套一流的西服生产线。对产品质量非常重视，始终以一流设备，来确保一流的西服质量。另外，拥有先进设备后，服装企业聘请一流的工艺师作公司的技术顾问或直接交由外国专业人士来管理，从而使服装制作的工艺水平大大提高。如杉杉集团请日本人管理工厂，使生产的工艺水平由原来的2级上升到了5级，达到当今国际最高档次的工艺水平，强化企业的生产工艺技术管理和产品的质量管理。正因如此，西服品牌的经营更适宜采用实体型品牌运作模式，特别是高档西服，以确保西服质量和品牌形象。

综上所述，经营休闲服饰、年轻女性服饰的企业，因其服装的款式多变，流行期短，品牌经营适宜采用虚拟经营模式。经营西服、中高档中年女性服饰的企业，因消费者对其服装的需求比较注重内在质量和做工，其品牌经营适宜采用实体经营模式；服装企业在品牌的设计和品牌营销方面有优势，而在服装的加工制作方面的优势不突出，则适宜选择虚拟品牌经营模式，反之，若服装企业的强项在品牌服装的加工制作上而非设计的营销上，则较适宜选择实体型品牌经营模式，甚至专做品牌服装的加工制作。

（四）服装品牌运作的一般方法

服装品牌从企划变成实物的过程比非品牌服装要复杂得多，这也是品牌服装公司的部门设置比外貌服装公司的部门设置复杂的原因。尽管每个品牌服装公司的运作部门设置不一，但是，品牌服装的运作方法基本一致，其运作程序如下。

1. 企划

企划是服装品牌运作中的重要程序之一。企划是一个大概念，所有尚未实施的想法、目标、措施、定位等，都可以圈定在企划范畴内。企划大都以相关人员草拟方案并集合讨论的形式进行。企划的最终结果以企划方案的形式确定。企划必须严谨，具有目标的可行性和实践的可操作性。

2. 企划的主要内容

品牌企划时，要尽可能多地了解全面情况，确保企划方案实施的准确性。一个全新品牌企划的基本内容主要有以下几个方面。

（1）企业定位　目前我国现行的工商管理制度允许许多不同性质的所有制企业并存。所有制的不同，有些相关政策也不同，这将涉及成本分摊和资金使用的灵活性。企业的性质会在相当程度上决定企业的行为。

（2）机构组成　机构组成是指采取和配置什么样的工作部门保证品牌运作的畅通。运作品牌所需要的部门机构组织形式不尽一致，确定各职责及部门之间的工作链接方式是提高工作效率的很好途径。

一般来说，品牌服装需要企划部、设计部、样品部、采购部、营销部、生产部、仓储部、财务部等部门协同作战，虽然有些投资规模较小的企业不必设置这么多部门，但是这些部门所担负的工作职能是不可缺少的。从工作岗位来讲，除了管理人员和生产人员以外，需要配备企划师、设计师、样板师、样衣师、营业员、仓管员、送货员、跟单员等岗位（小型品牌服装公司可以用一个员工身兼数职的办法解决公司人员的工作量不足问题）。

（3）资金投入　资金投入的大小决定了品牌规模的大小。也决定了品牌运作的具体策略，虽然小规模资金通过良性的运作也能使品牌逐步发展，但是，大规模资金投入更有利于抵抗市场风险，有利于市场规模的迅速扩大。一般来说，资金总额应该有抵抗两年市场风险的能力，在运作失误后，经过适当的调整，仍有翻身的机会。否则，过小的资金会因为运作的微小差错便周转不灵，从此一蹶不振，很快从市场上消失。

（4）品牌定位　如第四章所说，服装品牌的发展必须拥有一个清晰的、全面的、立体的、可行的定位，此处不再赘述。其中，产品的风格和产品的价格是最为重要的。

（5）设计方案　企划中的设计内容是品牌服装的灵魂内容。

（6）采购计划　品牌服装对原材料的要求比较高，对原材料的使用是否得当甚至是品牌有无卖点的重要因素。尤其是作为产品主要成本和拥有产品主要外观的面料，往往是品牌获得成功的制胜法宝，选择时必须慎之又慎，在风格、性能、外观、手感、价格等方面综合考虑。面料不是越贵越好，应该是与品牌风格越吻合越好。要对原材料的来源、类别、价格、交货期、质量、制约条件等做到心中有数。

（7）产品配比　产品配比分为产品类别（即产品品种）配比和产品数量配比。前者属于品牌定位考虑的内容，后者是指一个品种的产品生产数量企划。目前，大部分品牌服装都是以5.3或5.4系列（国家按人体体型规律设置的分档号型系列的标准）推出四档规格的产品。如：S/M/L/XL，或34、36、38、40等，每一种产品会按一定的比例生产，如：34∶36∶38∶40=1∶2∶3∶1等。比例数是根据品牌面对的消费群而定。每一种产品通常配置3～4种颜色。

在一定尺寸范围内，规格越多表示推挡越密，越容易满足不同形体顾客的需求，但是，若干规格的投产比例不准，反而会造成销售中的规格断档。还要注意这个系列内的产品配比，不能平均对待，而是要凭借灵敏的市场感觉，对重点款式和点缀款式分别处理，适当拉开配比关系。

（8）生产计划　生产速度的过快过慢都是不利的。生产过快加大仓储压力，引起生产部门的忙闲不均而增加生产成本；生产过慢会丧失销售机会，影响产品上柜计划。生产上的企划，主要是考虑在保证质量的前提下，产品加工的进度是否能跟上产品上柜的时间。产品加工的先后顺序是严格根据产品上柜顺序确定的。产品加工可以分为外加工和内加工，外加工是指把需要加工的产品委托其他的专业性加工单位加工，内加工是指由本企业自己的工厂加工产品。这两种方法各有利弊。

目前，有加工能力的工厂通常采取两种办法。一是完全由自己的工厂加工，其优点是可以控制加工进度，降低生产成本，缺点是加工水平可能不如专业工厂，在销售淡季因生产数量不足而增加负担；二是外加工内加工相结合，其优点是灵活机动，淡季负担轻，缺点是生产管理人员增加。无加工能力的公司则只能采取完全委托其他加工厂加工的办法，其优点是没有生产性投资，淡季负担轻，缺点是产品成本增加，加工进度不易控制。因此，当一个品牌销售规模扩大到一定的程度，为了降低加工成本，常用的方式是开设自己的工厂。还要处理首期产品和翻单产品的关系。首期产品的产量是以卖场为计算单位的。

追加翻单产品的依据是产品的销售率，即产品的生产数是与实际销售数量在一定销售时段内之比。管理不规范的企业常有销售人员误导翻单的现象，只要产品一开始动销，或缺了某个尺码，便立即要求追加生产，往往因盲目翻单而导致产品积压。例如：从销售报表上看，甲产品销售2000件，乙产品销售200件，但这并不代表甲产品比乙产品好销，因为甲产品也许是在10000件内销售2000件，占全部产品的20%，乙产品则是在400件内销售了200件，占全部产品的50%，如果要翻单，应该是乙产品而非甲产品。

（9）营销策略　再好的产品也必须销售才能达到实现利润的目的。营销可以分为两个部分，一是营销谋略，二是销售实施。前者是从比较宏观角度研究品牌营销思路，店铺划分，进店时间、销售方式和促销手段，另外还要考虑批发方面和代理方面的营销思路和手段。后者是从比较微观的角度具体落实和处理销售过程中遇到的实际问题，包括商场谈判，货品管理、营业员管理，货款回收等具体工作。两者必须紧紧相扣，不能有任何闪失。

对于一个全新品牌来说，在销售上有一个市场接受期，即品牌亮相后消费者会有一个从观望熟悉认可到接受的过程，这个过程的长短与品牌准备的程度及产品面貌有关。因此销售计划不宜过于乐观，不能对销售计划的实现满打满算，要有销售目标的折扣率，或者分为前期，中期，后期、分别确定目标，分阶段实施。

每个流行季节，甚至每个月的销售计划都不应该相等。

（10）推出时间　在商战异常激烈的今天，一个全新品牌或者是一个改造品牌的推出必须实现开门红，否则要改变品牌在人们头脑中的影响可谓难上加难。好比一张画过画的白纸很难恢复原貌一样，它不仅是资金的浪费，也是信誉的殆失，更是时机的丧失。

品牌推出的时机非常重要，"时机"包含了时间和机会两层意思。品牌的推出时机有两个概念。一是品牌推出的年份。品牌服装对社会环境有比较高的要求，社会经济状况的优劣会影响品牌推广的快慢，在社会大气候不适宜品牌服装生存的时候，投资服装品牌应该三思而后行。二是品牌推出的季节。商家在商场内进行服装品牌大调整的时间一般分为春夏和秋冬两次，在每一个流行季节开始之前调整完毕。到底在哪个流行季节亮相？需要根据每个企业的实际情况而定，除了有准备时间等因素以外，还要考虑自己的产品优势和资金情况等因素。

　　（11）目标企划　　目标企划是对企业对品牌的发展有一个比较长远而可行的设想。如果品牌运作一切都规范流畅，那么，品牌发展的速度可能会超乎常人的想象，一些其他传统产业模式里不可理解的增长现象在品牌服装圈内却屡见不鲜，那种几年内资产积累超过原始资本数百倍的案例比比皆是。有些企业因为考虑到自己的发展如此迅速而出现人才和资金断层等危机，从而丧失了发展机遇。因此，制订一个长远目标并非得陇望蜀之举，而是一个企业应该具备的自信和韬略。具体说来，目标企业要求企业根据原始资本的实际情况，按照市场经济的一般游戏规则，将今年内的企业框架、市场拓展增长比例、部门员工增长比例、资本运作需求量、营业用房增长比例等等做一个即是自信乐观的展望，又是切合实际的设想。

　　目标企划还包括销售目标的预测，这是其他欲达到目标的基础，是实现其他目标重要的资金来源。销售目标的预测不是做简单的数学题，而是要在考虑销售业绩呈正常的数学公式递增的同时，充分考虑品牌运作中可能会出现的不利销售的困难以及克服这些困难的办法。例如，销售额的增长一定会增长库存产品的数量，当库存产品在保本点以下销售时，多买一件即亏一件，如何寻找其中的平衡点并努力改善这种情况，也是销售预测中要体现出来的内容。

3. 企划的执行和管理

　　完成后的企划方案只是停留在纸面上的东西，即可以说它是价值非凡、前途无量，也可以说它是一纸空文，前途莫测。这中间既有实践认识的问题也有专业水平的问题，孰是孰非，还是要凭实践的结果说话，"实践是检验真理的唯一标准"，能够转化为实践的理论才是有效理论。因此，一个看似良好完整的企划需要有理论到实践的转换过程，需要严格规范的实际运作来检验。

　　（1）企划的管理　　品牌企划的结果在企划里的地位相当于社会上的年度发展规划，规划的实施需要严谨有效的管理。在品牌运作中，应该采用条例化、数据化管理。管理条例应该具有很强的可操作性、逻辑性、严密性和权威性。

　　品牌运作是在运作管理体系的保障下进行的，管理体系不能形同虚设。许多服装企业制定了一系列的管理条例，但是在实际操作中却不按章办事，尤其当发生违反管理条例的事情或其他一些鸡毛蒜皮的小事时，处理方式的表现比较随心所欲。

　　（2）企划的执行　　企划的执行是在有效的管理制度下，由专人负责分工实施的企划落实过程，管理者与执行者不同，管理者具有宏观控盘能力，不过分强调专业水平。一个好的职业管理人员可以在任何企业找到切入点，因为管理的原理是基本相同的，只是企业的经营范围不同罢了。执行者是负责企划变为现实的桥梁，在企划落实过程中，比管理者的作用更为直接。

　　管理的执行也是一种工作检查，检查制度是运作管理体制的一部分，要严格的定期检查和确认每一个环节的工作进度。企划的实施对管理人员和执行人员的素质要求都比较高，不仅要求有较高的专业素质，还要求有较高的职业素质。前者叫侧重于职业素质，具体指责任心后者更侧重于专业素质，具体是指懂行。在执行过程中，最为困难的是执行人员的人为因素，不主动发现问题或发现问题隐瞒不报，都会影响品牌经营模式的正常运行。

第二节 新产品开发流程

一、服装新产品开发流程及现状

服装新产品开发流程通常始于市场调研，止于产品的投产与上市，其中涉及环节较多，各环节紧密连接、环环相扣。整个流程需要企划部、设计部、生产部和销售部等协作进行，将市场销售信息、新的流行信息和公司的发展战略等有机地结合在一起，即设计、产销间的统筹与协同管理（如图5-1所示）。

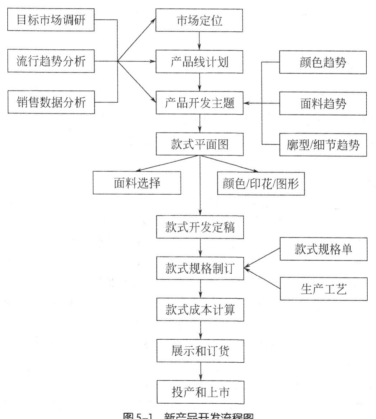

图5-1 新产品开发流程图

图中列出了服装产品开发中的主要内容及其相互关系，根据Grace I.Kunz将服装产品开发概括为"3P"——计划（Plan）、研发（Produce）、推出（Present）的理论，可将图中的众多环节概括为调研与计划、设计与研发、定价与上市三个部分。

（一）调研与计划

这部分主要包括了市场调研、市场定位和产品线计划等环节，它是新产品开发的前提和保证。

市场调研（Market Research）是指对与营销决策相关的数据进行计划、收集、分析并把结果与管理者沟通的过程。市场调研在营销系统中扮演着两种重要角色。其一，它是市场情报反馈过程的一部分，向决策者提供当前营销信息和进行必要变革的线索；其二，它是探索新的市场机会的基本工具。

市场定位时，服装企业先要通过市场细分研究把握市场状况，并根据企业自身及市场环境选择合适的目标市场，最后对产品的市场定位做出决策。目标市场设定的准确与合理关系到产品开发整体工作的成败。目前国内外常用设定目标市场的方法很多，以产品时尚度和价位等属性来标注品牌市场定位的方法是其中之一，它可以清晰直接地反映出自己和周围品牌在市场中的相互位置。

产品线计划（Product Line Plan）是在公司发展战略和品牌市场定位基础上制订的一系列产品开发计划，它以产品线为对象，内容包括资金计划（Budget Plan）、产量计划（Unit Plan）、产品组合计划（Assortment Plan）以及上市时间安排等。这些计划就产品的成本、产量、尺码配比、毛利率、组合搭配以及上市时间等方面作了必要的规划，有助于提高后续设计与开发的客观性和准确性。

（二）设计与开发

流行是服装产品更新换代的动力，产品是流行的载体。新产品开发中的"新"表现为在原有设计上注入新的流行元素。比如一件上市销售过的产品可以通过更换新的流行色、面料等设计元素赋予它新的价值。由此可见，新产品开发过程也是产品增值的过程，而设计与开发正是这个增值行为的集中体现。

1. 流行趋势预测

新产品开发过程中，消费市场是流行预测的起点。流行预测会对某一季节服装款式风格的具体设计产生直接影响，同时也有助于服装品牌总体设计的调整和产品结构特征的形成。流行信息获取的途径主要有各种形式的发布会、时尚杂志、实事通信、报纸和网站等。

现代服装企业多借助专业的流行咨询公司提供的流行情报进行新产品开发。规模较大的咨询公司提供的流行趋势预测涵盖了面料、色彩、款式和细节等多方面内容，如目前世界上最大的在线流行预测服务商WGSN拥有上千家客户，其中不乏像Wal-Mart和Adidas之类的重量级企业。另外一些公司则提供相对专一的流行讯息，如总部在纽约的Printsourse公司虽然只提供印花图案方面的预测与设计，但其专业性和前瞻性受到业界的肯定，Ralph Lauren、Calvin Klein等高级成衣品牌都是它的客户。

专业的咨询固然重要，但设计者在开发产品时，必须对所获的信息进行有效梳理与分析，结合品牌特点与企业文化，筛选出实际有效的流行元素导入设计，切忌盲目追求，照搬应用。

2. 设计风格与主题

服装设计的理念与风格定位是服装产品开发的中心环节，每一个新款都是设计师对设计理念与风格的具体认识与表现。主题是在品牌设计风格基础上，结合流行趋势制订出的新产品开发的主旨。一个主题的设定不仅决定了对后续面料、色彩、款式和细节等元素取舍的原则，而且也决定了服装品牌最终以怎样的形象在零售店中直面消费者。一个品牌的设计风格只有一个，但它的产品开发主题根据流行趋势的要求可以为多个。主题确定后将进入具体款式设计环节，即在不同主题的框架下对面料、款式、颜色和细节等元素进行取舍使用，最后对确定下来的款式进行技术上的落实。

（三）定价与上市

定价和上市是产品开发流程的收官环节，也是前期计划的最终体现。定价时不仅考虑成衣成本和市场竞争因素，更要计算自身的毛利率（Gross margin）和加成（Mark-up）等指标。它们在流程前期的资金计划中都已有设定，新产品上市时所需的门类组合、尺码分配等也在前期的产量计划中有所体现。通常一个品牌可以通过产品订货会上得到的订单数量来确定投产量，但对于那些以直营为主或不召开订货会的品牌来讲则要根据上一季销售数据来计划未来产量。在现代企业的产品开发流程中生产环节的比重有所降低，甚至有的被虚拟化，但它仍是确保产品按计划上市的最后保障。新产品如期上市后，市场销售人员将接手下一步的销售工作，如制订销售策略、促销策略、专卖店视觉陈列方法等。至此，本轮的新产品开发流程结束。

二、基于新产品开发流程的开发模式

进入21世纪，生产的发展和时尚传播速度的加快，使消费需求发生了较大的改变，消费选择趋向多样化，产品的生命周期缩短，这些为新产品开发的应用提出了新的要求。近年来，随着A&F、Uniqlo、ZARA、H&M等服装品牌营销战略的成功，它们的新产品开发模式也受到人们的关注。

（一）以产品开发MD为中心的新产品开发模式

产品开发MD（Merchandiser）是整个产品开发流程的主导，其他人员提供信息，参与配合，组成产品开发小组（如图5-2所示）。

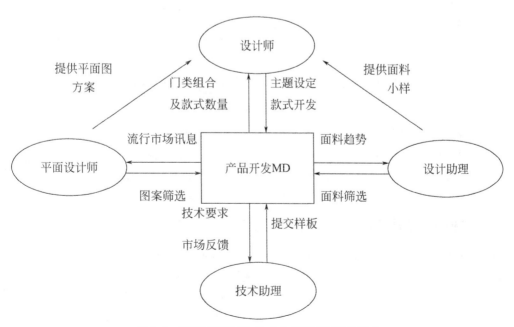

图5-2　以产品开发MD为中心的新产品开发模式

这种模式适用于规模较大的品牌服装企业，最先在美国得到广泛使用。美国拥有众多大型服装企业，多采用SPA（Specialty Store Retailer of Private Label Apparel——自有品牌服装专业零售商）的运营模式，如GAP和A&F公司。长期以来它们在产品开发过程中逐渐形成以组为单位的产品开发团队。每个小组开发的产品门类不同，但都以MD为核心，其他人员在其协调指导下，配合完成新产品开发工作。这些企业往往拥有庞大的产品开发队伍，每季需开发的产品种类繁多。如拥有Macy's和Bloomingdales两大百货品牌的Federated集团在美国拥有200多人的产品开发团队。这种产品开发模式的特点是：服从于公司统一制订的营业目标与计划，又具备灵活多变，对市场反应灵敏的机制。

（二）多品牌战略下的产品企划模式

日本、韩国是亚洲服装产业发展较快的国家，但由于国土面积小，人口少，两国服装企业除了通过品牌输出拓展海外市场外，还采取多品牌战略扩大市场占有率、提高企业竞争力。例如韩国最大服装公司依恋集团旗下就拥有40多个品牌，日本恩瓦德公司旗下也有20多个品牌。服装公司同时运作多个品牌，可以共享企业资源，分散市场风险，但当一个产品开发团队要同时开发两个或更多品牌的产品时，就需要在产品风格及主题上有清晰的划分；在品类组合、定价以及投产量方面有严谨的可操作性且执行完整度高的计划。此外，由于不同国家和地区的服装消费存在诸多差别，对新产品开发流程前期的市场调研要求也相应提高。在此基础上形成一套适合多品牌运作的产品开发模式。

本文以典型的多品牌服装企业日本东京时装（Tokyo Style Ltd.）公司为例，公旗下的"22 October"和"AYLESBURY"品牌已进入中国市场，并取得不错的销售业绩。其新产品开发流程（如图5-3所示）。

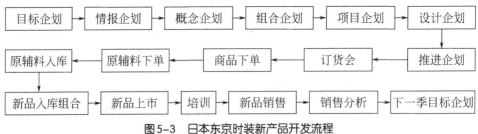

图5-3　日本东京时装新产品开发流程

图5-3在原产品开发流程基础上增加了企划的比重，流程中的调研与计划、设计与开发等环节都以企划形式出现。例如其中的"概念企划"即是主题的设定部分，而"组合企划"则是产品线开发部分。同时，流程更加注重环节的连贯以及前后两季的衔接，更便于企划人员在同时开发两季产品时能清楚掌握各自的开发阶段。

（三）以"买手"为导向的新产品开发模式

它是20世纪末伴随着H&M、ZARA等快速时尚品牌的发展而出现的一种完全市场型的产品开发模式。"买手（Buyer）"是依靠对时尚潮流和市场需求的判断，通过买卖产品赚取中间利润的人员。服装买手必须对流行趋势有非凡的把握能力和时尚敏锐度，同时对市场上的信息反馈，以及品牌的销售业绩有宏观而理智地判断和迅速反应的决策应变能力。这种产品开发模式将买手工作中对产品利润、库存管理等计划与控制的方法嫁接到产品开发流程中，是基于企业买手、设计师、信息交换系统、市场管理等几大系统综合运营的一种结果，适合现代服装企业快速、高效和准确的要求。买手在这种模式中作用至关重要，负责采购新款样衣和采集市场信息时应综合考虑多方面因素，如季节和气候、不同尺码与店铺的配比、货品背后的利润率等，时刻遵循理性和客观性原则。

在以买手为导向的新产品开发模式中，买手将和设计师、设计助理等产品开发人员共同开发每季产品，决定产品的类别、数量、上市时间等内容，特别是权衡利润和销售前景，分析产品背后利润空间，把握库存水平和产销比率，争取以较低的成本换取最大的利润空间。它一方面将原有复杂的流程简化，抓住制订资金计划、流行趋势预测分析、上季销售数据采集整理、确定投产数量、产品设计开发、产品下单以及产品入库这几个主要环节。另一方面将原有流程立体化，使内部分工明确，信息更加顺畅，买手将所掌握的市场及产品信息准确及时地传输给设计人员，并随时对产品开发的进度、内容以及质量等进行检查，使产品开发的失误率大大减少。同时还为开发人员设定了明确的绩效考核指标，如产品开发产销比、产品毛利率和库存周转率等。

三、我国品牌服装新产品开发应注意的问题

（一）应增强流程的连续性和递进性

新产品开发流程是一个动态的，连续、递进的过程。服装企业应依照流程顺序进行开发以确保开发结果的客观性和准确性。虽然有时可以根据自身情况有所侧重，比如将不擅长的工作外包出去，但最好不要跳过某些环节。

（二）依靠专业的咨询机构，设置专业的市场调研人员

对于决策者来说，信息量越丰富，信息内容越缜密、越细致，越能够帮助其进行准确的判断。而我国除部分大型企业外，大多数服装企业没有设立专业的市场调研人员，信息提供多来自一线销售人员。由于销售人员在信息调研和市场预测方面的非专业性的人员，则可能导致深层次信息的不准确性。而产品开发人员对流行趋势、销售动态、市场变化等信息掌握不足，仅凭感觉决定开发产品的款式、数量和花色，势必导致产品定位偏离消费者实际需求，使新产品开发成为一种"赌博"。因此企业应设置专业的市场调研人员，或借助外脑，与权威的咨询机构合作，以便随时掌握市场动态和潮流变化。对于那些快速、多款、小批量的服装企业应尽早引入买手职位，将其纳入到新产品开发工作当中去。

（三）流程应充分体现利润优先的原则

与传统的服装设计相比服装新产品开发更注重商业回报，追求资金使用的高效率。服装设计偏向技术和艺术的结合，是设计师主观思想的表现；而新产品开发是纯粹的商业行为，是对市场供求关系的客观反映。因此新产品开发人员必须在开发新产品、设定成本和赢利空间之间寻找平衡点，同时预计产品未来的销售金额和利润。产品开发部门主管以及负责产品的高层应预先设定产品的毛利空间，逐渐实现从"以量求生存"向"以质取胜"的转变。

（四）流程强调计划性和部门间的配合

服装新产品开发的计划性体现在两个方面，一是时间上的计划，二是各项指标（Benchmarks）的设定。一般情况下从调研与计划开始到新产品的上市约需一年时间，所以常常会出现两季的产品开发同时在操作，但处在不同阶段的情况，因此需要严格做好每一季产品开发的时间安排，对流程中各环节制订明确的日程表，编制详细的计划书，使各项工作都具有可操作性。指标的设定是指预先制订好目标营业额、平均库存量、库存周转率、生产销售比等量化指标，并与绩效挂钩，使后续的工作能有章可循、有的放矢，最后以此作为考核员工工作完成情况的根据。

新产品开发不是某一个部门独立完成的工作，它需要策划、设计、生产、销售、客户等团队的协同合作。各个部门既要在决策者统一协调下执行各自计划方案，又要得到充分的自由度，只有这样新产品开发工作才能有序的展开。

第三节　产品推广与品牌推广策略

一、推广的策略组合

为了顺利实现推广的目的，必须首先设计合理的推广策略。

（一）促销策略

推广的过程需要利用促销行为来达成目标，即为了最终实现销售，必须采取有力的促销策略。促销和促销活动是有区别的，促销概念涉及的范畴更大，促销，通过许多具体行为来体现，包括对人员的奖励、广告的形式等等，促销活动则是在某个具体的时间、地点，通过一定的形式来表达某种活动，具有阶段性。

（二）传播策略

产品从厂商到消费者有一个传播的过程，选择什么样的传播渠道，采用什么样的传播方式，这些都是传播策略需要解决的各种具体问题。在制订传播策略时，必须综合考虑产品的特点、消费者的特征以及厂家的经费预算等多种因素。

（三）媒体策略

媒体是传播过程中非常重要的一个环节，因此有必要专门制订媒体策略。现在的媒体形式多种多样，例如电视、广播、报纸、杂志、网络等，选择最有效、最经济的媒体，达到最大的宣传效果是媒体策略的根本准则。

例如一个产品面对中学生，在制订媒体策略时，需要确定中学生能够接受的合适媒体是什么；中学生在什么时间段接触媒体比较多；一个中学生在多长时间、接受几次可以记住产品的名称和特征；然后根据这些数据来选择合适的媒体方式。

二、产品推广和品牌推广

（一）产品推广和品牌推广的联系

产品推广和品牌推广之间紧密联系，层次渐进。产品推广的最终目的是把产品卖给消费者，所以推广的重点是选择合适的表现形式和传播方式，让消费者最大限度地接受产品。品牌推广的最终目的是让消费者接受品牌，把品牌卖给消费者。品牌也是可以贩卖的，通过促销过程让消费者接受，实际上品牌已经具有了价值。

同类的产品，成本相差不大，有的产品卖得很贵，销售量也大，而有的产品尽管售价低，却很少有顾客问津，其中一个重要的原因就在于品牌效应，品牌好，销售就顺畅，品牌不好，则很难卖得动。

例如，国内的白酒种类很多，但是其中有不少酒还没有上升到品牌的层次，只是满足了消费者的饮酒需求。一些进口的洋酒却已经形成了一种文化，它们不是通过产品理念来达成认知，而是通过品牌理念来达成认知，因此在提到某一种洋酒时，往往不需要介绍产品，就直接想到赋予其中的内涵，而不仅仅是酒的直接功能。

消费者在接受产品和品牌的过程中，前期考虑时理性因素占主导，而接受的时刻却是感性因素占主导，消费者最初往往通过产品来接受，最终则是通过品牌来购买。

（二）产品推广和品牌推广的区别

产品和品牌是两个不同的概念，产品推广和品牌推广也是两个不同的过程，两者的区别首先在于目的不同，产品推广的目的是促进消费者对产品的功能认知、概念认知，让消费者信任产品，而品牌推广的目的是在消费者心中达到对产品品牌的认知、对品牌概念的认知、对品牌特征的认知；其次是对品牌概念下产品差异化的认知，因为每一种品牌下的产品是有差异的。

三、产品营销的生命周期

（一）对产品生命周期的认知

从营销的角度考虑，产品的生命周期可以划分为导入期、上升期、成长期和成熟期。在一般的营销课程中，产品周期按照导入、成长、成熟和衰退来划分，这里我们强调的是营销操作，所以划分为导入、上升、成长和成熟四个时期，在每个时期所要达到的目的和使用的推广形式都各不一样。

产品的生命周期不等同于品牌的生命周期。例如说，某个品牌的一台彩电，彩电的生命周期就是它的使用时间，彩电坏了，不能使用了，它的生命周期就到头了，而这个品牌却依然存在，品牌的生命周期依然在运行。

（二）产品推广在产品不同生命周期的主要任务

不同时期的产品推广任务图，如图5-4所示。

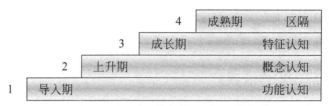

图 5-4　不同时期的产品推广任务图

1. 导入期

在导入期，应该给消费者提供尽可能多的产品功能的介绍，这样才能为今后的销售打下坚实的基础。

例如，以前人们喝豆浆，一般是在店里面买现成的，可能是存在卫生问题或者不方便，于是市场上就出现了豆浆机，可以让消费者很方便、很简单地在家里自己制作豆浆。豆浆机是一种新产品、新概念，在刚刚推广时是导入期，这个时期厂家和经销商都需要大力介绍产品的功能，让消费者充分认知如果购买这种产品，自己就可以很方便地在家里做豆浆。

2. 上升期

在上升期，着重强调概念认知。在导入阶段需求小，要让更多的消费者了解产品，当需求达到一定的规模时，就要强调产品的概念，概念本身也是一个卖点，在介绍概念的同时灌输品牌意识。以饮料为例，承德露露、可口可乐、农夫山泉矿泉水等，其生产企业将独创的品牌概念与产品相结合。承德露露是蛋白饮料，可口可乐具有独特的口感，矿泉水含有矿物质，有益于身体健康，消费者在选择饮料时，考虑的不仅仅是要解渴，而且还受到其概念的影响。

3. 成长期

到了成长期，要强调产品的特点，一个产品需要有特点，以区别于其他产品，并给消费者留下深刻的印象。以目前市场上的空调产品为例，一些品牌推出特殊性能的空调，如强调无噪音、有效除菌、保持恒温、省电等不同性能的产品，利用产品与众不同的特点来吸引消费者。

4. 成熟期

到了成熟期，需要对产品进行区隔。所谓区隔就是不同类群的消费者对同一种产品的需求不一样。如同一品牌的洗发水又分成很多种品类，有去屑止痒的，有滋润头发的，有亮黑护发的，还有柔软顺发的等等，分别满足消费者具体而细致的不同需求。

（三）品牌推广在产品不同生命周期的主要任务

不同时期的品牌推广任务图，如图 5-5 所示。

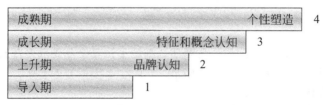

图 5-5　不同时期的品牌推广任务图

1. 导入期

在导入期一般不做品牌推广，因为此时消费者对品牌并不熟悉，不易引起消费者的关注，在导入期将产品作为推广的重点反而容易得到消费者的认同。

2. 上升期

经过最初的激烈竞争，优质的产品受到消费者的青睐，关注度也越高，消费者对品牌的认知度也随之上升。服装企业处于品牌推广的上升期，应根据实际情况制定吸引更多消费者的策略。

3. 成长期

到了成长期，即消费者对品牌的认知提升到一定水平的时期，应重点推广品牌概念以便消费者进一步地深入了解品牌的特征。如在20世纪90年代初期，我国彩电业的老大是熊猫品牌因忽略了品牌概念的塑造而错失发展的良机。同样在90年代初长虹品牌开始通过红太阳的广告向大众输送品牌概念，树立了品牌形象的同时赢得了忠实的消费群体，成为现今国内首屈一指的彩电品牌。

4. 成熟期

进入成熟期之后，要做品牌的个性认知，品牌的个性是有区别的，就像每个人都有各自不同的性格一样，这个性格是在持续成长的过程中逐渐形成的，企业从导入期到成熟期的过程中同时培育产品和品牌，形成品牌的个性，到了成熟期个性形成了，再把它推广给消费者。有的品牌的个性与产品有关联，有的品牌的个性与产品没有关联。

许多服装都有具体的消费群定位，针对年轻消费群体的服装以休闲为主，针对中年女性消费群体的服装走经典、端庄的路线，适用于正式场合的服装强调庄重、大方、得体的设计。总之，每个品牌都有定位，消费者可以根据自己的需要来选择相应的品牌。

（四）不同时期的营销重点

1. 导入期的营销重点

前文已提到在导入期以产品推广为主，营销重点是开拓市场，发展潜在消费群体。市场是一个虚无的概念，真正要寻求的正是消费者，推广的产品以及品牌概念得到消费者的认同就获得了消费市场。

在开拓市场的过程中，相同产品的竞争者应该主动地联合起来，共同参与，共同给消费者灌输产品的理念，首先在广大消费者心中奠定产品的地位，然后再去区分各个品牌在市场中各自所占的份额。

2. 上升期的营销重点

在上升期的产品已经获得了顾客们的初步认知，这时许多产品的品牌需要及时抢占有利的市场位置，为今后扩展本企业的市场份额打下坚实的基础，所以在这个时期除了继续培育市场，让更多的消费者认知自己的产品之外，还要致力于品牌的认知。在产品的上升期，不仅要给消费者输入产品概念，还要输入品牌的概念以及两者的密切结合，这样才能开拓更多的市场。

3. 成长期的营销重点

每个企业都希望能迅速地进入成长期，因为这个时期消费者的需求空间正在不断扩大。但是，因为市场形势大好，难免会有更多的企业加入进来，不仅如此，还会同时出现假冒伪劣产品和串货的行为，对市场的抢夺也异常激烈。所以，在成长时期，有远见的企业必须迅速建立市场，抢占尽可能多的市场份额，让消费者认知自己的品牌，更多地购买自己的产品。

在这个时期,提升品牌效应非常重要,因为一旦建立起品牌,购买的人就会迅速增加,购买的人多,企业就可以适当降价,用价格来挤压竞争对手,这就是通常所说的"价格战"。价格战一般都是由品牌最好的企业首先引发的,只有提升品牌,才能大幅度提高企业的市场竞争能力。

需要提醒的是提升品牌是一个长期的、不断发展的过程,在这个过程中需要同时塑造产品的特征和品牌的概念,因为大家都认识到要提升品牌,最后往往反而导致一堆认知的品牌,却忽略了品牌本身应该具有的特征。

4. 成熟期的营销重点

进入成熟期,许多需求已经形成,首先企业要圈定自己的消费群体,其次要根据产品特点来划定特定的消费者群,然后区隔市场产品,根据消费者的不同需求,提供专门的产品,吸引更多的消费者购买自己的产品。

四、推广中的工具使用

推广过程可以分为不同的时间段,不同时间段的营销过程有不同的概念、不同的操作方法。所以在推广中,有不同的工具可以利用。

在推广中可能有很多的工具可以利用,但是在不同的时间段里面,工具利用也是不尽相同的。

在媒体方面,可以利用电视、报纸、广告、路牌、杂志等。

在促销形式方面,可以利用展览会、促销、展销会、订货会,还可以利用节假日做活动,利用某些重大新闻事件做活动等。

但是,这些工具,在不同的时间段里,有些是可以利用的,有些是不能利用的,因为不同的工具,所起的作用不一样,例如,每种媒体的作用是不一样的,电视可以表现声、色、形;广播只能听到;报纸只能看到。当消费者不了解这个品牌的时候,虽然广播了很长时间,但消费者还是对这个品牌没有概念;如果这个品牌在报纸上刊登了很长时间,消费者看过报纸,而且广播里也听到关于这个品牌的介绍,就会对这个品牌形成初步印象。所以,尽管各种媒体所传达的内容是一样的,但每种媒体在不同的时间段里所起的作用是不一样的。因此,在不同的时间段里,需要利用不同的媒体对消费者进行宣传。而不是一概而论。

如果为了宣传一个品牌,在高速公路上做一个广告牌,这个广告牌告知了品牌名称,但并没有把它的功能写在广告牌上,所以对于这个品牌,消费者并不认知它的产品功能,它的真正作用应该是树立品牌形象,因此每一种媒体,它有不同的表现形式,它所能够表现的内容是有局限性的。

导入期:电视、报纸、店头展示、促销(品尝、礼券等)。
上升期:电视、报纸、广播、店头展示、促销。
成长期:电视、报纸、广播、焦点、末端活化、促销、事件利用。
成熟期:电视、报纸、广播、焦点、路牌、末端活化、促销、事件利用。
以上是在不同时间段利用不同的媒体形式进行产品推广的概括。

目前,国内的不少品牌或企业在这方面还存在误区,有的品牌或企业在前期就开始用路牌,有的品牌或企业在需要用市场气氛去塑造,它却仍然在做电视广告,国内某个知名饮料品牌由于一直做电视广告,而没有在不同时间段里利用不同媒体对自身进行宣传,所以只能在农村市场争取份额，没有了解不同时间段，利用不同的媒体进行宣传对它的支持和所起的作用是不一样的。

综上所述，产品推广和品牌推广，它不仅有不同的概念，而且在不同的时间段，也有不同的推广形式、推广方法。

五、推广中的促销运作

（一）促销的作用及其分类

1. 促销对整体推广的作用

促销活动和推广有所区别，推广是把一个已经形成的事情尽可能地让大家都知道，这个目标需要恰当利用促销的形式去达成。

促销的根本作用是让消费者更多地购买产品，这个过程需要经常与广大顾客沟通，通过促销和更多的消费者接触、沟通，引导消费者积极、主动地购买产品。促销的类型如下。

（1）对产品的促销。

（2）对品牌的促销。

（3）对企业的促销。

2. 促销的种类

（1）促销活动　促销活动种类繁多，主要有以下几种。

① 赠送式促销。赠送式促销是在店里设专人对进店的消费者免费赠送某一种或几种商品，让顾客现场品尝、使用。这种促销方式通常是在零售店统一推出新商品时或老商品改变包装、品味、性能时使用。目的是迅速向顾客介绍和推广商品，争取消费者的认同。

② 打折式优惠。一般在适当的时机，如节庆日、换季时节等打折以低于商品正常价格的售价出售商品，使消费者获得实惠。

a. 设置特价区：就是在店内设定一个区域或一个陈列台，销售特价商品。特价商品通常是应季大量销售的商品或为过多的存货，或为快过保持期的商品，或为外包装有损伤的商品。注意不能鱼目混珠，把一些变质损坏的商品卖给顾客，否则，会引起顾客的反感，甚至会受到顾客投诉。

b. 节日、周末大优惠：即在新店开业、逢年过节或周末，将部分商品打折销售，以吸引顾客购买。

c. 优惠卡优惠：即向顾客赠送或出售优惠卡。顾客在店内购物，凭手中的优惠卡可以享受特别折扣。优惠卡发送对象可以是由店方选择的知名人士，也可以是到店购物次数或数量较多的熟客，出售的优惠卡范围一般不定，这种促销目的是为了扩大顾客群。

d. 批量作价优惠：即消费者整箱、整包、整桶或较大批量购买商品时，给予价格上的优惠。这种方法一般用在周转频率较高的食品和日常生活用品上，可以增加顾客一次性购买商品的数量。

③ 降价式促销。降价式促销就是将商品低于正常的定价出售。其运用方式最常见的有库存大清仓、节庆大优惠、每日特价商品等方式。

a. 库存大清仓：以大降价的方式促销换季商品或库存较久的商品、滞销品等。

b. 节庆大优惠：新店开张、逢年过节、周年庆时，是折扣售货的大好时机。

c. 每日特价商品：由于竞争日益激烈，为争取顾客登门，推出每日一物或每周一物的特价品，让顾客用低价买到既便宜又好的商品。低价促销如能真正做到物美价廉，极易引起消费者的抢购热潮。

④ 竞赛式促销。竞赛式促销是融动感性与参与性为一体的促销活动，由比赛来突显主题或介绍商品，除了可打响商品的知名度以外，更可以增加销售量，如喝啤酒比赛等。此外，还可举办一些有竞赛性质的活动，如卡拉OK比赛等，除了可热闹卖场之外，也可借此增加顾客对零售店的话题，加深顾客对零售店的印象。

⑤ 免费品尝和试用式促销。在促销之时，零售店可以在比较显眼的位置设专柜，免费品尝新包装、新口味的食品。非食品和其他新商品实行免费赠送、免费试用，鼓励顾客使用新商品进而产生购买欲望。例如许多连锁百货店设有美容专柜，免费为愿意试用新品牌化妆品的顾客做美容。国外零售店的香水柜台也常常进行免费试用。

⑥ 有奖式促销。顾客有时总想试试自己的运气，所以"抽奖"是一种极有效果的促销活动。因为，抽奖活动一定会有一大堆奖品，如彩色电视机、洗衣机等，这样的奖项，是极易激起消费者参与兴趣的，可在短期内对促销产生明确的效果。通常，参加抽奖活动必须具有某一种规定的资格，如购买某特定商品，购买某一商品达到一定的数量，在店内消费达到固定金额，或回答某一特定问题答对者。另外，需要注意的是，办抽奖活动时，抽奖活动的日期、奖品或奖金、参加资格、如何评选、发奖方式等务必标示清楚，且抽奖过程需公开化，以增强消费者的参与热情和信心。

⑦ 展览和联合展销式促销。这是说在促销之时，商家可以邀请多家同类商品厂家，在所属分店内共同举办商品展销会，形成一定声势和规模，让消费者有更多的选择机会；也可以组织商品的展销，比如多种节日套餐销售等。在这种活动中，通过各厂商之间相互竞争，促进商品的销售。

⑧ 焦点赠送式促销。想吸引顾客持续购买，并提高品牌忠诚度，焦点赠送是一个种非常理想的促销方式。这一促销活动的特色是消费者要连续购买某商品或连续光顾某零售店数次后，累积到一定积分的点券，可兑换赠品或折价购买。

促销方式并不是孤立存在的，商家在选择使用具体某些促销方式的时候，是要以促销商品、促销对象、促销时机为前提进行的，以免出现不伦不类的促销活动。

（2）广告　广告是最常见的促销方式之一，广告具有强度大、收效快、覆盖范围广、投资费用相对比较高等特点，充分利用广告去促进推广的达成。

（3）通路让利　通路就是通常所说的销售渠道，通路的促销一般通过销售渠道让利来达成。此外，还可以通过末端的活化，也就是在末端市场上通过生动化的具体表现让消费者更好地认知产品。

（4）公关　公关的形式有很多种，包括对事件的适时利用，对人员、企业、通路、媒介以及政府的公关等。

（5）人员推销　人员推销一般是在通路的末端进行，具有直接、形象、感性特点，尤其对于导入期的新产品，人员推销起着十分重要的作用。

（6）营业推广　企业在运作的过程中大部分时间都在做营业推广，营业推广要通过不同的策略来达成，包括产品策略、分销策略、末端控制策略和促销活动等（如图5-6所示）。

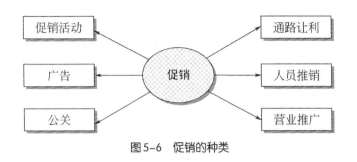

图 5-6 促销的种类

（7）不同产品周期的促销　在不同的产品生命时期，促销的目的和手段各不相同，主要体现在面对不同的消费者，在不同的时间，接受的方法各不一样。

3. 前期的促销

在导入期和成长期，主要目的是让消费者认识产品、了解产品，激发消费者对产品的需求，促使他们产生购买的欲望，所以在上升期一般从产品的功能和品牌的概念去做促销。

一些企业常常会举办大型的抽奖活动，表面上看这类活动似乎没有什么具体的目的，而实际上这是在做品牌促销，把品牌的理念通过抽奖活动灌输给广大的消费者，促使消费者在潜意识里希望得到它的产品。

4. 后期的促销

到了成长期和成熟期，产品的功能和品牌的概念已经深入消费者的心中，这时促销要强调产品的个性和品牌的特征，根据不同的产品特点举行针对性的促销，尽可能在保持原有消费群的基础上，进一步扩大消费者的范围和数量。

消费者在选择产品时，品牌的声誉也是一个重要的因素。比如说汽车，所有的汽车都可以起到代步的作用，为什么一些人还要花大价钱买奔驰、宝马呢？因为大家都知道奔驰、宝马是名牌车，是身份、财富、地位的象征，选择这样的产品能够满足消费者的心理需求，这是另外的一种结果利益。

（二）不同市场条件下的促销

1. 开拓市场时怎样做促销

一个企业在进入市场时，可能企业产品的市场还处在导入期，也有可能这种产品市场已经很成熟了，别的企业的产品已经到了成长期或成熟期，而这个企业才刚刚命名一个品牌，开始正式生产产品，这时企业需要利用促销来让消费者认知自己的产品和品牌。

企业在开拓市场时做促销，需要注意几个方面的问题。

（1）促销的基本原则　促销的基本原则是迅速铺势，争取在最短的时间内给最广大的消费者留下最深刻的印象。

（2）促销的对象　促销的对象一方面是广大的个体消费者，另一方面是零售店，零售店的配合能够保证通路的畅通，企业可以通过给零售店一定的促销利益，激发它对企业产品的兴趣。

（3）促销的方式　促销的方式一般有三种。

①市场服务促销，企业通过提供比竞争对手更优质、更有趣的服务来吸引消费者。

②产品功能促销，企业的产品具有与众不同的特点和功能，抓住这个特点吸引更多的消费者。

③品牌促销，利用原有品牌的影响力，促进新生品牌或副品牌的产品销售。

例如，一个生产化妆品的企业，打算在市场推广自己的洗面奶，但是市场上已经有很多知名企业生产的各种洗面奶，这个企业无论从实力还是资源来说都无法与那些大企业抗争。为了抢占一定的市场份额，企业经过反复研究，决定利用产品功能来促销，也就是强调自己的洗面奶具有清除脸上螨虫的功能，因为每个人的脸上都有螨虫，这种洗面奶专门为了清除螨虫而设计，这样一来，消费者不是因为品牌去购买，而是因为产品的特有功能而购买。事实证明，企业的这个促销方案取得了巨大的成功，一年的营业额就高达千万元以上。

2. 建设市场时怎样做促销

在建设市场时，做促销的方式与开拓市场时不一样。就好像打仗，进攻山头有一种打法，攻占山头之后，防守山头又有一种战术，所以在开拓市场时会用一套促销方案，当产品和品牌在市场上已经占据了一定的份额，需要巩固成果时，应该相应地改变战术。

建设市场时，做促销的基本目的是保持消费者对产品和品牌的忠诚度，争取更多经销商的支持、配合，在原有的基础上不断扩大市场份额。这时促销的主要方式是强化市场的区隔，告知消费者自己的产品和别人的不同，突出产品的个性和品牌的特征。

尽管市场进入成熟期，但是市场的条件依然在不断变化着，消费者的情况也在不断变化，所以每年都有周而复始的循环提升，每年都有不同的竞争。例如一个产品面对的消费者是20岁左右的年轻人，但是年轻人每过一年就长大一岁，成熟一岁，所以产品的促销主题要有相应的变化，根据消费者的接受能力和接受条件去进行不同的促销行为。

例如，可口可乐饮料公司每年在夏季时都有很多促销活动，它在建设市场时强化品牌概念。它的消费者主要是学生、青年人。青年人喜欢运动、音乐、跳跃、动感，所以可口可乐饮料公司在推广的过程中把品牌概念定义为运动、青春、动感，并把它和音乐、体育结合起来，这样也就与消费者紧密地结合起来了。

（三）促销在不同产品阶段的运用

1. 导入期的促销运用

在导入期，企业运用促销的目的是让消费者认知产品，刺激消费者的购买欲望，缩短产品适应期，提高通路配销能力。导入期的促销手段主要是建立产品概念。需要提醒的是，企业在建立产品概念时，应该强调产品，而不是其他的事物。

例如，一种饮料在开始打入市场时请一位非常受欢迎的明星做品牌的形象代言人。消费者只要买该饮料，就能得到这位明星的肖像图。结果转移了产品概念，把产品概念转移到明星的身上。因为消费者买产品时是为了获得明星的肖像图，而不是为了产品的利益。这样不能形成品牌效应的积累，只要促销一停止，销量就会立即下降。

2. 上升期的促销运用

在上升期，需要扩充市场，建立产品地位，所以需要强化产品概念，在强化产品概念时要有自己独特的主张，一方面维持产品的价位，不能降价；另一方面增加服务，扩大通路。上升期的促销手段有如下几种。

（1）明确产品概念。

（2）维持价位。

（3）提高对产品利益的理解。

（4）更大规模适用。

（5）提高密集通路。

例如，我国知名品牌矿泉水农夫山泉，它在推广时提出一个脍炙人口的广告"农夫山泉有点儿甜"。这句广告词强调了农夫山泉的特点，"有点儿甜"就是强化它的产品概念，这个概念消费者可以感觉到，容易接受。

3. 成长期的促销运用

进入成长期之后，因为市场的需求持续扩大，所以需要提升销量，怎样提升销量呢？首先要让消费者对产品有更多的认知，不仅认知产品而且认知品牌。

例如，在冰茶饮料市场，以前有旭日升，但是这个品牌在前期产品概念的切入不够准确。因为冰茶与热茶不同，热茶已经有几千年的历史了，而冰茶则需要塑造一批新的消费群体，引导以前喝热茶的人群来喝冰茶，教育这些人群应该从产品概念起步。但是旭日升过多地强化了品牌概念，等到真正的市场需求形成之后，再想强化品牌就有些力不从心。

4. 成熟期的促销运用

在成熟期，促销的目的是保持产品的市场占有率，维持品牌地位，在原有的基础上进一步扩大成果，这时可以采用多种形式的促销来实现这一任务。成熟期的促销段如下。

（1）强调市场区隔，实现产品多元化。

（2）扩展销售渠道，加强与商店的密切合作。

（3）提高竞争力，避免价格竞争。

所有的产品都有季节性。有的表现得不明显，一年的各个时节变化不大；有的产品季节性比较明显，例如空调、冰箱、冷饮等，在夏季的需求远远大于冬季，而火锅、羽绒服等产品，冬季则是需求的旺季，这些是明显的季节性产品，此外像彩电，也有销售的旺季和淡季之分。因此，需要针对旺、淡季的概念而相应地采取促销行为。

旺季的促销是为了争取销量，不是旺季的促销是为了树立品牌。旺季促销时互相之间竞争激烈，需要利用不同的促销方式去达成（如图5-7所示）。

从上面的曲线图可以看出，季节性产品的促销分为四个阶段。

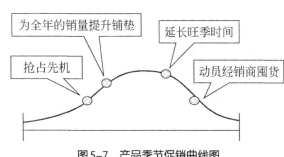

图5-7 产品季节促销曲线图

（1）抢占先机 在进入旺季的前期就事先做好经销商的工作，让他们配合铺货，从而保证旺季时市场上有充足的货源。抢占先机非常重要，因为经销商每年在某一种产品上的资金是有限的，这些资金运用到一个品牌上之后就不能更多地再运用到其他品牌上，而且季节性产品具有时间限制性，经销商一般不敢尝试太多的产品，所以我们要"先下手为强"。

例如，每年的夏季是冷饮的旺季，企业一般在三四月份就要进入市场，联系好经销商，和经销商确定促销的方案，给他们一定的折扣，让经销商保证把产品分发给所有的摊点，这样才能保证在夏天到来时占据市场。

（2）为全年的销量提升铺垫 产品到达经销商手里之后，企业要支持经销商，帮助他们进行末端促销，让他们感觉到产品确实好卖，这样他们就会主动进更多的产品，企业也就能够占领更多的市场份额，实现良性循环。

如果企业选择的促销方式不对，例如进行卖一送一的末端促销，这时经销商并不支持企业，消费者也不一定支持企业，因为产品的季节性还没有启动，经销商感觉不到利益，消费者感觉不到企业。

（3）延长旺季时间　　在旺季，企业不需要很多的促销形式，一般做现场促销，通过导购人员来说服消费者，争取尽可能多的市场份额。但是旺季总是具有时间限制的，一旦旺季结束，市场需求发生改变，企业的促销必须相应地改变。这时需要做大型的促销，以便刺激消费者的需求，使旺季尽可能延长，从而保证在整体需求下降的情况下销量不至于下降得太快。

例如，夏天最热时，空调的需求量最大，过了最热的时间，销量开始走下坡路。这时企业的促销一般会随着季节的变化相应地调整，有的品牌买一台空调送一个电饭煲，有的品牌提供买空调免费安装服务等。

（4）动员经销商囤货　　当真正的旺季结束，进入淡季时，企业还要做经销商的促销。因为要让经销商明年继续做自己的产品，所以要动员他们囤货，让他们在第二年市场启动时，先把库存消化掉。这个阶段对经销商的促销手段包括加强他们对企业的信心，给他们比较大的淡季折让等。

（四）促销形式与产品和品牌的关联

促销形式与产品和品牌直接相关，产品销量和品牌形象的提升是决定促销形式的重要因素。

1. 为了提升销量的促销

为了提升销量的促销一般在现场举行，给消费者直接的利益，强烈吸引消费者当场购买。提升销量的方法有如下几种。

（1）买一送一。

（2）现场摸奖。

（3）折价券。

（4）随产品附送。

2. 为了提升品牌的促销

如果促销的目的是为了提升品牌，就不能采取捆绑销售或大赠送的方式，这样会损害品牌的形象利益。为了提升品牌形象，要更多地强调品牌的理念。

（1）大型的销售活动　　通过在报纸上或电视上举办大型的销售活动，例如抽奖、积分兑换等，在消费者当中造成一定的声势，给消费者留下深刻的印象，从而提高品牌的影响力。

（2）增加服务　　增加服务也是促销的一种形式，通过优质的服务来传达企业为消费者着想的立场，强调品牌的理念，获得消费者对产品的信赖。

（3）与品牌概念挂钩的促销　　一个成功的品牌肯定有自己独有的产品概念，在消费者心中，品牌与产品概念挂钩，一提起某个品牌就会立即联想到它的产品，或者一提起某种产品就联想到这个品牌。

三菱重工是一个生产重工业产品的企业，我们绝对不会把它与生产食品相联系，因为它的概念非常清晰；联想的概念是家用电脑，它在长期推广中给消费者灌输了这样的理念。而提到笔记本电脑，我们常会想到IBM，因为IBM与笔记本联系的更紧密；提到打印机，我们会想到惠普，因为它的品牌概念在我们心中已经和打印机相关联。

（五）在竞争条件下充分利用促销工具

1. 各种促销形式

促销的形式多种多样，主要有下面的形式。

（1）免费试用　很多产品在现场促销时都有免费试用，例如饮料，会有小剂量的免费品尝；化妆品能够现场试用；机械或电器产品也能够现场调试。

（2）派送　派送与免费试用有相同之处，都是让消费者通过亲身体验，感知产品的特点，但是派送比免费试用更主动，影响范围更广。

例如，一家生产保洁品的企业推出了一种新型的洗发水。在进行市场推广时，搞了一次大型的派送活动，在北京市区每家的邮箱里都赠送一小袋洗发水，结果成功地把新出品的洗发水推向了市场。

（3）赠券　赠券可以夹在报纸或杂志里，也可以专门让人派送，通过赠券，给消费者一定的让利，能够有效地刺激消费者的购买欲望。

（4）推介会和展示会　一些产品还需要进行演示，例如电脑怎样使用、器械设备怎样操作等，通过推介会和展示会可以有效地解释产品的功能、性质、操作方法，让消费者对产品有感性、直接的印象。推介会一般由机关先采用，然后再逐步扩充到社会。

（5）经销商的促销　经销商是联系产品和末端消费者的中间桥梁，因此，要重视对经销商的促销，给他们一定的折扣，保持他们对产品的忠诚度。

2. 怎样选择合理的促销形式

促销的形式有这么多种，怎样才能选择最适合自己产品的促销形式呢？有以下几个基本原则。

（1）考虑企业的现状和当时的市场竞争情况　一个企业在选择促销方案时，一定要考虑自己的实力、产品的特征以及市场的竞争情况，根据客观条件来适时决定促销方案。

例如，一种卫生巾新推出一个品种。为了推广新产品，决定举办买三赠一的促销活动，也就是消费者买三个旧的产品，就赠送一个新的产品。企业希望通过这种促销让消费者迅速认知新产品，但是事实上，在促销过程中忽略了新产品的概念，并没有实现预期的推广结果。

（2）不能损害品牌的利益　有的企业为了尽快启动市场，举办捆绑销售或者买一赠一的促销活动。这样虽然一时吸引了一些消费者，但是却忽略了品牌的利益，一旦停止捆绑销售或赠送，销量就会立即下降。所以需要从长远的角度考虑问题，一定不能损害品牌的利益。

（3）不能盲目模仿别人的成功案例　有的企业盲目地把市场上其他企业成功的促销案例搜集起来，仿照他人的做法来进行促销，但是因为两者的品牌位置、产品的生命周期不一样，时间、季节曲线都不一样，盲目模仿别人的成功案例并不能带来成功的结果。

六、推广控制

（一）推广中的拉力和推力

在推广过程中有两个主要部分，即拉力和推力。拉力就是平时所说的推广工作，对消费者进行思想动员，启发消费者对产品产生购买需求，对品牌产生认知；而推力则是平时所说的销

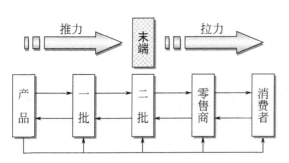

图 5-8 拉力和推力在营销中的作用示意图

售工作，要有效地把产品送到消费者的面前。这两个工作在整体营销活动中互为作用、互相配合，同时作用于中间的末端，即消费者。就好像一辆小车，前面一个人拉，后面一个人推，拉力和推力同时使劲，小车才能顺利前进（如图 5-8 所示）。

从上面的示意图可以看到，在拉力和推力的作用过程中，企业首先通过产品直接教育消费者，消费者接受了产品之后会到零售店去购买产品，零售店产生需求，就会到二级批发商那里去进货，二级批发商到一级批发商那里进货，一级批发商则到企业进货，这样形成一个反向的拉力，同时企业通过业务人员和通路，依次经过一级批发商、二级批发商、零售店，把产品送到消费者面前，这是正向的推力。

企业在整体推广行为中，要控制两个作用力的比例关系，什么时候推力应大一些而拉力小一些，什么时候又需要拉力大一些而推力小一些，不是随意而为的。有的企业一味地增加推广力度，大量投入广告，最后造成需求突然间加大，但是企业的销售却不能及时跟上，市场上买不到产品，达不到推广的目的，最后导致的结果有两种：一种是等到企业将产品销售到达消费者面前时，消费者已经没有这方面的需求了；另一种是企业造成的需求空间被不法商贩所利用，制造一些假冒产品切入市场。

（二）推力在营销中的作用

1. 推力在导入期的作用

在导入期，推力的作用主要表现在四个方面。

（1）区域重点铺货　在导入期，首先要在区域重点铺货，而不是全国同时铺货。区域重点铺货的原因在于：企业本身没有太大的力量；各个区域的需求潜量不一样；消费者的需求还受气候、文化传统等各种因素的影响。

（2）尽量控制末端，增加促销　在进入市场时，推力主要作用在末端，要尽量控制末端，增加促销。例如，一种产品要想在北京推广，要选择不同的商场来做，包括大中级商场、小商店以及路边的日杂店、烟酒店、摊点等，一层一层地控制。每一层的控制都不一样，有的控制品牌的形象，有的控制销量，有的控制产品与消费者的接触距离。

（3）提供展示机会　对于新产品，提供免费试用以及展示机会非常重要，要注意的是不可能在所有的小店全做展示，而应该有重点地选择局部的、有影响的商场去做。在做展示时，一般选择社区的商场，而不是商区的商场。因为商区的流动人口过于密集，达不到累计的效果，而在社区重点店的展示能够为产品赢得当地居民的认可。

（4）批发为辅，激活零售市场　在导入期，企业主要抓末端市场，但是同时要以批发为辅，让批发商来帮助自己更快更好地进入市场，从而有效地激活零售市场。

2. 推力在上升期的作用

在上升期，推力的作用主要表现在对通路及市场的管理上。因为这时我们已经利用一些直营的渠道在消费者当中达成了初步的认知，需求开始加大，需要更多的通路来帮助铺货，所以要加强管理。

如果管理不善，通路可能就会出现混乱，零售商可能会把产品无序地发到别的地方，这样对产品的未来销售和市场建设都很不利。所以必须给通路一个拉力，增加经销商的积极性，给他们一些刺激、一些推广行为，让他们感觉这种产品很好销售，愿意去销售这个产品。

3. 推力在成长期的作用

在成长期，不仅要有效控制不同的通路，还要增加对通路的各个层面的拉力。各个层面的拉力是不一样的，一级、二级批发商那里，把产品发到小的批发商，小的批发商再发到零售店。我们一般先做消费者的激活，让消费者接受产品，然后消费者到零售店购买，零售店到二级批发商处进货，二级批发商到一级批发商处进货。但是这个距离非常远，等到消费者购买产品，再反馈到我们这儿，中间的很多批发商已经失去了信息。所以要激活中间的批发商，对零售店做促销来帮助二级批发商分销，对二级批发商做促销来帮助一级批发商分销，给通路的各个层面不同的拉力，让各个层面相互配合，站在共同的利益上去做市场。

4. 推力在成熟期的作用

到了成熟期，产品架构和特点已经比较成熟了，通路也根据不同的状态区隔了一定的市场。每个通路成员都有自己所控制的市场，在这种情况下，我们要更多地增加直营，因为在成熟市场需要与消费者进行近距离地沟通。市场上很多成熟的产品，在大商场都有自己的专柜、展示柜、专营店，这样能够保证与消费者的近距离沟通，更容易体现优质的品牌形象和服务，在消费者心中、在市场上站稳脚跟。

（三）拉力在营销中的作用

1. 拉力在营销中的作用

拉力在不同的产品阶段，发挥的作用不一样，工作的重点也不一样。

（1）拉力在导入期的作用　在导入期，主要做产品的认知，教育消费者，让消费者接受产品，产生需求，这个阶段的工作要考虑到销售行为与之配合。

（2）拉力在上升期的作用　在上升期，工作重点是广泛告知产品的特性，提升消费者对产品利益的深入理解，促使更多的消费者试用及采纳本企业的产品。

（3）拉力在成长期的作用　在成长期，要着重创造和强化品牌特征，让更多的人知道自己的品牌和产品，刺激更多的消费者，让消费者深入了解产品及品牌的特性。

（4）拉力在成熟期的作用　到了成熟期，需要运用广告创造产品差异，维持消费者的购买意愿，并加强末端活化。例如很多企业品牌在社区店或社区超市的布置非常生动化，利用灯箱、POP广告等工具，强化末端，制造市场的感性消费气氛，给消费者强烈的视觉冲击，在消费者心中留下对企业品牌的深刻印象。

2. 拉力与推力的配合作用

在推广中，拉力和推力需要相互配合，才能取得最好的效果。就好像在打仗中，进攻有一套战术，防守必须另有一套战术，但是进攻和防守又要相互配合，才能取得战争的最后胜利，做市场也是这样，有时用推力，有时用拉力，有时推力和拉力一起用。

在拉力与推力的配合中，两个力的作用方向始终要一致，如果拉力向右，推力向左，那么只能在原地打转。此外，两个力还要同时使劲，不能拉力使劲地拉，而推力不使劲，或是推力使劲地推，而拉力不使劲，至于何时拉力要加大而推力要减小或者推力要加大而拉力要减小则要由具体的市场情况和企业本身的条件所决定。

(四）职能部门在推广中的配合

1. 销售部门的责任

销售部门负责推力，也就是销售。销售部门可以利用通路、渠道、人员来扩大市场规模，完成销售的任务。

（1）负责把产品有效地送到消费者面前。

（2）达成销售。

（3）解决扩充市场规模问题。

（4）协助市场部门建立品牌形象。

为什么销售部门要协助市场部门建立品牌形象？因为市场部门需要对消费者进行教育，但是对消费者教育不仅仅要通过广告形式来达成，还要运用许多其他的手段，其中之一就是末端导购的劝说，末端销售人员直接与消费者接触，能够最迅速地影响、教育消费者，是达成推销的重要途径，此外一些末端工作，包括末端的活化、正常的理货等，这些都是协助市场部门达成销售的行为，最终达成品牌形象的建立。

2. 市场部门的责任

市场部门负责拉力，也就是教育、启发和认知等工作。

（1）引导消费者购买产品。

（2）促进市场的成长和建设。

（3）负责品牌形象的建立及其发展。

消费者在选购产品时，考虑的因素主要包括：产品质量好不好？产品概念是否明确？企业的市场策划是否完善？促销活动是否有吸引力？针对这些因素，市场部门要分别一一解决。

建立品牌形象是市场部门最重要的责任之一，不仅要让消费者认知自己的品牌，还要让消费者深入了解品牌的概念，针对特定的消费人群，不同的概念要塑造成不同的形象，在消费者心中有一个定位，这就是通常所说的"品牌脉象"，这个脉象在消费者心目中处于特定的位置，它不是一个简单的价格问题。

例如，可口可乐公司非常重视在公众场合建立品牌形象，在机场、饭店、游乐园、体育馆等各种场地，都投入了很大的精力和人力去做品牌宣传，虽然可口可乐最大的销量可能不是在这些地方，而是在街头摊点、路边小店、社区超市、餐饮销售等，但是可口可乐公司充分利用这些场馆去建立品牌形象，让人们感知这个品牌的无处不在，从而对消费者的心理作用做一次提升。

3. 两个部门的互相配合

在实际的推广中，销售市场部门必须互相配合，分工合作。就像盖一座大厦，销售工作是大厦的柱子，而市场工作则是大厦的楼板，每盖一层都要有柱子和楼板，才能形成一个完整的链条，结构才会严谨。销售和市场只有相互配合，产品的市场才会稳固，不至于被其他的竞争品牌挤掉。

拉力和推力是一对相互配合的作用力，销售部门和市场部门也是一对互动组合，每一次的推广行为和销售行为都是一种互动。任何一个部门出现问题，都会影响整体的推广过程。销售部门达到目标需要有市场部门的支持，例如销售部门本季度定下目标要销售多少产品，需要市场部门举行大型的促销活动来刺激消费者的需求和购买欲望；同样，市场部门的工作也需要销售部门的大力支持，例如市场部门建立、发展品牌形象，需要末端销售人员的配合与协助。

4. 销售人员在推广中的配合

销售人员主要做末端的控制、导购、劝说、购买，以及末端的展示、布置，销售人员还要协助市场部门做零售末端，包括促销活动的配合、正常的理货、每天的友情拜访等。

此外，销售人员在对消费者的拉动过程中，还要把市场的信息及时地反馈给市场部门，让他们以最快的速度了解并适应市场（如图5-9所示）。

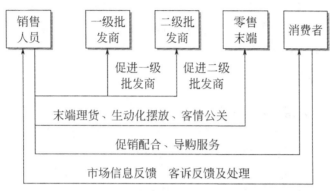

图5-9　推广中的销售人员配合示意图

需要注意的是，一些产品只注重对消费者的效益和对产品的开发，忽略了对中间环节的拉动，使得一级批发商的积极性减少。因为一级批发商末端距离非常长，产品的购买周期也非常长，购买周期长必然造成了通路的距离长，一批进的产品要送到末端，需要一级一级地经过自己的很多努力，如果企业不采取措施有效地激励一级批发商，他们的积极性就会减退。

例如，前几年格力采取了一个行动，就是用二级批发商去拉动一级批发商，使得产品很快在很多区域遍布。小批发商购买的积极性增大，对一级批发商是一个触动，拉动了整体销售，使销售能够更快、更密集地散布开。

（五）推广的时机控制

1. 市场的横向建设和销售的纵向深入之间的配合

在不同的产品时期，市场建设和销售工作各有不同的着重点，但是两者始终保持密切配合，步调一致，市场的横向建设和销售的纵向深入之间需要相互配合（如图5-10所示）。

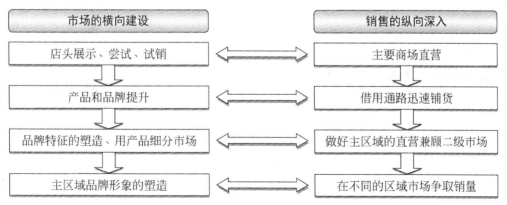

图5-10　市场的横向建设与销售的纵向深入之间的配合图

需要提醒一点，主区域的直营一般以城市为单位，城市周边还有很多县级市场，这些县级市场怎样控制呢？首先要保证直营市场中的主要商场的控制，然后保证几个主体之间的链条控制，才能往下做二级市场的控制，这样才能做到有效的细分和不同的市场开辟。

2. 推广中的时间控制

在推广过程中需要控制时间，按照一定的顺序进行。一般先推广的是产品的共性概念，让消费者接受这种产品，等到产品被接受了，再强调产品的个性和其他产品的区别，让消费者接受产品的个性概念，接下来才是产品概念和品牌概念的结合，品牌具有什么特征，消费者购买品牌会得到什么实际利益，这是纯感性的接受。

（六）拉力与推力的合理组合

1. 不合理的拉力与推力组合及其后果

拉力和推力需要相互配合，才能发挥最好的效果，如果组合不当，则会相互牵制，产生相反的效果。常见的、不合理的拉力与推力组合有两种。

（1）拉力过大　拉力过大会造成需求在短时间内扩大，而销售行为一旦跟不上，就会产生空当，容易被竞争品牌趁机钻空子，或被假冒伪劣产品钻空子，并且容易形成不同区域的串货，对企业造成很坏的影响。

现在不少企业已形成这样一种局面，只要广告少一点儿，就会导致批发商不愿意、区域经理不愿意、业务员也不愿意。这就造成企业每年都要花费周而复始的广告费，利润空间越来越小。这就走入了一种误区，认为市场需要先用广告的炮弹来开辟，炸成一片平地后业务员再跑过去，而不是通过推广和销售两者共同努力去开拓市场。

（2）推力过强　推力过强一般是推广的力度小于销售力度。有的企业只注重销售行为，认为产品销不到位、消费者不购买是由于销售员不够努力的原因，事实上还存在其他原因：第一，消费者是否认知产品的功能，是否有购买需求；第二，品牌是否已经在众多的产品里占据一个位置，是否给消费者留下了深刻的印象。

例如，一家企业销售的产品常常在末端被退回来。企业一开始还认为是自己的销售做得不够好，进一步完善销售体系，但是局面并没有因此举措而出现好转。企业经过努力，最终找到原因所在。原来企业忽略了市场上的变化，品牌因素已经开始下降。企业在不间断地做新产品的开发，大量的投入搁在产品的研发上，忽视了把新的产品概念灌输给消费者，所以消费者不了解企业的新产品。

销售的推力过大会增加通路的压力，造成通路的堵塞和产品的积压，末端消化不了产品往回退货，大量的资金、产品堵塞通路，从而使得通路、资金周转不灵，形成恶性循环。

2. 产品的潜量与产品推广的关系

需求就是市场，有多大的需求，就有多大的市场。潜量是指市场潜在的需求有多大，明确潜在的需求，才能够明确是需要更多地做品牌，还是更多地做产品。

（1）潜量不明条件下的产品推广　如果对产品潜量了解不够，估计不够准确，这时做推广容易出现失误，所以在产品推广前，要通过市场调查掌握市场潜量。

例如，在20世纪80年代末，手机刚刚出现在中国市场。从1988年到1996年摩托罗拉独领风骚，占据着中国手机市场90%以上的份额，但是从1996年开始市场份额迅速缩小。因为中国市场的潜量太大，摩托罗拉对此认识不够。1996年上半年全国总共有600万台手机，但是在下半年，仅新销售的手机就有600万台。由于对市场潜量估计的失误，在1996年下半年，摩托罗拉和爱立信二分天下了，又过了一年诺基亚加进来，变成了三分天下。

如果潜量很大，企业不仅要抢占市场，还要开发、占据新的市场，潜量大可以创造出很多的神话，也可以创造出很多品牌。如果潜量比较小，这时主要做产品，而不再创造新的品牌，因为当品牌创造出来之后需求已经饱满了，品牌的未来价值已经非常小。

（2）隐性条件下的产品推广　有的产品潜量是隐性的，虽然需求潜量很大，但是没有变成显性需求。例如在彩电大规模推广之前，VCD、录像机、DVD的需求是隐性的，还没有被开发，而且这些开发是连动的，在一种产品之上会产生新的需求。隐性条件下的潜量估算比较困难，企业要对其给予充分的重视。

（3）竞争环境下的产品推广　竞争环境下做产品推广，要考虑其他的竞争品牌，要了解他们的产品、品牌推广的时间。当自己的产品进入市场时，别人的品牌已经推广了很长时间，也许比自己的品牌认知度更大，这时怎么能够进入市场呢？是概念先介入，让消费者接受自己的产品？还是用品牌直接介入，让消费者直接接受自己的品牌？这要从两个方面进行考虑：第一，考虑资源到底是不是可以抗争；第二，考虑未来的潜量是不是可以让自己利用，可以更多地发挥品牌价值。此外，产品概念与品牌概念一定要清晰，只有分清楚产品概念和品牌概念，才能更好地去利用市场，创造市场。

（七）推广中常见的误区

在推广中，有一些常见的误区，应该引起人们足够的重视，引以为戒。

1. 过早建立品牌

有的企业过早地突出品牌概念，忽略了对产品的宣传。消费者不知道是什么产品，产品的功能是什么，这样的品牌就没有支撑点，失去了支撑的基础，这是应该避免的误区之一。

企业确实需要建立品牌，但是要把握好建立品牌的时间。一般要先把产品的概念灌输给消费者，然后才把品牌的概念灌输给消费者。如果企业为了做品牌的炒作和品牌的经营，过早建立品牌，而忽略很多方面的工作，最终品牌在市场上的基础将会非常薄弱。

2. 过多的产品教育，忽视了品牌的提升

过多的产品教育是指该做的产品广告都做了，还继续培育市场，继续做教育，事实上这时应该做品牌提升了。一些企业做完产品的教育之后，虽然知道应该做品牌提升了，但是却又忽略了品牌特点和品牌特征的塑造，结果没有把品牌提升起来，品牌在消费者心中的定位不恰当。有的品牌最后无声无息地消失了，其原因之一就是忽略了品牌形象的塑造，品牌概念提出来之后，没有形成特征，市场推力没有建成，市场基础薄弱。

过多的产品教育是"为他人作嫁衣裳"，为别人炒红了市场，却没有让消费者认可自己的品牌，消费者最终认可的是后来者，或别的品牌提升做得好的产品，所以必须在适当的时候做目标的转化，从产品教育过渡到品牌提升。

3. 忽视品牌概念，只做品牌认知

我们不需要创造一个人人都认知的品牌，而是要创造一个在消费者心中定位高的品牌。我国的一些品牌名气是不小，却没有什么特征，这不是长久之计。

一个企业该做的品牌特征没有做，每天周而复始地让各个区域的业务员做市场生动化、做销售。企业的推广负责人认为自己很努力，业务员都是经过培训的，但是他仍忽略了一点，那

就是品牌特征。企业在未来市场上的竞争不能仅仅靠周而复始的告知和促销，还需要品牌有自己的特征，才能在市场上站稳脚跟。综上所述，产品推广与品牌推广的策略可用一幅图来表示（如图5-11所示）。

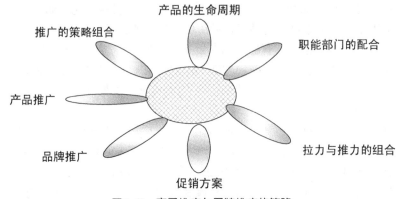

图5-11 产品推广与品牌推广的策略

第四节 品牌推广案例分析

某某品牌服装营销推广方案

一、"××"广告策略

（一）广告目标

经过系列攻势，在目标地区的消费者心目中，初步建立公司品牌的知名度和好感度，促进、保证首期服装销售任务的顺利完成，为今后的营销打下良好的基础。并且以此为契机，吸引周边城市的潜在经销商加盟。

（二）广告创意及诉求

以往大量的服装广告在信息传达中缺乏统领性，宣传重点雷同，主题模糊。本服装广告将以独特的广告主题统领整个广告活动，使其成为一种理念深入消费者。

广告创意可以从"品位女人"的诉求入手，使宣传理念有别于其他服装广告，给人们一个美好意念，树立起"21世纪品牌女装典范"的形象，将购置服装与消费者的文化素养、生活品质及品位联系起来，增加亲和力。

广告诉求在前期以理性、感性相结合，中期重理性诉求，末期侧重于感性。

（三）广告口号

广告主题："品位女人，品位××"，副标题："21世纪装品牌女典范"。此主题强调了"××"服装的高档和与众不同之处，希望一下子能够引起消费者的注意，以"美好、亲和、高尚"的形象深入人心。

（四）创作策略

1. 电视广告

采用理性、感性相结合的诉求策略，以"品位女人，品位××"，"21世纪女装品牌典范"为主题，配合生活气息浓郁的颇具情调的优美画面，以情感打动消费者，激起她们对品牌的注意和记忆。

2.平面广告

以报纸广告、宣传单张（小册子）、海报的使用设计为主。这些平面广告的内容均应该以统一设计的形象出现（设计一系列围绕广告主题，在色彩、构图、标题、内容上一致的系列广告），给受众一个统一完整、明确的品牌形象。

3.礼品广告

适合于送给不同身份宾客的有宣传性质礼品。

（五）广告实施阶段及其目的

本策划案拟将广告活动分为三大期。

（1）引导期 这一阶段为3个月，依据前述分析，提出"品位女人，品位××"的总宣传命题，副标题为"21世纪女装品牌典范"以全面强烈的广告诉求，通过广告信息密集的轰炸的方式，吸引消费者对品牌的认识和接受、展示品牌的独特魅力和产品特色、初步树立品牌的形象，挤入市场。

（2）生长期 这一阶段为6个月，为广告缓冲持平期，主题不变，调整广告信息，减少广告数量，缓和高密度信息量带给受众的压抑心理。这一期要策划几个出色的公共关系活动，塑造对产品和品牌的信赖感和好感，巩固市场占有率，抢占市场。并由点带面，吸引其周边市场的经销商。

（3）补充期 提出前期宣传的薄弱环节，以补充性方案使品牌形象及产品销售走向平稳和发展，进一步提高公司的良好形象，吸引经销商对加盟品牌的信心。

（六）媒介策略

运用各种媒介进行组合，在引导期采用密集型信息传播，造成强大的攻势，给人留下强烈深刻的印象，启发那些最先的消费者。

1.媒介的组合策略

报纸、电视、宣传单张（小册子）为主，海报、广告礼品为辅。重大活动和节假日，配合广告宣传在新闻媒体上做适当报道，同时在专卖店现场采用招贴、说明书等广告形式。

2.媒介的选择

（1）报纸 《广州日报》《羊城晚报》《新快报》《广州商报》

（2）电视 广州电视台、南方电视台、广东卫视

（3）宣传单张（小册子） 宣传单张（小册子）是服装广告的主要形式之一，能供消费者作出决策分析和参考。在制作时应色彩鲜明、图文并茂、内容翔实、印刷精美。

（4）广告礼品 设计精美的广告礼品在公共关系活动中赠送。

（七）公共关系策略

1.公共关系策略的目的

公共关系策略是让消费者更深入地了解"×××"品牌及生产企业的情况，加深公众对广告宣传的理解，增强记忆，为"××"创造一个"天时、地利、人和"的最佳经营环境，有利于今后长远的销售目标。

2.公关内容

根据广告三个时期的不同情况，拟定以下公共关系活动的建议，可酌情配合使用。

（1）抓住开业的机遇，慎重对待，利用这个机会推出公司的名称、标志及整体企业形象。因此，安排一个庄重而又热烈的开业典礼及新闻发布会是必要的，可为企业创造良好的形象，给公众留下美好的记忆，并通过新闻媒介扩大其影响。

（2）举行系列服装专题展示会和新闻发布会及经销商会议，旨在获得媒体的关注和支持，并帮助经销商全面认识产品，争取上市后销售的全面展开。

（3）由企业提供资料，利用媒体报道完成产品的普及任务；同时配合企业的相关活动，在事后作出有关的新闻报道。

（4）举行系列以"××"为主题的征文活动，使品牌文化深入民心，并借此进一步提升集团其他产品的知名度和形象。

（5）举行一些其他有影响的社会公益活动，如赞助地方大型活动的举办等（条件是在活动现场要有公司品牌的相关广告及在相关媒体有公司的新闻报道）。

本广告策略方案提供了"××"品牌推销活动的总体思路、意图及框架，许多细节部分还有待进一步充实完善，其中主要有以下几点。

① 报纸、电视及宣传单张等的创作设计。

② 公共关系专项策划案。

③ 各媒介投放广告的具体时间与版位。

④ 广告费预算的细目表。

⑤ 各阶段广告公共关系活动的协调与监控等。

二、"××"品牌推广策略

（1）在集团总体品牌规划的基础上，由专业营销策划公司负责全面的品牌推广，用负责的市场经济观念全面打造中国第一高档服装品牌。

（2）设计一系列的报纸广告，以供随时使用（软性文章和硬性招商广告）。

（3）拍摄并制作一些专题画册，以供推广活动使用。

（4）设计制作一份精美的经销商加盟手册，扩大品牌效应。

（5）策划、编写详细的店员培训手册、产品推广手册，并在实施过程中严格执行。

（6）主办好1～2个服装展，可以花较少的钱让更多的经销商和消费者了解产品和品牌。

三、"××"服装品牌营销策略

品牌营销的核心策略，是必须寻找差异、创造差异，并采用差异化策略，为消费者提供新的利益点，开辟新的生存和发展空间，寻找一个竞争对手尚未涉足或涉足不深的市场空间，通过努力成为这个市场中的唯一品牌或领导品牌，并凭借唯一性迅速成长起来，直到成为权威，建立稳定的消费者品牌忠诚度，从而排除异己，瓦解对手。基于此，我们对"××"服装品牌拟定如下营销策略。

（一）产品策略

走出同类产品形象多变的误区，而以"品位女人，品位××"、"21世纪女装品牌典范"为主副题并调动多种手段将产品概念具体化，每一环节均重复验证，避免在产品发展过程中不自觉地偏离原来的基本概念。并且产品一旦上市场,便不轻易改变商品的规格或形式,只在原来的基础上进行不断地创新。

(二)包装因素

走出传统服装包装大而俗的形式,而以时尚、优雅的风格来体现"××"包装的高尚品位。

(三)价格策略

由于价格与产品的形象及定位有着不可分割的关系,我们将着重参考消费者对满足在物质上或感情上的渴求而非实际需要付出的代价,而以"高贵品位的中价产品"概念实施轰炸性营销。

(四)销售渠道策略

(1)为了配合消费者的购买习惯,成立"××"连锁专卖店,并将专卖店的工作列为首位开展。

(2)将代理经销商的运作能力作为考核的一个重要指标。

①选择终端网络管理深入的终端经销商;

②选择策划能力强,执行能力强,管理到位的经销商;

③选择渠道扁平化,尽量减少中间环节。

(五)终端销售策略

在终端销售上,我们主要通过系列的促销手段,在广州的消费者心目中,建立公司品牌的知名度和好感度,实现公司的销售目标。并且以此为中心,吸引周边城市的潜在经销商加盟。

(1)引导期　多个销售终端的建立、会员卡的免费派送、开业活动的举办。

(2)生长期　结合当地市场,实行联合促销、招商会。

(3)补充期　在各种节假日实行SP活动。

第一节 服装品牌商品营销管理

服装品牌与产品之间最本质的区别在于"产品是生产商给出的,而品牌则是由消费者赋予的"。离开了好的产品,品牌便会因缺乏了最基础的载体而无法在市场上长久立足,而同时产品也只有得到了消费者的欣赏、认可与信任并能与消费者建立起牢固而紧密的关系,才能为产品所依附的品牌赋予长久的生命力。质量是产品的生命,它直接影响着品牌的竞争力。而与传统的质量概念相比,服装质量更强调服装所表达的心理作用和情感作用,具体来说即自我尊重、身份象征、个性化差异等各方面因人而异的观念和心态。

怎样的服装质量才得算合格或者优秀呢?唯一的衡量标准是被消费者所认可并接受。一个成功的品牌往往体现着完美无缺的质量和持之以恒的信誉。优质,是企业创品牌的根本,是企业保品牌的关键,更是企业品牌大厦不可动摇的根基。有数据显示,在最近几年对于中国社会调查事务所进行的调研活动中,有超过90%的调查者认为"产品质量好"是好品牌的象征。就服装企业而言,优质不仅应体现在面料、色彩和做工上,更应包括服装设计的品位、穿着舒适度、尺码规格标准、包装典雅美观、退换货程序流畅度等等一系列消费者认为有价值的功能,而在这些业务中所涉及的选料、设计、加工、生产、销售、运送等一系列多方位复杂交错的工序中,建立出一整套全面系统的质量管理体系就变得尤为重要,依靠次体系来完善对整个企业质量活动的计划、组织、协调、监督和检查。随着世界经济一体化的竞争发展,不少知名的企业都以质量和标准体系作为竞争中最强有力的武器,市场的竞争最终可以理解为质量和标准的竞争,如闻名全国的江苏红豆集团,多年来,红豆生产的各类针织内衣产品的一等品率始终保持在98%以上,他们对产品质量严格把关,十年中出口16个国家和地区的数万件服装无一退货。激烈的服装市场争夺战中,谁赢得了质量和信誉谁就赢得了市场,谁损坏和葬送信誉谁就会被市场所淘汰。

二、技术管理

除了作为基石的质量管理,一个优秀品牌在品牌生命周期上的顺利延续更多地体现在其对产品的技术管理和创新上。服装品牌的技术创新主要体现在其对时尚讯息的把握、先进原料的采用以及外观设计的个性化等等。因为服装行业是个较特殊的行业，较之其他行业它的升级和转型都更频繁更随机，人们受流行趋势的影响往往会第一时间体现在服装上，而这种影响体现在服装面料上尤为突出和直接，随着高科技的发展，服装面料的质量和功能性不断翻新不断提高，各式各样具有舒适透气、防皱免烫、抗静电、防紫外线、防菌、防霉等功能的面料不断推出，但随之面料流行的周期也越来越短，不同的时期会有不同的流行趋势和强调重点。新的消费需求总是以最快的速度形成，而且这种变化趋势是突兀且难以预见，因此以敏锐的触觉捕捉服装信息，把握到各种可见和不可见的变化，在设计、生产、加工等过程中着重新产品以及新工艺的采用和设计，紧跟国际流行趋势，成为了服装经销商们必须关注的重要课题。

如何在服装企业中实现技术管理和创新呢？主要通过以下三条途径。

首先，服装企业要及时主动的淘汰落后生产线，引进国外先进的纺织面料生产技术。取其精华，去其糟粕，最终提炼出自身的开发创新理念和技术。

再者，由于我国目前多数服装企业自身的开发和研究系统实力比较薄弱，且多数企业不具备自己的研发体系，所以企业应积极与当地的纺织科研机构和专业高等院校合作，建立良好的合作往来关系，充分利用双方的优势共同研究，做到优势互补，共同受益。

最后，国内的服装经销商们在设计理念创新方面应摈弃对欧美的一味抄袭和模仿，应深入挖掘我们国家自己特有的古代文化，配合以国际服装的流行趋势，做到设计理念的创新和突破。最好的例子是北京木真了公司的"木真了"品牌唐装在之前的APEC会议上获得金奖，它在设计理念上既保留了传统的中式韵味同时又融入了国际流行元素，为国内的设计理念独创了先河，也为服饰文化赋予了新的时尚内涵。

三、财务管理

现今国内经济的一体化具体体现在国际直接投资持续增长、国际贸易继续增长、金融市场一体化程度加深、跨国公司的全球拓展和区域经济的集团化发展上。在这个大环境下，服装企业的财务管理显得尤为重要。

目前国内的多数服装企业皆为订单加工型企业，因此，提高财务管理的透明度及效率是企业的主要目标，具体来说就是需要通过对销售资料的信息管理来跟踪、分析应收款、预付款情况及营销费用、销售人员工资等相关信息。并根据人工设定自动提交相关分析报告，以此来辅助管理决策。但在服装营销全球化之后，财务管理的职能环境更为广阔和复杂多变了，且存在一定的机遇和风险。首先是管理好企业自有资金和外来资本，以降低财务成本和提高资金利用率；其次是建立相关有效的规章制度以最大程度的降低服装生产的成本和营销费用开支；然后是迅速适应并利用各国财务环境的特点和差异，合理调度从而取得整体财务优势；最后得加强财务风险管理，以防范财务风险，保障企业财务和资产收益的价值。

总而言之，无论是对于服装业还是其他行业，企业在财务管理上都要慎重，用最少的资金盘活最大的资本，使企业更加快速而稳定的发展，为品牌的可持续发展提供强大后盾。

四、信息系统管理

中国加入WTO以后，显现出来的市场特征决定了服装业的竞争不再仅仅只局限于价格与成本之间，市场对服装企业的要求提升到了品牌意识的战略高度，不仅要具备对消费者各种需求的精确、有效、快速的反应能力，还要求能搜集处理信息并且有效地预测、计划、评估和跟踪。无论服装企业采用哪一种经营方式，最终都需要现代化技术贯穿整个营销链的始终，而不是只用计算机简单地操作解决一些简单的问题，涉及市场信息数据的保存、提取、运用、销售系统的管理、自动补货系统的更新等。因此，信息管理系统的启用对服装企业的发展有着不可小觑的影响。它能对营销活动作出有效的控制。既增强了服装企业的可持续发展能力，又把握住了附加值能力。

我国的服装企业大多属于劳动密集型企业，其自动化程度比较低，这无疑给服装行业信息化的实现带来很大的难度，而服装企业的业务流程相对其他行业来说更为复杂和繁琐，从款式、结构到客户标识甚至更多的数据，企业每天都要处理成百上千的库存单位，这是一种复杂性极高的经营管理，因此精确的预测、到位的材料采购管理、周全的生产计划和准确恰当的分销管理显得尤其重要。服装生产营销中所涉及的信息数据是大量而琐碎的，仅在营销中就包括销售数量、型号、款号、包装手段、支付方式、装箱方式、存货控制、市场分析等等。这是一系列随时都会发生变化的数据，它的传递已不可能只通过传统的口头传递、电话、甚至是E-mail来实现，因为中间难免会产生信息遗失或误差，由此大力提高企业信息化水平，依靠先进的电子技术建立传递快捷、可靠性高的信息网络成为了服装企业的重中之重。

所谓服装企业的信息化，其实就是所有业务流程的信息化。它包括以下两个方面的内容。

首先是企业集团内部的信息化。这主要包括建立局域网以确保各项资源、数据沟通的渠道畅通无阻，并以此为基础实施ERP，即企业资源管理，同时应用管理信息系统把企业的物流！资金流！信息流进行一体化。

然后是企业外部的信息化，即指利用互联网促使产品从设计概念到零售的整个供应链上的信息交换实现即时的"Share Online"，企业则可以在线实时事务处理，并在此基础上应用客户关系管理、供应链管理、产品研发管理等等更高技术要求的管理系统建立起以消费者为中心的管理模式的新型业务系统，增强企业的核心竞争力。另外，企业还可以设立Web站点，开展电子商务，通过企业的网络主页对外进行品牌宣传、信息和产品的发布。在基于Web的营销管理系统平台下，企业信息的传递和处理变得更加方便和快捷，极大地促进了企业流程的重组与优化。

服装企业信息化的实施会对企业的生产和营销活动产生如下几种积极的效应。

首先，企业信息化的实施在企业与企业间的商务活动过程中起到了良好沟通的作用，它在电子商务的平台上实现了营销、生产、采购、支付等过程的一体化，使得企业之间的业务数据、管理信息等各种资源得到更好地共享，实现了企业物流、信息流和价值流的有机集成与优化，提高了企业的应变能力和竞争能力。

其次，通过营销管理平台，企业进行市场调查和信息收集变得更加方便快捷，客户需求获取及时，后台的业务处理系统能使企业快速地对客户需求做出反应，个性化的产品定制服务使客户能够方便地定制其需要的产品，电子商务系统使投诉信息的获取和处理更加快捷，在线的技术支持也能够及时解决客户遇到的各种技术问题，这些都大大提高了客户服务水平和客户满意度，为企业带来了可观的经济效益。

五、供应链管理

供应链是指涉及将产品或服务提供给最终消费者的过程和活动的上游及下游企业组织所构成的网络。供应链管理包括了供应商、制造商、分销商、物流商、零售商四个环节，分别体现了供应、生产计划、物流和需求四点。它是以同步化、集成化的生产计划为指导，以各种技术为支持，尤其以 Internet 或 Intranet 为依托，围绕供应、生产作业、物流和满足需求来实施的（如图6-1）。供应链管理的目标在于提高用户服务水平和降低总的交易成本，并寻求两个目标之间的平衡。

服装营销中也存在着一条供应链，它贯穿着企业运作的始终，以服装企业为核心，通过对信息流、物流、资金流的控制，从原材料采购开始，制成中间产品以及最终产品，最后由销售网络把产品送到消费者手中，将供应商、制造商、分销商、零售商、最终用户连成一个整体的功能网链结构模式（如图6-2）。对服装供应链进行管理，目标是要提高整个供应链对消费者需求的反应速度与准确性，降低总的交易成本，实现快速反应。供应链集成化意味着消费者的需求一旦发生变化，就会驱动服装经营者，进而牵动服装制造商、面辅料供应商。这是一种环环相扣、互相牵制、互相影响的运作方式。

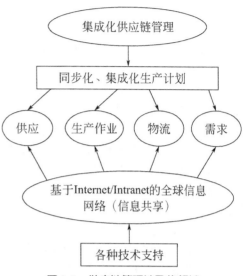

图6-1 供应链管理涉及的领域

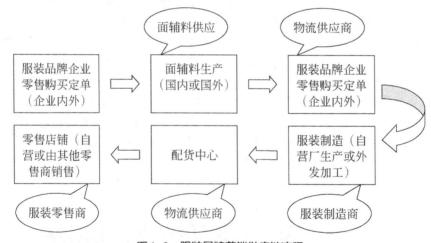

图6-2 服装品牌营销供应链流程

英国著名的供应链管理专家 Martin Christopher 在《物流与供应链管理》（2012）一书中指出："21世纪的竞争不是企业与企业之间的竞争，而是供应链与供应链之间的竞争，市场上只有供应链而没有企业。面对日益激烈的品牌竞争，企业必须在合适的时间、合适的地点，以合适的价格向消费者提供合适的产品，从而快速响应消费者多样化的需求"。

服装企业，尤其是品牌服装企业更离不开供应链管理。品牌服装企业的供应链管理模式按组织方式可以划分为以下几种。

（1）传统的垂直一体化模式　即将设计、采购、生产、加工和销售全面包揽的经营运作方式。

（2）产权维系型管理模式　指服装企业通过参股或控股的方式获取并统一管理工厂和批发机构，建立从生产、批发到零售的综合经营网络，控制产品的整个供应渠道。这种模式更广泛应用于零售业。

（3）契约维系型管理模式　为了达到经济效益最大化，一些服装企业会与相关生产单位和流通单位以契约形式维系起一条商品供应网络。这种模式较产权维系型模式要松散一些，但因有合同约束，具有一定的稳定性。

（4）管理维系型管理模式　品牌服装企业做大做强到一定程度，会得到流通环节中其他组织的自愿依附，形成较为稳定的合作伙伴关系。

目前，在我国品牌服装业内，采用较多的是第三种模式，并且有综合采用第三种和第四种模式的趋势。

结合中国国内企业目前的供应链管理现状，不难发现存在很多弊端和不足之处，针对这些，本书给出一些国内服装企业在供应链管理方面的改进建议。

（1）应加强IT技术在服装品牌营销中的应用。

将电子数据交换传输系统更完善的投入到生产和营销运作中去，从真正意义上实现信息的收集、传送和分析的信息网络化。未来的服装品牌营销应基于Internet/Intranet信息网络，实现服装从设计概念开始到零售的整个供应链的信息交换。

（2）应加强与供应商等供应链各环节之间的联系与沟通，与他们建立起长久的战略合作伙伴关系。

品牌服装企业在选择供应链上各个伙伴时应考虑到整个供应链贸易关系的发展和提高，同时各成员应基于满足消费者的共同目标维护好彼此之间的协作关系。

（3）品牌服装企业在与供应链伙伴的合作过程中，应突出重点，集中力量抓好部分重点供应链伙伴。根据19世纪意大利经济学家帕雷托的80/20原理，"80%的面辅料是由20%的供应商提供的，80%的成衣由20%的制造商加工的，80%的服装销售额是由20%的销售卖场实现的。"因此，品牌服装企业要特别加强与20%的重点供应链伙伴的合作关系。

（4）企业应加强物流管理，建立品牌营销配送中心。目前中国国内品牌服装企业的物流管理还只仅仅停留在仓储管理的层面上，针对这种情况，可通过建立完善的信息网络，达到企业内的自营型配送或外包型配送的运作，使配送中心实现采购、配送订单的一体化处理提高订货的准确性、配送的高效性和信息交流的畅通性，从而减少库存，降低成本，最终提高效益。

第二节　服装品牌营销分析与策划

一、服装品牌营销运行模式

服装品牌经营的模式主要可以归纳成两大类：一类为实体型品牌运作模式；另一类为虚拟型品牌运作模式。

（一）实体型品牌运作模式分析

企业集生产和销售于一体，由市场需求的识别出发到开发设计然后自主生产，最后通过渠道进行营销活动。早期的一些生产型企业一般都倾向于采用这种运作模式，专门从事服装的生产，同时配备少量的销售人员，进而推销自己生产的服装。随着企业的发展和市场竞争的需要，企业开始重视研究开发和产品设计，塑造自己的个性化品牌，再建立起营销网络，最后逐步发展成集设计、生产和营销于一体的实体型的真正意义上的现代服装企业。实施实体型品牌的运作模式要求企业拥有自己的服装加工厂和高质量的服装加工制作人员和质量监控人员，当然品牌设计和品牌营销能力也是不可或缺的，这就需要企业具有较强的经济实力和一定的服装生产加工及质量管理经验。

（二）虚拟型品牌运作模式分析

虚拟型品牌运作模式与实体型品牌运作模式最明显的区别是将传统企业经营模式的中间去掉，只抓两头，虚拟企业不从事产品的批量生产。虚拟经营的关键有两个，即产品的设计开发与营销和网络建设。可见虚拟经营并非真正的虚拟，它同样需要进行市场分析，需要把握未来的市场需求趋势，并将顾客的需求转化为具体的产品式样和性能指标，还需要做品牌的形象建设。品牌文化建设、加盟店和整个网络的建设等。

虚拟经营对我国的大部分企业而言是一个新鲜的话题，真正引起人们关注的时间并不长。然而，事实上我们今天称之为虚拟经营的企业经营模式，在国外早已存在。长期以来我们把虚拟经营更多的是称之为特许经营、连锁经营。就服装行业而言，国外企业早就在做虚拟经营了，如我国出口的绝大部分服装打的大多是外国企业的品牌，国外的服装企业未拥有一家工厂，却能获得源源不断的打上他们品牌的产品，并以他们的名义销往世界各地。这些国外服装企业从事的就是一种服装品牌的虚拟经营。对虚拟经营的企业而言，产品的开发和设计非常重要，这是其成功的保证。虚拟企业必须有一批富有创意的设计开发人员，能不断地推出原创性的设计和产品，否则虚拟经营就非常危险。对虚拟经营企业同样重要的是品牌的运作。虚拟经营与传统的生产性企业不同，虚拟经营靠的是品牌的号召力，凝聚力来吸引消费者的光顾和购买。它最大的特点是以品牌为核心来开展企业的一切活动。如通过广告来提升品牌的价值，来演绎品牌的内涵，展示品牌产品的附加价值；通过消费者的着装来展示品牌的优良品质、独特风格、生活理念和生活方式。因此，产品的设计要符合品牌的文化和理念，加盟店选择要与品牌的形象和定位相协调等。对虚拟企业而言，品牌是企业最有价值的资产。虚拟型品牌运作模式由于放弃了服装品牌运作中资产占用最多的服装生产加工这一环节，能使企业的资本迅速扩张，并通过企业的营销网络，使产品快速占领市场，在短时间内把市场做大，成为服装业的巨头。

二、服装市场竞争者与合作者分析研究

（一）竞争者

时代在不断进步，竞争日趋激烈，如何对竞争者进行有效的分析和研究是摆在企业情报工作者面前的一个重要课题。建立框架非常重要，将杂乱的信息按照建立好的框架进行分类，这

样就可以避免情报工作的盲目性,有的放矢的收集竞争对手的信息。

1. 平衡计分卡式的分析方法

平衡计分卡原本是从四个方面来考察企业的业绩,包括学习与创新、内部业务流程、客户与市场和财务。但一切皆可融会贯通,既然可以用平衡计分卡来考察一个企业的绩效,同样也可以用它的思想来分析竞争对手。这其中有些信息是可以公开获得的,比如市场信息和财务信息,有些信息则比较难以获得,比如企业的内部业务流程的信息。内部业务流程方面的分析最好的方法就是采用标杆管理的方法来进行。标杆管理也叫做基准管理或参照管理。标杆管理的基本思想是以最强的竞争企业或那些在行业中领先和最有名望的企业在产品、服务或流程方面的绩效及实践措施为基准,树立学习和追赶的目标。通过资料收集、比较分析、跟踪学习、重新设计并付诸实施等一系列规范化的程序,将本企业的实际情况与这些基准进行定量化的比较和评价,在此基础上选取改进本企业绩效的最佳策略,争取赶上或超过竞争对手。

2. 波特的竞争对手分析模型

波特的《竞争战略》一书中曾提出了对竞争者进行分析的模型,分别从企业的现行战略、未来目标、竞争实力和自我假设四个方面分析竞争对手的行为和反应模式。在企业常用的目标体系中,分析竞争对手的目标多是财务目标。这里我们不只是要了解它的财务目标,同时要了解它的其他方面的目标,比如对社会的责任、对环境保护、对技术领先等方面的目标设定。

3. 中国经营报团队开发的竞争力监测系统

中国经营报团队开发的企业竞争力监测系统也为竞争对手分析提供了一个比较完善的分析框架。在这套企业的竞争力监测系统中,设立了两组指标体系,一组是分析性指标体系,一组是显示性指标体系。显示性指标体系是企业竞争力强弱的表现,分析性指标体系是企业竞争力强弱的原因。企业可以根据自身行业的特点,参照竞争力监测体系,建立本企业的竞争对手分析的指标体系。竞争实力的分析,可以找出本企业与竞争对手的差距,找出企业在市场竞争中的优势和劣势,从而更好的改进自身的工作。

(二)合作者

这里所说的合作关系,已经不只是制造工种上的分工,也不是传统意义上的批发商、中间商、供应商等伙伴关系,它指的是企业需要进入的一种更为广泛的企业分工——合作关系领域。竞争的实践已经证明了残酷的竞争之下企业的发展离不开充分结合并利用彼此的核心资源。

1. 渠道合作者

这是较早出现的一种合作方式,也即服装企业与中间商们更深层次的合作。这种对合作双方来说既可以充分利用共享对方的核心资源,又能够在市场影响和打击对手方面取得有利的地位。

2. 品牌合作者

品牌合作可以实现双方品牌资源利用的最大化。服装企业可以寻找拥有类似目标消费群的非服装企业一起合作,借助于品牌的合作在销售渠道实现互补。如有些知名服装企业与时尚、瑞丽等杂志的合作等。

3. 媒体合作者

这种合作方式更适合于刚上市的新品牌,如何在最短的时间内为消费者熟悉和接受?传统的做法是通过媒体做广告或者是进行人员促销。但如今，一些企业与媒体的关系已经不再是单纯的买卖关系，而是变成了一种利益共存、休戚与共的合作竞争关系。

三、服装营销策略的运用

市场的不断变化和更新促使了服装企业在运用营销策略的应对上不得不灵活多变，经过整理和补充，本文主要归纳出了以下一些企业常用的营销策略。

（一）服装产品策略

很多经济学家或管理学家就企业未来的发展，常说的一句话就是：一流企业做标准；二流企业做品牌；三流企业做产品。从表面上看，我们可以看到这是企业从产品发展到品牌再到标准的一种历程。但是更深一点的理解，没有一家企业可以在脱离了产品，产品又脱离了顾客的需求之后还能长期在市场中生存的。

中国拥有13亿人口，我们面对的是一个经济快速发展、消费力快速增长的市场。根据市场研究的数据显示，国内做得较好的服装品牌如雅戈尔，也没有做出超过130亿的内销营业价值，其他很大一部分上市的服装企业比如鄂尔斯、雅戈尔、波司登等，没有一家内销的纯收入营业额超过30亿的。

是什么原因致使这些企业面对巨大的市场却没有完成跟他与市场人口和消费力相匹配的营业目标？最关键的原因就是太多的企业从关注产品起家，然后关注品牌的建设，到后来想成为行业的领跑者，在整个个过程中，往往忽视了品牌发展过程中最基础的——产品发展策略。产品永远是品牌的根基和基础，产品的生存基础离不开对消费者的把握，离不开对消费者需求的了解。然而可悲的是，国内几乎没有哪家公司关注过这些，没有研究消费者需求并且以满足消费者的愿望来获得市场的盈利，如何成为行业里顶尖的服饰企业？

谈到ZARA，我们马上想到的就是300个设计师，一年12000款的服装设计，上市的速度从设计到生产只需要8～9天的时间。那么为什么这些原因使得ZARA取得成功？首要是它的产品与设计紧密地跟上了时代的潮流，只有符合了时代的发展，企业才能更好地满足消费者的需求。任何一个独立的企业都不能推动消费者的消费潮流，但是任何一家企业都可以选择满足消费者的这种流行趋势。尤其在服饰业里，每一季产品的盈利能力直接和产品对顾客的吸引度紧紧挂钩，这种吸引度和满足率一旦下降，企业的生存将会成为一个严重的问题。因此我们不得不指出不得不承认，做品牌很重要，但企业绝不能放弃产品策略。

（二）销售梁道策略

目前，服装销售的渠道主要有以下几种。

1. 商场销售

商场销售主要体现在百货大楼、大型商场及超市中，一般大都采用代销、租赁等形式。租赁是指服装经销商租赁商店货柜台，派自己的销售人员销售自己的服装，而代销就是服装企业把自己所属的商品提供给商店，商店把商品销售给消费者后收取一定的费用作为活动的补偿代价。前者的弊端是不利于商店的整个形象和统一管理等，所以一些大中城市中的商场销售主要采用代销的形式。

2. 批发经营

批发市场主要是针对中、低档消费者的服装，目标对象并非市场的最终消费者，而是二级、三级批发商。这类市场的显著特点是销量多、价格低、利润小，但在经营过程中会出现较多的问题，类似于产品的保修和售后等。

3. 连锁经营

连锁经营是指服装企业在一个城市或不同城市开设一个品牌的多个经营点。这种模式满足了部分消费者的需要，同时也为企业本身节约了库存成本，因为不容易造成货物积压，服装企业也可根据不同的城市和不同的要求对货物进行调剂。

4. 代理销售

代理商并不拥有产品的所有权，其主要利润来源是促成买卖之后从中获取的提成。代理商分为很多种，一般有制造代理商、销售代理商、采购代理商等形式。此种模式最大的优势在于可以降低销售成本、可以提高服装品牌销售的安全系数、可以提高服装品牌流行的信息可靠性、可快速突破地方市场保护主义、加快产品的流通速度、具有融资的效能、能快速增加市场份额等。

5. 特许经营

特许经营是指一个持有特有产品，专利或品牌的企业（授权人）给予其他个人或企业（被授权人）在特定区域，特定时间内，采用授权人所支援的特有运作系统进入同一经营活动的权利。它不同于母公司与子公司之间的合同关系，也不同于同一母公司的两个子公司之间的合同关系，而是两个独立法人之间的一种契约关系。

6. 网络营销

网络营销的最大优势在于有计划的生产甚至零库存生产，实现网络营销是今后服装商贸经营活动的必然趋势。

网络营销具体又分为以下几种方式。

（1）电子邮件营销　企业通过购买邮件地址库将企业和产品信息通过电子邮件发送出去。

（2）文字链广告营销　写一段话，将这段话链接上企业的网站后放置在各大门户的相应板块，通过吸引用户点击来做到宣传的效果。

（3）搜索引擎结果文字链营销　目标比较集中的一种方式，例如用户在搜索引擎上搜索"服装"，出来的结果便都是与"服装"相关的企业。

（4）网络图片广告营销　网络图片广告牌，与报纸、杂志等传统媒体上的广告很类似。

除却以上营销模式之外，在我国现下的服装领域中，一种新型的渠道模式悄然兴起，那便是邮购销售，而国内已经有部分服装企业在这条新开拓的途径上取得了初步的成功。

（三）服装促销策略

促销的手段在目前服装企业激烈的竞争中起到了举足轻重的作用，对于企业建立产品形象和巩固市场占有率有一定积极的正面营销。

促销的途径有很多种，常见的有以下一些。

（1）广告　这是最常见的促销方式，它包括电视广告、电台广告、流动广告、网络广告和软文广告等。它能将企业所阐述的品牌思想和文化最立体最灵活最生动的展现在消费者面前，收到的效果也是最长远最深刻的，但反之亦然，企业如果没有恰如其分的通过这一途径表达出它的内蕴，将会造成适得其反的效果。

（2）媒体　这是较为权威和官方的促销方式，尤其是当没有客户基础的新品牌面世时，利用媒体的公信力和号召力能很快地在消费者心目里留下正面的印象。常见的媒体宣传方式是举办时装发布会。

（3）商场促销　这应该是最为直接、见效最快的方式，如许多服装公司利用节假日举办一些特别活动来吸引消费者，在商场及各地举办的小型时装表演，向消费者及销售商介绍公司在季节中的整个系列产品，噱头百出，总之都是为了扩大服装品牌的知名度，给消费者以强烈的刺激，使其加深对该品牌的印象。为企业的品牌能成为名牌创造了机遇，同时也产生长远的效益。

（四）企业形象识别与CIS策划

CIS，是Corporate Identity System的缩写，即企业形象识别系统，是对CI进行运用的一种系统方法，通过传送系统，将企业的文化理念传达给社会大众及内部员工并获得他们认同的一种方法系统。

1.MI

MI（Mind Identity）企业理念识别。包括企业使命、企业精神、企业准则以及活动领域等，它是CI的宏观指导思想以及其他方面内容的决定性因素（如图6-3）。

2.BI

BI（Behavior Identity）企业行为识别。它是企业CI理念的活动执行，是CI外化的最主要的表现形式之一。也是事关企业设计成功与否的关键所在。BI是MI的落实。

3.VI

VI（Visual Identity）企业视觉识别。它是CI的静态变化，是一种具体化、视觉化的符号识别传达方式。它是将企业理念！企业文化、服务内容、企业规则等抽象语言以视觉传播的手段，将其转换为具体符号概念，直接刺激人们的视觉神经，在人的大脑里迅速形成记忆。

VI的设计原则有以下两方面。

（1）目标性原则　不同的阶段追求不同的外部形象目标（如图6-4）。

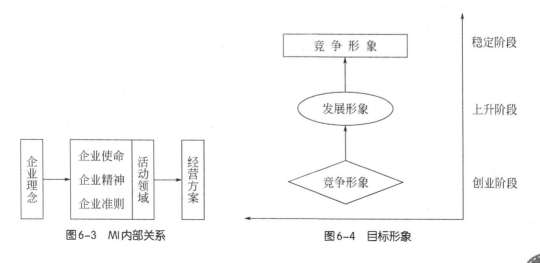

图6-3　MI内部关系　　　　　图6-4　目标形象

（2）普遍性原则　符合当地的风俗习惯，为消费者所接受，同时具有清晰的可读性和辨识性。

4.AI

AI（Audio Identity）企业听觉识别。最晚引进CI里的一个内容，它是根据人们对听视记忆比较后（如表6-1）得出的一种CI方法。

AI包括主题音乐、标识音乐、广告导语、广告音乐和商业名称等。它是以听觉的传播力来感染媒体，彰显个性。听、视记忆比较见表6-1。

表6-1　听、视记忆比较

保持时间 记忆保持率 视听	3小时候	3天后
听	70%	10%
视	72%	20%
听视结合	85%	65%

5.品牌营销策划的步骤和方式

品牌营销策划是一种全息的运动，它的五大工具为系统论、信息论、控制论、全能论和全息论。品牌营销策划的程序可以分为以下六个步骤。

（1）确定目标　目标是前进方向的指明灯，它是根据所研究的具体问题确立的，这就要求具体问题具体分析，明确指出问题就等于解决了问题的一半。从品牌营销策划的特点出发，在确定目标的过程中，应注意集中体现品牌的主题意识，同时要打破思维的束缚，用辩证的眼光求解，在给定的条件和约束的限度内，制订出合理可行的目标。

（2）收集分析信息资料　信息与材料、能源被称为现代经济发展的三大支柱，品牌营销策划必然要与社会有密切的信息交流。信息开发的水平，决定着策划的水平，而信息开发的现代化和分析推理的科学化，是提高策划水平的基础性工作。信息开发和推理从逻辑思维的角度可以分为归纳法和演绎法，但不管用什么方法，获得需要策划企业的第一手信息资料是至关重要的。

（3）制造创意　有组织的创意是策划的核心，它不仅仅要依靠个人的"灵感"，更是一种可以阻止并且需要组织的系统性工作。创意过程应遵循以下六条内在基本原理。

① 综合择优原理——要选择最可操作又最能实现意图的创意，这样才能使策划的整体功能最优化。

② 移植原理——客观事物大都相似，通过"相同加变异"，好的思想可以启发出新的创意。

③ 组合原理——创造性就在于用新的方法组合旧的元素。

④ 逆反原理——即逆向思维，按照事物的对应性！对称性去构思，以实现创造意图的目的。

⑤ 系统原理——这是策划者不可或缺的一条原理，它要求策划者要高瞻远瞩、深谋远虑，能用系统的联系观、层次观、结构观、进化观来分析事物的演变，能够从整体上把握和驾驭全局。

⑥ 裂变原理——如同原子核可以裂变一样，创意也是可以裂变，而且这种裂变是无限的。

（4）确定方案重点　任何一套营销方案都应该有着重突出的点，策划者们应该选定一个营销活动的重心并将其充分体现到最终的策划意念中，只要有了重点，集中优势主要力量开展营销计划，才会取得最有效的成绩。

（5）动态修正　一套完整成功的营销方案不是仅凭孤军作战就可以完成的，需要团队根据市场和消费者的反应不断深入研究和探讨，在此基础上对方案不断修正并完善。

（6）测试并落实　这是整套营销策划的大结局，策划案完成后却不落到实处是最可惜的，但在落实之前企业应先在小范围的地区内进行测试，这样可以减少风险和成本，如果小范围内的反应很好，便可以在目标市场内大展拳脚。在品牌营销策划中，以上六种原理应互相渗透、相辅相成。

下面是归纳的几种较常用且有效的品牌营销策划方式。

（1）独特销售主题　所谓独特销售主题就是在宣传产品的过程中，利用本产品与其他产品相比较所具有的最独特优势进行宣传，以使广大顾客对此产品留下深刻印象进而促进购买行动。

（2）名人推荐效应　顾名思义，就是邀请知名或者权威人士对产品进行评估和宣传，这种方式在某一层面上能增加消费者的信任感。

（3）质量取胜方式　靠质量来进行品牌营销策划，在营销投入上相对较少，它主要是通过"口碑"，通过人际传播取得顾客的信任。

（4）大力宣传方式　在产品标准化明显的现在，消费者购买产品不再考虑产品的质量或很少考虑，而是将重点放在哪个产品的宣传做得好，能打动消费者，强大的宣传攻势能强化消费者的记忆，使产品在消费者头脑中打下深深的烙印。

（5）综合方式　企业为了创造品牌，在营销策划时，不仅仅采用单一的方式，而是综合运用以上几种方式或其他方式的任意组合，以取得更好的效果，这种方式在实际中应用的比较多，是行之有效地进行品牌营销策划的好方法。

第三节　服装品牌营销渠道的特点

营销渠道关系着品牌服装企业经营效率和竞争力的提升，而日益激烈的市场竞争对品牌服装销售渠道的整合也提出了更高的要求。

目前，中国已成为世界最大的服装生产国和消费国，但却缺少世界级的服装品牌。伴随着主体市场竞争及中高端品牌服装市场的日益激烈，在服装品牌的营销上就要求更加深入和细致化，以提高市场资源的可控程度。营销渠道关系着企业经营效率和竞争力的提升，因此，对品牌服装营销渠道的整合提出了更高的要求。

一、服装品牌发展现状

中国加入WTO以来，制衣业市场格局发生了重大变化，主要表现在以下两点。

（1）国外一、二线品牌大量进入中国市场，并通过授权生产或海外OEM产品来降低市场进入成本，从而达到扩大中国市场同类产品占有率及打压本土品牌的目的。

（2）国内市场上服装品牌众多，国产品牌数量已超过300多个，品牌间的竞争近乎白热化。

中国的服装行业面临着品牌化和国际化两大主题，遭受到前所未有的挑战，这迫使国内制衣企业由注重数量规模型增长向注重质量效益型转变。

二、服装品牌营销渠道的特点

品牌竞争就是以品牌形象和价值为核心的竞争,是一种新的竞争态势。品牌服装营销渠道的特点包括以下几点。

(1)销售渠道是品牌营销战略的重要环节,也是企业的重要资产之一,是企业将产品向消费者转移的过程中所经过的路径,包括企业自己设立的销售机构、代理商、经销商、零售店等相关部分。

(2)商品和服务能否快捷、顺畅地到达顾客手中,渠道发挥着越来越大的作用。而制衣业是流行性和季节性很强的行业,渠道的顺畅尤显重要,因此,品牌营销渠道的建立对企业的长远发展至关重要。

(3)不同行业、不同产品、不同规模的企业,销售渠道的形态都不相同,企业可以在短时间内向市场推出一项新产品,却不能在短时间内建设好渠道,而没有好的渠道同样不能使销售取得成功,所以渠道影响制衣企业的竞争力,关系着制衣企业的兴衰成败。

三、服装品牌营销渠道存在的问题分析

(一)经销商与企业分离,营销风险较大

目前,服装营销采取的是分公司引导下的区域经销商制度,经销商与企业处于分离状态。品牌服装企业只关注自身产品的开发与生产,而忽视在营销环节的构建和管理。经销商由于企业提供的盈利空间有限,也无法与企业开展长期的合作开发,这种营销脱节状况导致营销风险概率加大。

(二)恶性竞争严重,导致微利甚至亏损

由于营销体系的缺陷,商家销售时为取得销售先机和利润竞相压价,这种恶性竞争导致经销商微利甚至亏损,使得经销商对品牌的忠诚度大打折扣,信任度也随之下降,无法建立起长期有效的合作关系,使得企业与经销商之间无法共同进退,不能及时应对市场的变动。

(三)营销渠道单一,营销策略落后

目前,品牌服装企业较多采用总经销商、代理等单一的传统销售渠道,创新不足,无法扩大市场占有率,市场竞争优势不大。而大多数品牌服装企业的营销策略也相应较为落后,无法适应快速发展的服装行业,这将直接导致逐渐失去利润来源,企业无法盈利。

四、品牌服装营销渠道整合的策略分析

(一)建立经销商与企业合作的市场运作机制,降低营销风险

建立经销商与企业合作的市场运作机制,主要目的在于"弱化一级市场,强化二级市场,共同合作管理终端"。品牌服装企业在激烈的市场竞争中,必然将扩大与经销商的合作开发,

积极降低营销风险，主动寻求市场制高点。企业与经销商的合作不仅表现在信息提供与利用方面，更应强调营销战略层面的协调和互利。企业不仅要制订经销商渠道建设的具体实施和执行层的措施，而且应与经销商共同建立企业营销渠道建立、合作、发展的中长期规划，注重将企业发展与营销渠道结合起来，通过建立完善的营销渠道降低营销风险，保证企业的长期发展和盈利。

（二）增加营销渠道的多样性，减少营销成本

采用品牌专卖店和连锁加盟店等形式能够拓宽营销渠道，抢占市场先机。特别是发展连锁经营，能够通过规模化采购和网络化销售连接制造商和消费者，有效衔接生产和需求环节，在减少企业营销成本的基础上充分满足市场需求。连锁经营的多点分店布局从外延上拓展了企业的市场范围，有助于提高企业的市场占有率。连锁经营企业通过对商品实行统一管理，对降低流通成本、降低进货价格、降低经营费用也具有重要作用，最终将不断提高企业经济效益。

（三）构建动态营销渠道体系，优化营销策略

动态的品牌服装营销渠道本质上是一个循环过程，其更强调信息反馈的作用，企业从中间商和消费者得到的反馈信息将直接影响和决定企业营销策略的制订和具体的实施。营销渠道体系的构建要求企业在充分考虑影响营销渠道的诸多因素的前提下，以利益最大化的原则，结合企业自身特点和行业发展趋势等构建适合企业发展的营销渠道。因此，品牌服装企业要在认真分析服装业发展的背景下，分析企业自身的特点，设计较为科学合理的动态营销渠道。例如，品牌服装企业可以借鉴目前较为先进的有关特许经营的成功营销模式，引入灵活的特许经营模式，设计有效激励受许人的相关机制，充分发挥信息反馈的作用，通过特许经营树立品牌形象，扩展营销新渠道。在全球经济一体化的进程中，品牌服装企业必须掌握现代企业营销渠道模式的发展趋势，加快实现由传统营销渠道向现代营销渠道的转变，积极整合本企业的营销渠道模式，以利于增强企业的市场竞争能力，最终实现企业的持续发展。

第四节　服装品牌营销创新

一、服装营销的发展趋势分析

（一）服装产品发展趋势分析

多年以来我国的服装市场的状况都处于供过于求的不良阶段，随着竞争的加剧，一部分技术力量较强、设备较先进、资金较雄厚的大中型企业将新增的生产能力相对集中在了对部分服装的重点生产上。剩下一小部分生产力相对薄弱的小企业则会侧重于开拓特色服务，他们挖掘市场空隙力求做出自身特色。但总的来讲，未来大部分的服装生产会继续沿着数量扩张和质量提高两个方向双向发展。这里质量是个综合名次，包括了企业形象、品牌特色、服务方式、宣传方式、市场触觉和市场营销等元素。因为我国的劳动力优势、原料成本优势日趋减弱，更多的企业不得不将目光聚焦在提高产品质量、树立企业形象、品牌特色、售后服务上。品牌的市场占有率被放在最高位置。

（二）服装产品营销趋势分析

未来的服装营销将更强调服装品牌特色，以品牌的积极效应来提高市场占有率。由于服装行业特殊的季节性限制，因此早前很多企业盲目投入到"打折竞争"中。如今大部分的企业已从这种非正常竞争渠道中脱离出来，他们在保证相对的价格优势的同时，更加注重挖掘自身的特色。未来会有更多的企业从"特色"入手去抢夺消费者，在设计、材质、配饰、款式、颜色等方面注重突出企业的可识别性品牌特征。

（三）服装销售渠道趋势分析

服装市场发展的互动性迫使厂家与消费者亟须进行更直接更快捷的沟通。有的采用了直接面对消费者的形式，如定做、邮购等，并采用有针对性及更加贴近消费者的服务；更多的厂家选择以专卖或专柜的形式直接入驻消费市场。这样一方面减小了中间商对利润的分享，降低成本消耗；另一方面由于及时准确地得到销售信息反馈资料，有效地提高了对生产的控制能力。服装的库存通常是服装销售的难题。随着互联网的出现及广泛应用，信息的高速化和高度共享，各大厂家通过对网络的利用，大大加快对库存的控制，提高了流通速度。网络营销作为一种新兴的销售形式正进入人们的生活。这种互动性极高的形式极大地协调了供需关系，在以后会越来越得到大家的认可。

二、服装品牌扩张

复杂多变的市场现状决定了单一模式的品牌无法满足大多数消费者的需求，局限了企业及品牌的发展空间和市场占有份额，因此经营者需要通过多元化的品牌扩张来扩大产品范围，不断发展新品牌拓展新空间而不是守着一个品牌打天下。品牌扩张的方式有三种，分别为品牌延伸、品牌拓展及品牌并购。

（一）品牌延伸策略

品牌延伸指以一个单一的品牌为基点扩展为相互关联的品牌家族。当企业超过现有的范围来增加它的产品线长度，即称之为产品线延伸，这种延伸包括向下延伸、向上延伸和双向延伸。一些国际知名的服装品牌大多采用了品牌延伸策略，特别是向下延伸，如Giorgio Armani是高级成衣品牌，Emporio Armani为之后延伸出的二线成衣品牌，Armani Jeans为该公司面向大众消费者的三线品牌。而范思哲的二线品牌纬尚时以及MAX-MARA的二线品牌SPORT-MAX均创造了相当辉煌的销售业绩。但无论是哪种方向上的延伸，品牌延伸整体上都属于水平扩张，因为它属于在同一个市场空间内建立多个市场定位相同或接近的品牌，以此最大的限度扩展在该市场的占有率。由于多个品牌同时瓜分同一市场且市场定位相似，所以品牌与品牌间容易产生互动效应最终形成一个强大的品牌群。多品牌的渗透能加强品牌的市场竞争力，使该市场的竞争加剧从而有效地阻止其他品牌的进入。该策略适合于流行性强的产品如时装、化妆品等。

（二）品牌拓展策略

品牌拓展与品牌延伸类似，也是在原有品牌成功的基础上开发新的品牌，不同的地方在于品牌延伸出的品牌在名称或风格定位上都有一定的关联性，而品牌拓展通常会表现得比较丰富多变，品牌相互之间具有独立的品牌形象和风格。因此品牌拓展属于斜扩张，即通过树立强势品牌并利用该品牌的市场号召力，从而形成新的品牌线或产品线。比较成功的例子有香港品牌Kitterick（如表6-2），主要以年轻人为目标顾客，它的品牌思想主要为年轻人的反叛心理。从1992年成立至今，通过品牌拓展，Kitterick旗下已有5个品牌，针对不同的目标市场，设计风格也各不相同。由于每个品牌有不同的风格，因此多元化品牌策略，可以满足不同风格消费者的需求，相对扩大了市场占有率。

表6-2 Kitterick的品牌拓展构成

	品牌特点
Kitterick	注重细节，强调款式的与众不同，以较高的质量和价格著称
K2	街头风格，颜色、款式选择多，紧贴潮流，价格亦最大众化
Indu	男装，款式介于正装与休闲装之间，时尚，体现现代都市风格
a.y.k.	日本风格的少女系品牌，时尚年轻，简洁合体，颜色较鲜艳
FCK	为独立性强、自信的职业女性而设计，传统并时尚

除了拓展有独立风格和形象的新品牌外，企业甚至可以形成完全迥然不同的产品线，以高级时装为代表的奢侈品在这一独特领域里可谓屡试不爽，极高的附加值与想象空间是新的产品线成功的关键，从CHANEL 5号香水到CAR-RDIN马克西姆的餐厅以及时装话剧等莫不如此。然而目前我国服装业实施斜拓展的市场条件还不够充分和完善。

（三）品牌并购策略

近年来服装企业的兼并与收购有愈演愈烈之势，从国际形势看，世界著名服装企业正以迅雷不及掩耳之势实现跨国并购，目的是利用多元化的品牌经营抢占市场份额最终进行行业的大整合。品牌并购的优势是能在很短时间内使一个企业创立起有国际声誉的大品牌，这一点是品牌延伸和品牌拓展很难在短时间内实现的。众所周知的意大利著名品牌Prada正是通过品牌并购而成为世界首屈一指的奢侈品牌集团（如表6-3）。Prada的并购策略是寻找类似的品牌和有相同经营理念的伙伴，并购后各公司基本保持自治，以此形成多元化品牌的多角化经营。

表6-3 Prada的多元化品牌经营构成

	品牌国别	产品特色	Prada占有股份
Prada	意大利	包袋、鞋、服装、内衣	100%
Miu Miu	意大利	服装、包袋、鞋	100%
JilSander	德国	服装	51%
Fendi	意大利	皮革、服装	51%
Helmut Lang	美国	服装	51%
Church	英国	鞋类	8.5%

时装发展到今天，传统的品牌营运模式已不能完全适应市场的需求和激烈的竞争，因此，进行品牌的扩张无疑是提升市场竞争力的一种较为有效的手段之一，然而无论是品牌延伸、品牌拓展还是品牌并购，都必须因地制宜量力而行。

三、品牌创新

创新是企业争夺市场份额、扩大生存空间的有力武器。其中品牌的再创新尤其重要，因为它是企业维持品牌的基石。任何事物都有一定的盛衰周期，兴旺和衰败都不是永久的，品牌在市场上的地位也不可能一成不变，它有着自己出生初创、长成发展和成熟拓展的过程，只有不断为品牌注入新鲜的力量才能更好地维持品牌地位，使其具有旺盛的生命力，防止其在成熟拓展期后步入退化衰败期。事实上，不变的产品永远无法满足常变的消费者的需求，这一点不只适用于服装品牌，几乎所有的品牌运作都应该遵从这一点，可口可乐、麦当劳、Levi's，就连最不适合变化的法国白兰地和英国威士忌也在种类、包装和等级上不断推陈出新变换花样，这样的品牌在消费者心目中才能青春永驻、经久不衰。

品牌创新策略可以归纳为以下几种。

（1）进军新市场　　产品步入成熟期后，再开发新的东西已相对较困难，此时应将原有品牌的无形资产移民到新的具有发展潜力的市场领域，赋予品牌以更新更丰富的内容。

（2）增加附加价值　　当品牌资产强大到一定程度后仍受到众多竞争者的挑战，其已无法从品牌特质上的优势去压倒对方，这种情况下，应考虑向消费者提供意想不到或独树一帜的服务和特色。增加新的附加值，找出能吸引消费者的与原有产品有充分的联系以便能产生实际利益的产品扩展，在品牌的成熟阶段，这是一个能刺激消费者购买欲的好方法。

（3）为品牌重新定位　　为品牌重新定位关键得把握"产品与消费者"。具体又分为以下两种情况。

① 以产品的独特性为品牌定位，如可口可乐、麦当劳之类，这种策略下，需要去确定品牌的卖点，可从营销组合也就是名称、广告、价格、研究、渠道及产品范围等方面来区分。

② 以产品的特殊消费群来进行品牌定位，如鳄鱼和万宝路香烟，需要找出目标消费群，不同的消费群会有不同的需求，进而形成细分市场，由具有不同特殊功能的品牌来满足。

品牌创新的方式还有很多，但关键要认识到在创新品牌的过程中，目标不仅仅是产生附加价值，而且要把它建立在各种策略的平衡，经常包含进步的认识活动，加强的质量感觉，改变的联想，扩大的消费者基础和提高的顾客忠诚度这些基础上。

另外，品牌的变或不变，应与消费者的习惯、偏好、变化严格同向和同步。因此企业除了将品牌变化的内容和形式告诉消费者，同时也要倾听消费者的反馈意见，这种双向沟通的方式不仅可以增加企业与消费者之间的情感，也能提高消费者对品牌的忠诚度，更能随时掌握消费者需求的变化以做出及时地应对策略。

四、市场创新

所谓市场创新，是指涵盖了产品策略、渠道策略、价格策略以及服务网络构架等一系列内容的过程，品牌创新正是通过市场创新来实现的。在已加入世贸组织的今天，国内外市场竞争日趋激烈的新形势下,市场的创新开拓已成为摆在企业面前的严峻考验。

首先,企业在进行市场创新前应对目标市场的民风习俗进行正确地分析。民风习俗是社会发展中长期沿袭下来的礼节、习惯的总和。不同地域不同民族都有不同的文化背景、习俗和宗教信仰习俗的需求影响消费行为,迎合习俗,可给企业带来更多的营销机会。

其次,企业应避开目标市场的禁忌。市场上的禁忌出人意料、无奇不有,这也是影响消费者行为的重要因素。因此企业在进行市场创新的同时应把握好对这些禁忌的考证。

第三,企业应研究目标市场的消费喜好。由于文化的差异,不同地域的消费者对商品的态度和价值观会有不同程度上的差异,这种差异会导致消费者的购买行为表现出不同的特点。

除以上三点之外,与目标市场法律接轨、与目标市场的微观实际合拍等都是进入目标市场所不容忽视的,当然顺应目标市场的变化也很重要。

总之,企业对市场的创新必须重视本土研究,做到"入乡随俗",才能富有成效的开拓市场空间,树立品牌个性。

五、营销创新

产品是基础,市场是舞台,营销才是最重要的手段,因此营销创新在整个创新过程中扮演着不可忽略的角色。

(一)环境营销

"地球所面临的最严重问题之一,就是不适当的消费和生产模式,导致环境恶化、贫困加剧和各国发展失衡。"

——1992年 环境与发展会议《21世纪议程》

经济的腾飞和社会的进步促使人们开始更多的关心消费和生产中的环境代价,呼唤既无污染又有益于健康的绿色商品,"可持续发展""绿色消费""绿色营销"的概念渐入人心。这种情势下,企业若想要达到合理的发展,必须要提高生产效率并改变消费习惯与结构,最高限度地利用资源、最低限度地生产废弃物。所谓环境营销便是指企业在经营战略制订、市场细分与目标市场选择、产品生产、定价、分销、促销过程中,注重自身利益与社会整体利益的协调统一,在此前提下取得企业利益的一系列经营活动。

谈到环境营销,就不得不提到ISO 14000环境管理标准。

(1)ISO 14000系列标准强调全过程的环境管理与控制,实施这一标准,可以加速产业结构的调整,鼓励企业积极开发无毒、无污染的产品,节约原材料和能源的新工艺,为实施全程控污染和清洁生产,提供程序上的保障。实施此系列标准,不仅可以促进企业节能、降耗、降低成本,同时还可以降低污染物的排放量,减少污染事件的发生,减少环境风险和环境费用开支,为企业主动保护环境创造了条件。

(2)现代企业进行ISO 14000环境质量管理体系认证,有效进行绿色营销,有利于提高企业及其在市场的竞争力,促进国际贸易。综上所述,环境营销体现了企业适应消费者利益和人类共同愿望,建立人类与大自然对立统一的协调机制,代表了企业生存发展与企业行为的未来方向。对企业来说,发展绿色产品和绿色产业是其发展的必然选择,因为它是保证环境与发展相协调的战略。

（二）网络营销

网络营销是今后服装商贸经营活动的必然趋势，可以通过电子广告的形式进行产品宣传和产品预告，签署电子订单，做到有计划生产，甚至"零库存营销"有足够规模的企业可利用INTERNET建立全国乃至全球性的虚拟专用销售网络，实现物流与资金流的统一。数据显示，只2005年，我国便有70%以上的进出口业务都是通过网络实现交易。

网络营销的优势有以下几点。

（1）**直接性**　通过网络，企业可以直接了解到顾客的需求，这样可以避免信息传递的扭曲和失真，同时层层的中间商被摆脱，企业生产成本降低，原本分摊到中间商的高额利润可让利给消费者。

（2）**快速性**　消费者对自己想购买的服装主动选择，并直接参与产品的决策，企业则根据购物请求以及相关数据进行定制化生产，这期间，两者之间的信息以最快速度通过网络传递。

（3）**多样性**　企业可以通过网络实现丰富立体的产品主题，积极向公众传递时尚信息，除了可以获取经营利润，更可以确立企业良好的社会形象，并赢得更多的消费者。

总之，将虚拟现实技术与网络技术融入到销售的环节中，建立面向顾客的销售系统，使顾客的需求得到有效快速的回应，能够大大提高企业的竞争力。

关于服装网络营销，会在本章第五节中详细阐述。

（三）整合营销

近年来，不仅美国、日本、欧洲等先进国家的市场，甚至中国这样的发展中国家的一部分商品也正在逐渐趋向饱和状态，消费者的要求也变得越来越挑剔，因此企业仅仅依靠产品力为基础的产品差别化已变得相当困难，即使开发出新产品，由于技术的发达，仿制品会很快上市，开发创造性的新技术或新产品也变得很难；至于价格战略和单纯依靠广告传播等措施的有效性也随着消费者的成熟日益减弱，于是整合营销传播（Integrated Marketing Communication）便应运而生。

整合营销传播是一个业务战略过程，它用于计划、制订、执行和评估可衡量的、协调一致的和有说服力的品牌传播方案。早期的整合营销传播以促销和传播的整合为重点，即通过各种传播活动为企业形象及其品牌实现"一种形象和一个声音"的成功创建。随着营销理论和实践的发展，整合营销传播从一种协调和联合各种传播要素的战术性传播管理方法发展成为企业战略管理工具，从消费者的角度出发，整合营销传播是把品牌等与企业所有接触点作为信息传递渠道，以直接影响消费者的购买行为为目标；从企业的角度来看，就是通过广告、推销、公共关系等多种手段传播一致整合的信息。

整合营销传播对于国内服装企业具有一些独特的优势，具体包括三个方面。

（1）**实现传播效果最大化**　整合营销传播可以让服装企业学会协调和使用多种传播方式，包括产品开发、广告、促销、直销和公共关系等所有的传播工具，从而更加有效地实现企业的商业目标。

（2）**实现目标导向的观念**　整合营销传播促使企业在实践中必须对传播对象和手段进行认真的分析，这意味着把包括所有营销活动和传播活动的焦点尽可能移向目标导向的观念。

（3）**实现营销成本的降低**　这是最大的一个优势，目前中国大多数服装企业的规模较小，经济实力也较弱，此时尤其要对营销传播活动进行优化组合，企业的组织成员、业务活动和组织能力都会有所改善，通过对资源的合理分配以降低营销成本。

在品牌成败关系企业生死的今天，在品牌竞争激烈、寸土必争的服装行业，每一家服装企业都应认真考虑并积极实践先进的品牌资产管理理论，要通过正确而有效地运用整合营销传播建立并长期维持与各利害关系者间的良好关系，在品牌经营活动中最大限度地反映利害关系者的意愿和希望。

第五节　服装网络营销

一、研究现状评述

目前，关于服装网络营销的研究呈现以下特点。

（1）多数文献研究的内容是集中在关于网络的安全性、保密性、服装的运输邮递以及消费者的消费行为、消费心理等对网络销售的影响问题。

（2）对服装网站的研究分为两大类。第一类为以研究网站功能的实现为主，如网上试穿技术的应用等；第二类为以研究网站的内容为主，涉及网站模块的内容和艺术布局及服装展示技巧等内容。

（3）没有见到消费者视角的服装价值解析和在网络环境下服装价格影响非价格营销策略效用的研究文献。

（4）尤其缺乏在网络环境下，非价格营销策略效用测量以及价格和非价格策略共同对影响企业竞争力提升的研究。

二、网络营销的内涵及特性

（一）网络营销的兴起

以网络为主的现代信息和通信技术的迅猛发展，在全球范围内掀起了网络经济的大潮。面对网络经济、信息时代的巨大挑战，网络营销也日渐兴起，它不仅涉及传统企业，更涉及新型的最前沿的商业公司。网络营销是数字经济时代企业生存发展的必然战略选择。

网络营销的兴起，主要基于两个因素的作用：一是现代信息技术的迅猛发展，这是网络营销发展的助推器；二是市场和消费者行为的变化，这是网络营销发展的原动力。

1. 网络营销兴起的技术背景

信息产业的发展里程（如图6-5）。从图中可以得到以下信息。

（1）数字化电子计算机技术解决了信息符号的载体和信息处理问题。

（2）数据库技术解决了信息的存储和检索问题。

（3）网络技术解决了信息的传输问题。

（4）电子商务技术解决了信息价值交换的手段问题。

随着电子商务基础结构的确立，信息资源开发利用的利益驱动机制得到了确立。

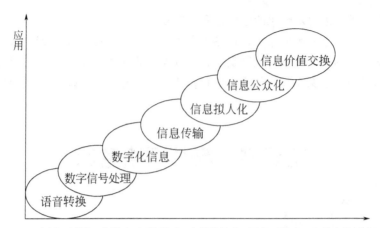

图6-5 信息技术的发展历史

2. 网络营销兴起的社会背景

随着现代信息和通信技术的进步，传统的市场营销环境发生了较大的变化，主要体现在以下几个方面。

（1）市场的全球化、一体化　可以说，数字计算技术与信息网络技术的飞速发展是当今世界经济全球化的根本动力。连接世界各国的信息网络使全球形成了紧密的统一大市场，经济活动的国内与国外的界限变得模糊。货物、服务、资本、劳力、信息等可以迅速、灵活地在世界范围内流动。这使得传统的贸易方式发生了巨大的变化，企业的触角开始伸向全球各个国家和地区，企业可以在世界范围内的任何地方发掘市场资源，并精确迅速地满足需求，从而促使企业全球化营销战略的实施。

（2）市场的多样化、个性化和时变化　原有的以商业为主要运作模式的市场机制部分地被基于网络的信息经济所取代。信息技术的采用使沟通的能力大大增强，速度也大大加快，市场趋于多样化，不同的企业以其特有的营销方式千方百计地吸引顾客。由于网络双向和动态特点，市场更为个性化和时变化，交易更自由，更追求速度。

（3）供给与需求更紧密的结合　在传统经济下，供求双方相互独立，二者的结合需要经过诸多环节。在新的信息经济条件下，双方的结合更为简单流畅，这主要表现为：供求结合环节的信息化——信息经济条件下，各种相关信息贯穿交易整个过程始终，极大地方便了供给与需求的结合；供求结合环节的抽象化——与传统经济相比，信息经济条件下供求结合的一些环节被抽象化了，最典型的就是交易磋商环节。由于供求双方标准化的信息发布，交易双方的磋商过程被大大简化；中间商作用的变化——供求双方交互式的直接沟通关系，使得中间商的职能和作用发生巨大变化。

（4）市场竞争更加广泛和激烈　传统经济中，生产与消费脱节，或是造成市场的巨大波动，或是造成短缺和浪费的并存，企业进出市场的成本相对较高。信息技术的发展，从根本上缩短了中间路径——缩短了生产与消费之间的时间路径、空间路径、人际路径、信息的大量传播流动，降低了市场进入的壁垒。市场准入与出清的简洁和低成本，使得竞争日益激烈，而低成本扩张更加速了市场竞争的进程。

（5）经济规则作用的变化　与传统经济条件下生产者报酬递减以及消费者效用递减的基本

法则相反，新经济具有使生产者的报酬递增与消费者的效用递增的性质，这使得新经济中的价格决定完全不同于传统经济中的价格决定。

传统经济中，商品的价格越高，需求会越少，但在新经济下，一种商品或服务的价格随着用户数量的增加而剧增，而这种价格的剧增反过来又吸引更多的用户，从而产生了多重效益，即新经济的"外部性"。一个产品或服务的价格取决于已经使用该产品或服务的其他人的数量。这在名牌消费、信用消费、网络消费中极为常见。

除了"外部性"，新经济中还存在"反向定价法则"与"慷慨法则"。"反向定价法则"是指传统经济中，产品质量的提高总会使该产品价格上涨，而新经济条件下，随着产品质量的提高，该产品的价格每年都在下降。"慷慨法则"是指传统经济中，需求与供给弹性不大的产品，其价格也很稳定，但在新经济条件下，一旦某种产品的价值和不可或缺性形成，厂商几乎都会免费提供或差不多的免费提供，厂商的利润在于与其同时销售的服务。

（二）网络营销的内涵

网络营销的产生是随着网络的产生和发展而产生的一种新型的营销方式。广义地说，凡是以互联网为主要手段进行的、为达到一定营销目标的营销活动，都可称之为网络营销。它是利用因特网技术和功能，最大限度地满足客户需求，以达到开拓市场、增加盈利为目标的经营过程。

网络营销作为新的营销方式和营销手段实现企业营销目标，它的内容非常丰富。一方面，网络营销要针对新兴的网上虚拟市场，及时了解和把握网上虚拟市场的消费者特征和消费者行为模式的变化，为企业在网上虚拟市场进行营销活动提供可靠的数据分析和营销依据。另一方面，网络营销在网上开展营销活动来实现企业目标，而网络具有传统渠道和媒体所不具备的独特的特点：信息交流自由、开放和平等，而且信息交流费用非常低廉，信息交流渠道既直接又高效，因此在网上开展营销活动，必须改变传统的一些营销手段和方式。网络营销作为在网络上进行营销活动，它的基本营销目的和营销工具是一致的，只不过在实施和操作过程中与传统方式有着很大区别。

下面是网络营销中一些主要内容。

1. 网络市场调查

主要利用网络的交互式的信息沟通渠道来实施调查活动。它包括直接在网上通过问卷进行调查，还可以通过网络来收集市场调查中需要的一些二手资料。利用网上调查工具，可以提高调查效率和调查效果。网络作为信息交流渠道，它成为信息海洋，因此在利用网络进行市场调查时，重点是如何利用有效工具和手段实施调查和收集整理资料，获取信息不再是难事，关键是如何在信息海洋中获取想要资料信息和分析出有用的信息。

2. 网络消费者行为分析

网络用户作为一个特殊群体，它有着与传统市场群体中截然不同的特性，因此要开展有效的网络营销活动必须深入了解网上用户群体的需求特征、购买动机和购买行为模式。网络作为信息沟通工具，正成为许多兴趣、爱好趋同的群体聚集交流的地方，并且形成一个特征鲜明的网上虚拟社区，了解这些虚拟社区的群体特征和偏好是网上消费者行为分析的关键。

3. 网络营销策略制订

不同企业在市场中处在不同地位，在采取网络营销实现企业营销目标时，必须采取与企业相适应的营销策略，因为网络营销虽然是非常有效的营销工具，但企业实施网络营销时是需要进行投入的且是有风险的。同时企业在制订网络营销策略时,还应该考虑到产品周期对网络营销策略制订的影响。

4. 网络产品和服务策略

网络作为信息有效的沟通渠道,它可以成为一些无形产品如软件和远程服务的载体,改变了传统产品的营销策略特别是渠道的选择。作为网上产品和服务营销,必须结合网络特点重新考虑产品的设计、开发、包装和品牌的传统产品策略,如传统的优势品牌在网上市场并不一定是优势品牌。

5. 网络价格营销策略

网络作为信息交流和传播工具,从诞生开始实行的自由、平等和信息免费的策略,因此网上市场的价格策略大多采取免费或者低价策略。因此,制订网上价格营销策略时,必须考虑到网络对企业定价影响。

6. 网络渠道策略

网络改变了传统渠道中的多层次的选择和管理与控制问题,最大限度降低渠道中的营销费用。但企业建设自己的网上直销渠道必须进行一定投入,同时还要改变传统的整个经营管理,甚至生产模式。

7. 网上促销策略

网络作为一种双向沟通渠道,最大优势是可以实现沟通双方突破时空限制直接进行交流,而且简单、高效和费用低廉。因此,在网上开展促销活动是最有效的沟通渠道,但网上促销活动开展必须遵循网上一些信息交流与沟通规则,特别是遵守一些虚拟社区的礼仪。

8. 网络营销管理与控制

网络营销作为在网络上开展的营销活动,它必将面临许多传统营销活动无法碰到的新问题,如网络产品质量保证问题、消费者隐私保护问题,以及信息安全与保护问题等等。这些问题都是网络营销必须重视和进行有效控制问题,否则网络营销效果或适得其反,甚至会产生很大的负面效应,这是由于网络信息传播速度非常快,而且网民对反感问题反应比较强烈而且迅速。

(三)网络营销的特征

1. 网络营销的优势特征

网络营销能在如此短暂的时间里风靡全球,源于网络营销具有传统营销无相比的特点,这些特点也是网络营销的优势所在,归纳起来有以下几点。

(1)交互性特点 网络具有一对一的互动特性,这是对传统媒体面对大量"受众"特征的突破。访问者在浏览WEB页面时,能够在线提交表单或发送E-mail,企业与客户可以进行实时在线会议等等,这些网络特有的功能使企业能够在很短的时间里与客户进行交流,并根据客户的要求和建议及时做出积极反馈。从营销的角度讲,网络上生产者和消费者一对一的互动沟通,了解顾客的要求、愿望及改进意见,将工业时代大规模生产导致的大规模营销改进为小群体甚至个体营销,根据消费者意愿提供小批量、特性化的商品和服务,以满足消费者价值取向,迎合消费者各异的多元化生活方式,真正实现了消费者的个性回归,迎合了现代营销观念的宗旨。

(2)广泛性特点 目前,全球几乎所有的国家和地区都已接入了互联网,网络提供了一个真正意义上集中所有的生产者和消费者的世界市场。网络既是信息资源的海洋,又是商家展示自己的数字广告媒体,受众范围极广,选择余地也更加广阔。一个站点的信息承载量可以大大超过公司印刷宣传品所传递的信息，无时间地域限制。从这一角度看，无论是大型企业还是中小型企业，或者是个人，可以从因特网上获得的商机都是无限的。

（3）经济性特点　在传统的营销方式中，大量的人力物力资源耗费在这些中间环节和渠道上，网络营销利用网络使交易过程的中间环节和渠道日益成为多余，互联网广告的发布次数和效果均可以有技术手段精确统计，极大地降低了企业成本，提高交易效率，优化全球范围内的资源配置。

（4）针对性特点　在网络上，企业的潜在客户不会被动地接受任何对他们而言没有价值的信息，网络商业信息到达受众的准确性高，因为受众会选择他们真正感兴趣的内容来浏览。在BBS和新闻组里也一样，上网用户只会对他们真正有兴趣的产品或论题进行积极讨论。目前已经出现了可以分析网站访问者的喜好、精确定位投放广告的技术，准确到达目标受众。

（5）实时高效性特点　网络极大地缩短了企业与客户沟通和贸易的进程。企业在通过网络进行商业应用时，可能会针对市场变化经常有一些策略调整，商业站点的结构也会有调整。因为网络没有时间、地域的诸多限制，站点结构调整实现起来也就很轻松。网络广告可以集各种传统媒体形式的精华，通过统一的标准和格式在各相关部门的计算机间任意交换、传输和自动处理。这种精确、快速的方式，省时省事，提高了效率，从而达到传统媒体无法具有的效果。

2. 网络营销劣势特征

网络营销在快速发展的同时，相比传统营销也存在不少劣势特点，归纳起来有以下几点。

（1）缺乏信任感　互联网的开放性使得任何人、任何企业都可以以极低的成本在互联网上发布、传播信息，从而也造成了网上的信息鱼龙混杂，正规的企业营销信息和各种充满欺骗性、违法的信息掺杂到一起，让消费者无从识别，自然降低了消费者对正规网上商业信息的信任感，影响到企业营销目标的实现。

（2）技术问题　无论是对于从事网络营销的企业，还是对于普通消费者来说，都有一个技术问题需要克服。网络营销人员需要掌握相关的网络技术，必要时还需将某些业务交给外部服务企业来做，消费者也需要熟练掌握相关的网络知识。目前，这两种情况都增加了企业网络营销目标的困难。

（3）安全性问题　安全性问题也同样困扰着企业和消费者。企业网站存在被攻击的风险，消费者的个人重要的信息，如银行账户和密码等存在被泄密的危险。

（4）缺乏生趣　由于个人习惯和兴趣不同，对于那些视逛街购物为乐趣的消费者（尤其是女性消费者）来说，网络购物无疑是缺乏乐趣的。如何抓住这部分消费者，目前网络营销界还没有找到很好的解决办法。虽然存在许多不尽完善之处，但是，网络营销对于中小企业来说，仍然表现出其特有的价值和吸引力，成为新经济时代中小企业营销体系的重要组成部分，随着技术的发展，其影响将会越来越大。

（四）网络营销的冲击

网络营销作为一种全新营销理念，具有很强的实践性，它的发展速度是前所未有的。随着我国市场经济发展的国际化、规模化，国内市场必将更加开放，更加容易受到国际市场开放的冲击，而网络营销的跨时空性无疑将对传统营销产生巨大影响，主要表现在以下几个方面。

1. 对传统营销方式的影响

随着网络技术迅速向宽带化、智能化、个人化方向发展，用户可以在更广阔的领域内实现声、图、像、文一体化的多维信息共享和人机互动功能。"个人化"把"服务到家庭"推向了"服务到个人",正是这种发展使得传统营销方式发生了革命性的变化。它将导致大众市场的终结,并逐步体现市场的个性化,最终应以每一个用户的需求来组织生产和销售。

另外,网络营销的企业竞争是一种以顾客为焦点的竞争形态,如何与散布在全球各地的顾客群保持紧密的关系并能掌握顾客的特性,再经由企业形象的塑造,建立顾客对于虚拟企业与网络营销的信任感,是网络营销成功的关键。

2. 对营销战略的影响

首先,对营销竞争战略影响。互联网具有的平等、自由等特性,使得网络营销将降低跨国公司所拥有的规模经济的竞争优势,从而使小企业更易于在全球范围内参与竞争。另一方面,由于网络的自由开放性,网络时代的市场竞争是透明的,人人都能掌握竞争对手的产品信息与营销作为,因此胜负的关键在于如何适时获取、分析、运用这些自网络上获得的信息,来研究并采用极具优势的竞争策略。同时,策略联盟将是网络时代的主要竞争形态,如何运用网络来组成合作联盟,并以联盟所形成的资源规模创造竞争优势,将是未来企业经营的重要手段。

其次,对企业跨国经营战略影响。任何渴望利用互联网的公司,都必须为其经营选择一种恰当的商业模式,并要明确这种新型媒体所传播的信息和进行的交易将会对其现存模式产生什么样的影响。过去分工经营的时期,企业只需专注在本企业与本地市场,国外市场则委托代理商或贸易商经营即可。但互联网络跨越时空连贯全球的功能,已使得全球营销的成本远远低于地区营销,因此企业将不得不进入跨国经营的时代。企业的经营战略就不得不考虑跨国市场顾客的特性,争取信任与满足他们的需求,以及安排跨国生产、运输、与售后服务等。

3. 对营销组织的影响

目前,网络已经成为企业生产经营的主要工具,企业应该明确目标市场,借助网络这一全新的沟通工具去接近并把握目标顾客,形成自己的顾客网络,同时,发挥企业内部网络功能,实现企业对市场的快速反应,进而从根本上改变企业的运作流程。

4. 对消费者的影响

(1)消费者角色的改变　在传统环境下,信息的双向流动很难实现,信息的传递过程强调了正向的由制造商到消费者的流动而忽视了反向的消费者到制造商的流动,消费者只是被动的信息接受者。而今,网络的迅速发展为信息双向传递的实现提供了技术支持,使点对点的信息沟通成为现实,并提供了大量的调研工具,如网上调查、电子布告版、远距离数据检索、广告效果测试、消费者识别系统等等。消费者可以通过网络完成发出求购信息、收集相关信息、分析比较、购买决策、购买行动、购后评价等整个购买过程,由信息的被动接受者转变为信息的积极提供者,主动地参与企业的市场营销过程。这一角色转变,更好地促进了制造商与消费者的双向沟通。

(2)消费者购买行为趋于个性化、理性化　由于信息的数量剧增和质量提高,消费者对产品甚至对产品的设计构思了解更为深入全面,从而大大增强了消费者的选择性。消费者更注重产品的个性化、差别化和内在品质。多媒体技术的应用,使消费者可以反复修订购买方案,购买变得更为"挑剔",同时,也减少了一些人为的干扰因素,如销售人员的态度、商店购物环境,从而使消费者更加自主、理智地购买。

三、服装网络认知特性

(一) 服装感觉特性的组成

服装是典型的感性产品,在人类的五种感觉,即触觉、视觉、听觉、嗅觉、味觉中与服装感觉特性能够发生联系的是触觉、视觉、听觉、嗅觉中服装的触觉特性和视觉特性尤其被重视。

服装的触觉特性是与人们的触觉系统对服装产品形成的相关感觉。服装衣料的表面光滑/粗糙程度、表面的纹理、蓬松性、柔软性、厚度等都会对服装的触感起到决定性的作用。

服装的视觉特性是人们的视觉系统对服装产品形成的相关感觉。服装外轮廓造型、服装的细部结构、服装的色彩、服装衣料的质感和垂感、服装衣料的花纹和光泽等方面的信息都是形成有关服装视感觉的基础。

服装的听觉特性是人们的听觉系统对服装产品形成的相关感觉。一般情况下,服装的听觉特性不是重要的感觉评价对象,但是对于一些特殊材质的服装,对于听觉特性也有一定的感性评价要求,比如对于丝质服装来说,衣料的摩擦声、丝鸣声等听觉特性就反映出衣料的质量。

服装的嗅觉特性是人们的嗅觉系统对服装产品的相关感觉,以前服装的嗅觉特性一般用于服装质量控制的环节中,如要求成衣不应该有异味产生。现在随着纳米胶囊技术的发展,服装的衣料可以自带香味或除臭。由此,服装的嗅觉特性的感性评价也开始受到重视。

由此可知,服装的感觉是与人们的感觉系统和服装的特性密切相关的。服装的有关特性通过人们的相应感觉系统传导到大脑中枢神经系统,经过生物神经系统对这些信息的处理形成对服装的相关感觉的认识,最终以触觉特性、视觉特性、听觉特性和嗅觉特性的形式表现出来。在服装的这些感觉特性中,触觉特性和视觉特性显得特别重要。因为对于服装设计、生产、销售和使用来说,通常追求的目标是相同的,就是看起来具有美感,穿起来感觉舒适。

(二) 服装信息表达

根据RolandBarthes关于服装信息表达的理论,在时尚评价过程中,服装信息的表达可以划分为三个维度:映像服装、书写服装和真实服装。

(1) 映像服装——在图面、照片以及样板上呈现出的服装信息系统。这种服装信息是通过人们的视觉系统进行传递的,可以方便地在不同的人群和区域中进行传送,人们对这种服装信息的理解和认识往往也是不一致的。

(2) 书写服装——以文字的评论、对话与描写为载体的服装信息系统。这种服装信息是对服装实物表现出来的信息进行了加工,具有一定的导向作用。在这种信息的引导下,人们往往可以对同一件服装形成统一的感觉和认识。

(3) 真实服装——真实存在的服装所包括的服装信息系统。这种服装信息也是通过人们的视觉系统形成的,这种信息比映像服装信息更加真实,但是不便于在不同的人群和区域中进行传送,人们对这种服装信息的理解和认识往往也是不一致的。

(三) 服装感觉信息的特征

为了对服装感觉信息进行准确而客观的表达,对服装感觉信息特征的分析就显得非常重要。通过语义表述的服装感觉信息的特征可以归纳成以下几个方面。

整合性——对于服装产品来说，它的设计元素包括了色彩、造型、衣料肌理以及触感等许多感性信息体系。它们既具有独立性特点，也互相搭配，从而具有同一性。服装的感觉往往是这些元素综合作用的结果，所以服装的很多感觉评价是针对总体的感觉进行的，这样获得的感觉信息就具有整合性的特征。

模糊性——人的感觉本来就是模糊的，也是不容易进行表达的，所以在对服装感觉进行评价时，很难用传统的理论和方法给出量化结果，也不能用布尔逻辑（0或1）来理解和表述评价的规律。很多情况下，某一个评价对象所表现的感性信息不但是模糊的，而且是多重性的。所以在我们的实践中，运用了模糊集的隶属度关系来分解并量化服装的感性信息。

复杂性——服装是最普遍的生活用品，但是当我们细细进行品味时，却发现它所给出的信息又是相当丰富和复杂的。它的复杂有时不仅表现在自身的结构和美感上，而且还突显在服装与人体的相互关系上。比如，同为红色的上衣如果它们的领型不同就给人感觉不一样；同样一件红色的上衣搭配不同的裤子，感觉就不一样。还是同样一件红色的上衣穿在一个男人和一个女人身上，可以给人带来某些相同的感受，同样也有不同的感受。这就是服装的感性魅力，同时也非常的难以理解。

因为服装感性信息的整合性、模糊性和复杂性这些特性，很难用一种量化体系来包含每一个元素及它的感性评价，而且这也将是个浩大的工程，结果也极有可能是发散的，难以在某一个基础上统一起来。因此网络服装的认知很难通过文字得到准确的结论。

（四）网络服装认知

图6-6显示了网络服装认知与传统服装认知的区别，传统的服装认知由消费者触觉、视觉、听觉、嗅觉等感觉器官对真实服装的感知，得到服装的触觉特征、视觉特征、听觉特征、嗅觉特征，然后通过心理认知系统的处理整合，结合以往的经验与知识评价服装。网络服装认知只能通过消费者的视觉器官对映像服装和书写服装感知，由于服装感性信息的整合性、模糊性和复杂性等特性，书写服装难以满足消费者的需要，因此消费者主要是通过映像服装认知，映像服装与真实服装相比，除了不能提供服装的触觉特征、听觉特征、嗅觉特征外，视觉特征也与真实服装有一定的差异，因此，网络服装认知是在服装感觉特征严重缺失的情况下，消费者结合以往的经验与知识推理出服装的触觉特征、听觉特征、嗅觉特征，然后对整合出对服装的整体评价。由此可知，网络服装认知与传统服装认知相比存在较大的认知风险。

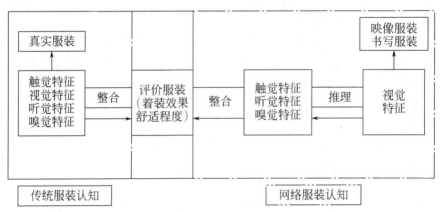

图6-6　服装认知模式

四、服装网络购买决策

（一）服装网络购买流程

假设：消费者为理性购买，非常清楚自身需求，购物具有明确目的性。排除娱乐性的购买，即有些人没有明确的购物目的，只是在消磨时间的过程中，受到广告或价格的诱惑而购买的活动。

本研究只研究购买过程对消费者购物的影响，对于广告引起的品牌效应对消费者的购物影响不在研究之列。服装购买流程是服装消费者购买行为的形成和实现的过程。从需求的产生到完成购买通常包括购买需求、选择渠道、搜索信息、比较选择、下订单、授权支付、收到产品和售后服务几个主要步骤（如图6-7）。

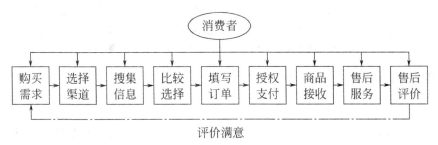

图6-7　服装网络购买流程

1. 购买需求

网络购买过程的起点是购买需求。服装的双属性特点，即自然属性和社会属性，决定了消费者的服装购买需求产生可能是生活必须或者是社会活动所需，是在内外因素的刺激下产生的。

2. 选择渠道

购买渠道主要指传统意义上的到达指定购物场所购买，如商场购买、专卖店等，通过网络购买、通过电视购买、目录邮购、电话购物和通过网络购买等购买方式，通过不同的渠道购买，消费者所得到的服务与所承担的风险不同，消费者根据自身的风险承担能力和所需要的服务，分析不同购买渠道带来的得失，选择适合自己的购买渠道。

3. 搜索信息

确定购买渠道后，消费者花费一定的时间和精力，寻找符合需求目的的服装。

4. 比较选择

为了使消费需求与自己的购买能力相匹配，比较选择是购买过程中必不可少的环节。消费者对多件服装资料进行比较、分析、研究，了解每种服装的特点和性能，从中选择最为满意的一件或几件。一般说来，消费者的综合评价要考虑服装的款式、质地、品牌等。在选择几件服装满足购买需求之后，对比服装价格、服务、卖场形象，以及服装本身的款式、质地和品牌之后，做出购买决策。

5. 填写订单与授权支付

与传统购物相比较，填写订单与授权支付是网络消费过程所独有的阶段。传统的交易过程是面对面交易，一手交钱一手交货，而网络交易支付与取货都需要通过中间介质，下订单是指消费者填写个人资料与购买服装资料,确认购买。授权支付指消费者授权邮局或银行或电子支付平台支付。

6. 服装接收

在网上购物,支付了货款,产品要经历一段邮寄时间,才能到达买者手中。收到产品指消费者签收产品的过程。

7. 售后服务

服装的售后服务目前主要指退换货服务,或者产品出现质量问题,需要进行小范围的修整等。

8. 评价购买

消费者购买服装后,往往通过使用,对自己的购买选择进行检验和反省,重新考虑这种购买是否正确,效用是否理想,以及服务是否周到等问题。这种购后评价往往决定了消费者今后的购买动向。

消费者的整个网络购物过程都与企业的产品、价格、渠道、服务、企业形象、促销、信用相联系,他们当中的任何一个因素,都会使潜在顾客做出是否购买的决定,因此,要把消费者的购买过程与网络企业的营销策略紧密联系,促成潜在消费者消费行为的发生。

(二)基于情感与态度的购买决策

1. 网络情感刺激

情感因素有着不容忽视的现实意义和价值内涵。随着中国服装行业发展的不断成熟,服装企业对产品的宣传推广手段也不再局限于价格和质量,还包括对消费者情感的正面刺激,在服装网络营销中主要体现在安全、服务和服装展示刺激上。

结合服装的网络购买流程,消费者在网络购买服装时的情感刺激如图6-8所示。

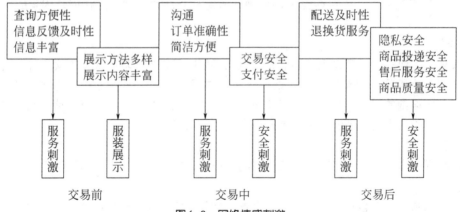

图6-8 网络情感刺激

在进行服装交易前,主要是网络服务与服装展示刺激,及时快捷体贴的服务与多元的展示方式是刺激消费者购买的主要因素,交易过程中与交易后的情感刺激并不只是在交易中与交易后才产生。如果消费者是第一次在该网站购物,通过浏览界面、查看交易方式、配送方式、服装投递方式、售后服务条款等,以及通过评价在交易中与交易后的服务与安全状况等会对购买决策产生刺激,如果消费者不是第一次在该网站购物,以前在交易中与交易后的经历会对这次购买产生情感刺激。

2. 消费者网络密切度

基于前述服装网上认知特性及服装网络特征的分析结果，消费者服装网络购买决策受服装价格、消费者网络密切度、情感刺激、服装感知等的综合作用影响。

消费者网络密切度是指消费者与网络接触的程度。一项针对美国上网者的研究发现，典型的网上购物者过着有网络的生活方式，他们的上网月数、每周上网时间、每周在网上的工作时间等变量是网上购物行为的重要预测指标，预测率77%。另一项针对消费者的网络使用经验的研究，结果证实网络使用经验越丰富、平时利用网络做各种事情（教育、娱乐和沟通等）越多的消费者，由于对网络的世界较熟悉，因此认知风险较低，会较愿意使用网络购物。还有一项以新西兰网络消费者为研究对象的研究发现，个体的互联网使用经验与他的网络购物参与度是成正比的。

3. 服装网络购买决策模型

消费者购买商品，首先要产生需求，然后比较商品价格和购买过程中的态度附加值与消费者自身期望值，进行购买决策。在购买决策时，消费者有消费需求，并且价格也在消费者可以承受的范围之内时，正面态度促进购买决策，负面态度阻碍购买决策，态度越强，促进与阻碍的力度也越大。

在服装网络购买过程中，态度的两个因素情感与认知表现为服装网络感知因素与网络购买情感因素，网络购买情感因素指消费者在网络环境购买过程中一切影响消费者情绪的因素。服装网络感知因素指在网络环境下影响消费者对服装感知的一切因素。

图6-9显示，基于购买态度理论与网络购买流程的分析，对购买决策产生影响的服装网络营销特性为服装网络展示、网络服务与网络安全三个方面，高质量的服装通过高质量的网络展示（丰富的信息量）不仅降低了消费者对服装的认知风险，减少消费者的时间精力成本，也提高了企业形象，增加了消费者信任感，与购物过程中的各种安全措施一起营造一个安全购物环境，降低了消费者的安全风险。

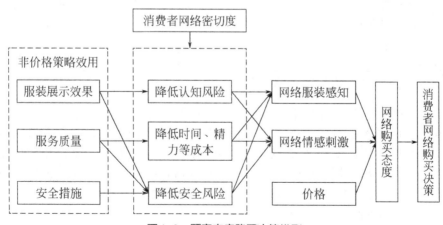

图6-9 顾客态度购买决策模型

本节分析了网络营销的兴起、内涵、特征和对传统营销方式与购物习惯的冲击，结合消费者情感因素、消费者网络购物流程、服装网络营销特点的综合分析，指出服装网络营销策略主要由价格策略和非价格策略构成，其中非价格策略包括展示、服务、安全和产品策略。

第六节　中国服装业品牌营销的战略发展方向

一、服装市场未来的消费特点

21世纪是以信息产业和知识经济为标志的时代。随着我国服装市场全面向世界开放，在最近的几年内，市场竞争会更加激烈，国外品牌将构成巨大威胁，传统营销理论和一成不变的营销模式将无法适应新形势的要求，服装营销理念将进入一个创新时期。

在营销理念的成型期，行业内通行的诸如CS工程❶、4C理论❷的一个共同特点，就是充分体现了以顾客为中心的理念。这一点是由服装消费文化，特别是时尚文化所决定的，代表了服装市场发展的总趋势。由此可以预见，顾客的服装消费观念仍将是决定市场的主导因素。

近年来的一个显著变化是，消费者由追求商品的性能和品质转向思想上的享受和情感上的共鸣，他们更多地追求能够与自己的个性发生重叠的服饰，越来越关注服装的品牌形象、新奇特征、设计品位和卖场情调；另一方面，工作与生活节奏的加快促使一些消费者选择尽可能方便、快捷的购物方式，对于服装的要求则是多功能、易保养，而且舒适、轻便，由上述分析可以得出一个结论，即营销理念的发展将围绕一个主题呈现多元化的局面。所谓一个主题，就是为顾客创造全方位且更加深入的消费享受；所谓多元化，就是不同的企业将根据自身的特点和优势，突出营销理念的侧重点，并在深度和广度上充实营销理念的内涵，从而使营销理念更加个性化、具体化和时尚化。在这种发展趋势下，企业对于市场上所有的核心概念，诸如品牌、服务、个性化等，都将有更加深入、独到的理解，而消费者则可以体会到更加全面的消费体验。

总之，未来的服装市场的竞争，将在很大程度上表现为营销理念的竞争，营销理念的创新将成为极具挑战性的工作。

二、中国服装市场整体现状

国内目前的服装市场表现为多区域、多特点的情况分布。

第一个区域是上海及其周边地区。这一块是传统的纺织工业基地，在服装业的发展水平上基本处于同港台地区相差无几，但其成本和价格较港台服装更占优势，而且上海已经成为了中国服装文化最为时尚的一个现代化大都市，中国加入WTO后，上海在纺织服装业上的优势将进一步得到体现，从今后的发展趋势来看，上海及其周边地区的服装品牌走向世界的同时，还会赢得更大的国内市场份额。

第二个区域是广东地区。因其地理位置毗邻港澳，因此与港澳的交流较内地更频繁，在服

---

❶ CS，是"Customer satisfaction"的英文缩写形式，译为"顾客满意"，CS工程：即"使顾客满意"的工程。
❷ 4C理论，以消费者需求为导向，设定市场营销组合的四个基本要素：即消费者"Consumer"、成本"Cost"、便利"Convenience"和沟通"Communication"的一个共同特点。

装款式、颜色及花型方面受香港服装风格影响也较多，成为了南方地区的一个代表，地区特征较为一致。

第三个区域是浙江、江苏地区。目前这一区域的服装在自身品牌建设上相对较为薄弱，且价格也较低廉，消费者对产品的各项指标得分相对较低，但实际上该地区有些生产厂商的质量也不低，完全可以打造自己的品牌，近几年我们确也看到不少江浙地区的优秀品牌正在崛起。

三、中国服装企业品牌营销现状及误区

（一）技术落后

目前国内对高新技术的应用还不广泛，CAD的普及率还不到5%，而在一些发达国家CAD的普及率已达到70%，我国的台湾地区也达到了30%。服装市场"多品种、小批量、高质量、短周期"的特点决定了需要CAD的普及作为服装企业实现快速反应的重要手段，只这一点上，国内企业已落后了很长一段路。

（二）缺乏可以作为领军人物的世界级服装品牌

近几年服装名牌战略的普遍应用已促成了国内一批品牌企业的崛起，如杉杉、雅戈尔、报喜鸟等，但能够走出国门直接参与国际市场竞争的服装品牌还几乎没有，主要是由于企业对创造世界名牌的重要性还缺乏认识，且竞争意识太弱，从一个侧面也说明我国服装产品从品种、质量和技术含量与发达国家相比还有较大的差距。

（三）盲目促销

降价、打折这种促销行为如今在国内已被全然扭曲，表现特征为打折持续时间长、波及范围广、折扣幅度大等。片面地采用打折来增长销售量，唯一的后果是使品牌在消费者心目中的主体形象大打折扣，最终造成品牌贬值。

（四）"盗版"、"克隆"现象严重

这一现象引起的恶性竞争使得国内一些刚起步的品牌发展受阻。为了防止被"克隆"，许多知名品牌只好采取买断布料、推迟新货上市等消极办法。同时，国际知名品牌往往因此也不愿落户中国，商场在引进国际品牌的谈判中困难重重。这一现象严重阻碍了我国服装业的整体发展。

由以上这些现状我们不难总结出国内服装企业的营销误区。

1. 服装销售预测和生产计划缺乏科学量化分析

销售趋势、库存、采购和财务等信息的量化分析对于服装企业来说是相当重要的，但是由于信息不统一、传递不畅通且信息不共享等诸多因素的困扰，目前国内服装企业的生产、销售还停留在经验主义型的预测和分析，企业没有意识或认为不必要在服装销售预测和生产计划上花费成本，因此无法快速精确地反映市场销售的真实情况，缺乏对应对市场状况策略的正确指导，从而导致了生产和销售的盲目性。

2. 忽视品牌概念的清晰和个性化

服装设计上没有自己的品牌概念，模仿、跟风、仿造、抄袭的现象较普遍，以至于整个营销过程均无品牌概念而言。

3. 部分服装品牌片面追求"一条龙"的全方位运作

这往往会因战线拉得太长而顾此失彼，埋没了企业本身的优势竞争力。这种情况的产生与目前的零售体制有很大的关系。

4. 企业不重视对供应链上所有企业之间建立长期合作的友好关系

原材料供应商、服装生产商、服装经销商、零售商和最终消费者之间缺乏完整性的链接，即使有些链接，也表现得较为脆弱，没有整体感。

5. 供应链上所有企业之间的信息资源缺少共享，信息反馈不及时

例如，服装品牌经营者通常很少将销售信息反馈到面辅料供应商，事实上，如果没有保证一定质量的沟通，将很难实现双赢。

四、适合中国服装企业现状的品牌营销战略策略

目前，中国服装企业的资本规模相对于欧美国家来说是"小巫见大巫"，所以中国仍应暂时以规模化经营为主，最重要的是充分做好战略上的准备，为从战术管理向战略管理的转变奠定坚实的基础，这是一个逐步完善、提升综合素质的过程，不可走得太快。在战略策略方面，中国企业应力求做到以下这几点。

（1）服装企业应尽快适应国内外各式各样的营销渠道模式。营销渠道是服装生产商的产品流向消费者的渠道，服装生产商对其管理水平的高低和控制力度的大小，对该企业产品的市场占有率的提高有着至关重要的作用，因此服装企业必须建立好自己的营销渠道。同时还要对其施以适当的控制，也即加强与营销渠道成员的合作与支持，在营销渠道控制中掌握主动权，企业可通过沟通、利润控制、库存控制和营销方案控制等实现。

（2）企业应重视商业情报的收集。市场竞争的日益国际化促使商业情报在服装企业发展中的地位和作用日益突出，这一点对企业有很大的促进作用，但情报收集对企业的贡献率一般都是机密不可外泄的。据现在才公开的1997年的统计表明，微软为17%、摩托罗拉为11%、IBM为9%、通用电气为7%、惠普为7%、可口可乐为5%、英特尔为5%。

（3）企业应提高对消费者个性化需求不断变化的快速反应能力。前面曾提到过，如今消费者的需求日益丰富，时装流行的周期越来越短，这需要服装企业能够根据市场行情的变化作出快速反应，通过灵活准确的调整产品的款式和数量，增强产品的质量，提高生产的效率以增加产品在市场上的占有率。在新的形势下，企业单靠自己本身是不可能在市场上生存下去的，应充分利用互联网等有利条件调用下游联盟企业的实时销售信息数据，直接进行分析，也可充分利用客户或者消费者的反馈单表的搜集来获取一定的反馈信息数据，或者直接与供应商、营销渠道中各环节之间建立相互信任，资料共享的联盟关系。

（4）企业应积极拓展国际市场。加入WTO后，现代服装企业的竞争将不再只限于质量与成本，更多的是技术创新和设计创新的竞争，研发设计、品牌定位、高新技术专业人才引进、跨国营销体系的建立、跨国采购的采用等方面的挑战将接踵而至，尤其当国内服装企业依靠不成熟的生产条件和营销模式与国外先进的服装企业处在同一平台上进行竞争时，挑战显得尤为

严峻，因此企业需要克服短期行为和浮躁的心态，注重企业新产品的开发能力以及营销渠道的建立与控制等，如此才能使企业真正具有在国际大市场中参与激烈竞争的实力。

结合上面所说，实现战略管理是一个逐步完善、提升综合素质的过程，国外企业成功的经营理念和战略化管理模式的确给中国企业起到推波助澜的积极作用，由于国情的不同，这些经验只能作为参考，决不能拷贝或借鉴过多，盲目地导入反而会适得其反，严重损害品牌。中国的服装企业必须要走出一条自己的经营之路，只有这样才能成功地与国际品牌竞争。在将战略付诸实施的同时，企业应遵循以下几个原则。

（1）融和原则　企业要从我国服装业的特点出发，抓住其中的关键环节，即产品、市场、终端、生产、品牌，进行民族元素与国际元素的组合创新。

（2）标准原则　创造品牌的应在环保、技术、科学等方面达到国际标准，特别是国际最新标准。

（3）国际化原则　企业无论是在硬件的设计和工艺上还是在市场和品牌策略等方面都要真正遵循国际化原则，而且要及时地识别市场的发展进程，按照品牌营销发展规律制订出行之有效的品牌营销策略，赢得市场竞争的主动权。

（4）保护原则　企业要熟悉国外市场规则，并遵守国际规则，特别是遵守关于保护知识产权的规则。只有创造出众多知名的国际服装品牌，才能增强我国服装在国际市场上的核心竞争力，使我国的服装业屹立于世界服饰艺术之林。

总之，入世后中国的服装业在国际市场上面临着极大的压力，但风险与机遇往往是并存的。服装经销商们需要认真分析形势，以高质量高附加值的品牌经营为原则，在创品牌的同时进行合理定位，保持品牌的高市场占有率，注意合理学习借鉴国外先进的品牌运作方式，找出我国自己的品牌优势，就能改变我国服装业以量取胜的局面，从而以高质量的服装品牌参与国际市场竞争，使服装业成为我国入世后的龙头产业及经济腾飞的跳板。

第七章 模拟训练——为某一服装品牌做策划与营销

第一节 服装品牌策划书

经过品牌调研论证和缜密构思的服装品牌策划，既能够提升服装品牌达成各种经营目标的能力，也能使服装品牌的运作井然有序，实现可持续发展的状态。服装品牌策划书则将策划方案变成具体化的内容，它是指服装品牌为实现可持续发展和盈利的目的，以满足目标消费群的需求为主导方向，规划服装品牌的市场定位、产品设计、品类组合策略、营销策略的构想和实施方案的文书。

服装品牌策划书作为以营销为重心的策划文案，通常由策划部门负责，其表述方式以文字与图表为主。策划书的具体内容一般是由"5W2H1E"这八个基本要素构成。

"5W2H1E"是缩写，其中包含了"5W"指

What：品牌策划的目的和内容；

Who：品牌策划的人员以及目标消费群；

Where：品牌策划的实施地点与商品销售的场所；

When：品牌策划的实施时间以及商品上市时间；

Why：品牌策划的意义和前景。

"2H"是指

How：品牌策划实施的方法以及运作流程；

How much：品牌策划实施的预算。

"1E"是指

Effect：品牌策划的效果预测和结果。

这八个要素是构成服装品牌策划书的核心基础，缺一不可，根据"5W2H1E"所展开的策划书才具有实践性意义。由于品牌策划的对象、目的和要求各不相同，不同服装品牌所制订的策划书的格式有所差别。

品牌策划书的基本格式主要包括封面、前言、目录、摘要、正文、总结和附录。

（1）封面　内容包括品牌策划书编号、名称、策划部门或策划人的姓名、品牌策划的时间段以及品牌策划的具体日期。

（2）前言　采用简单关键性的文字，以便服装品牌决策人员了解策划的侧重点。

（3）目录　配有目录的品牌策划书的整体结构非常清晰，便于服装品牌内部人员查阅相关内容。

（4）摘要　以简要的概括性文字对品牌策划项目进行阐述，涵盖品牌策划的整体构想、观点和理念。通过摘要可以快速掌握品牌策划书的基本内容。

（5）正文　品牌策划书的核心内容，表述品牌策划的目的和意义、市场调研分析、内部与外部环境分析、产品设计策略、营销策略、品牌策划投入的成本、实施效果的预测、品牌策划实施与控制的方法。

（6）总结　对服装品牌策划的重点进行归纳，加以突出和强调，以加深服装品牌内部人员对策划内容的印象。

（7）附录　有助于服装品牌内部人员理解的策划方案的相关数据与资料，以表明品牌策划理念的客观性和正确性，如调查问卷、图表、图片、数据分析模型等。

服装品牌策划书的作用是策划人员与设计人员可以按照策划书的方案和要求有质有量在协同合作下完成每项工作，同时也有利于对策划方案的实施情况进行检查、评估和调整。有效地将服装企业的利益和满足消费者的需求相结合，达成最佳的平衡状态，对产品设计与开发做出具体规划，制订可行性方案，形成相关部门工作的指导性意见，提出合理的营销策略等方面的建议。在不断满足消费者需求的同时，实现企业利润和品牌价值的最大化，塑造和提升服装品牌形象。

第二节　产品策划案

产品策划案是从产品设计与开发的角度，规划产品设计的实施方案，以合适的时间、地点、价格和数量给目标消费群提供符合他们需求的服装产品，并实现服装品牌的经营目标的文案。不同于服装品牌策划书所涵盖的内容，产品策划案的范畴相对较小，产品的设计策略更加深入和具体化。服装品牌在一年内通常按照季度制订春夏和秋冬季两个产品企划案。每一季度的产品策划案都是服装品牌内部的重要文件和商业机密，直接影响整个季度的产品销售情况。只有符合现代商业营销理念的产品设计策略才能发挥产品策划案的价值与意义。

产品策划案以产品的设计与开发为重心的策划方案，也是新季度产品开发需要遵照执行的指令性文件。主要是由设计部门负责策划，设计师和相关的技术人员执行产品策划方案，其表达方式以文字为辅，图片与设计稿为主。如果产品策划案在实施过程中出现任何问题，必须由设计总监同意后才能做出必要的调整，做好调整方案的记录，为下一次制订产品策划案时作为参考。由于服装品牌经营方式和设计管理体制的不同，产品策划案的内容和格式也有所不同。注重成效的产品策划案的格式主要有封面、目录、摘要以及正文。产品策划案的封面与目录的内容与服装品牌策划书相似，通过摘要可以掌握产品的设计策略、品类组合方案等产品策划内容的重点。正文是产品策划案的内核所在，一个较为完整的产品策划案通常是由产品开发计划、品牌调研分析、产品设计、上市计划等内容构成。服装品牌往往提前一年设定产品开发时间的计划，合理地安排调研、设计构思、样衣试制、产品订货会等工作的具体时间段。品牌调研分析主要指服装品牌自身的开发与设计能力、生产能力、营销能力、市场竞争力，以及销售业绩、同类型品牌的产品信息、目标消费群等内容的分析。结合市场环境找到服装品牌运营成功的原因和存在的问题，提出解决问题的建设性意见。分析目标消费群的生活方式、消费习惯、购买心理等内容，了解消费者的需求，并制订与服装品牌的经营目标、资源和实力相符合的产品设计策略。产品设计的内容包括主题设计、款式设计、色彩设计、面料设计和品类组合,通过某一主题故事或灵感来源呈现服装产品的设计主题,利用色板、面料板以图文并茂的形式展现设计理念。并详细规划新一季产品的品类组合,在款式、颜色、尺码、数量、价格等方面的制订最佳的配比方案。最后根据不同季节的特征,节日促销的需要安排产品分波段上市的时间规划。

产品策划案的制订与推行会为服装品牌创造无形的设计价值。一是借助产品策划案的引导,可以使服装品牌有序有规范地执行和完成设计工作,各部门职责与分工更明确。二是随着产品策划案的运用,不断累积产品开发与销售的相关数据以备分析、总结和参考。根据往年同季度的产品策划案所实施的效果作为参考是常用的策划方式,能够确保新季度产品的设计与开发的客观性和准确性更强,既是新产品开发设计的依据和导向,也是设计工作的方向和目标。三是为服装品牌树立设计的全局观念,在团队的沟通与合作中,培养设计人员从服装品牌发展、营销、消费者的角度来考量设计,并能够控制产品的研发费用和成本。四是通过产品策划案的实施为服装品牌树立良好的品牌形象,满足消费者多样化的需求。扩大品牌的影响力,逐步增加产品的附加值,产品质量在不断提升的同时提高产品的市场竞争力。

第三节　策划模拟格式

策划模拟是培养学生产品设计与营销的综合能力和意识而进行的模拟型专业训练。根据服装品牌策划教学的需要,围绕品牌综述、品牌调研、品牌产品设计、品牌运作、品牌商品营销等方面,模拟服装品牌的策划流程和内容。旨在提高学生的创新能力、设计能力、策划能力以及流行感知度、竞争意识、团队合作意识。在实际教学中根据课程的教学进度和学习重点安排每一阶段的训练方式和内容。针对某一品牌的策划案最终可以通过书面文档(画册)或PPT(幻灯片)形式呈现。本教材根据课堂教学的需要设定了策划模拟的基本格式,包括封面、目录、正文和封底。

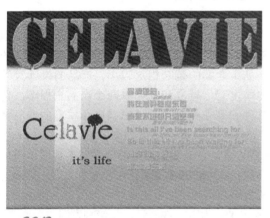

图7-1　封面设计

一、封面

策划书的首页是封面,它是整个策划书的首位形象设计。采用具有保护作用的硬卡纸作为策划书的首页用纸。策划案的页面整体规格大小,一般以A4纸规格为基准,也可以根据设计者喜好及品牌特色来决定表现形式。封面文字与图案是精心设计的贴合整个策划方案的主题与需求,注重美感,始终保持与品牌风格的统一,并体现品牌特色(如图7-1)。策划案的封面文字设定一般可设定为:××年××(季节)"××"服饰品牌策划案——(标题大字),英文标题(视具体情况而定),策划者:×××,时间为×年×月。

二、目录

目录需清晰标明策划书正文各部分内容的页码便于识别和查阅,目录页可以采用合乎品牌形象的任意形式进行编排。如图7-2,目录页的设计与编排的设计感很强,增添了美感,在赏心悦目中通过目录查找各个内容。

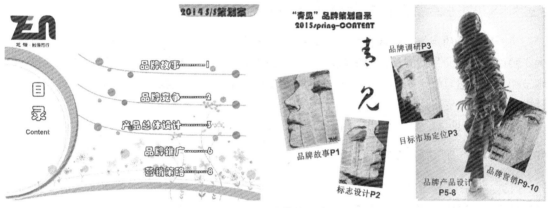

图7-2 目录页设计

三、正文

模拟策划的正文是整个策划案的主体部分,可以在模拟策划中将正文分为品牌策划和产品策划两部分的内容,也可以根据模拟策划的侧重点进行安排。不论采取何种分类形式,正文中必须涵盖品牌综述、品牌调研、目标消费群定位、产品设计、营销策略等基本内容。

(一)"××"服装品牌综述

品牌综述或品牌故事的可以通过品牌背景、品牌故事、品牌定位、品牌风格、目标消费群定位、设计理念、营销理念等方面简要描述服装品牌。所有内容的表述以文字为主,文字表述内容要言简意赅,适当增加一些可强化策划书视觉效果的相关图片。如图7-3,以图

图7-3 品牌综述内容的展现形式

255

片与诗文形式展现服装品牌名称的来源、品牌LOGO以及其所推崇的设计理念。

（本部分详细内容对应本教材的章节为第一章和第三章的内容，计划一周内完成）

（二）"××"服装品牌调研

服装的品牌调研以文字表述为主，添加一些图表或图片辅以强调调研资料的客观与真实性。主要通过对流行趋势信息、销售信息、市场环境等的调查，并对调查数据进行论证分析，运用"SWORT"分析该品牌的优势和存在的问题，对该品牌的产品设计、经营理念和营销方式等方面提出合理化建议。

（具体内容详见本章第二章，计划二周内完成）

（三）"××"服装品牌目标消费群的定位

目标消费群的定位是掌握目标消费群的消费心理、消费行为、消费习惯，以及目标消费群的年龄段、职业、生活方式、价值观等。此部分内容以文字表述为主，可以配一些相关的生活细节图片，传达目标消费群的生活方式和生活态度。可以透过对目标消费群的分析为产品的设计进行准确定位提出建议。

（详细内容见第三章，计划一周内完成）

（四）"××"服装品牌产品设计

服装品牌产品设计要符合品牌风格的前提下具有鲜明的个性和创意，要符合设计主题的意境和目标消费群体的需求，要具有一定的市场价值、功能性和可实现性。产品的一个或多个设计主题通过文字主题、色彩主题、面料主题和款式主题四部分体现，文字主题包括主题的名称和文字说明，配以凸显主题概念的图片；色彩主题通常从传达主题设计理念的图片中提取两组色卡，每一组色卡一般由4~7种色彩构成，向设计师传达服装产品的整体色调；面料主题通常是以表达主题概念的面料小样为主，采用真实的面料或是面料图片小样，配以面料成分、性能、质感等简要的文字说明。款式主题则以关键性图片来展现本系列服装的廓型特征和局部设计的细节，并辅以关键性的文字说明。系列化服装设计要包括上衣、裤子、裙子、连衣裙或大衣等品类，设计3~4个系列的产品，每个系列不少于4款服装的设计数量。如针对单品设计，每款不少于4个款式。产品设计稿要规范细致，利用电脑绘制或手绘设计效果图或款式图，严格控制服装比例、款式的细节。一般同一个系列效果图置于同一个策划页面，为了便于对产品进行整体把握，可以将所有款式置于同一个页面。

（详细内容见第四章，计划三周内完成）

（五）"××"服装品牌营销策略

营销策略是根据品牌调研以及目标市场的分析提出具体的产品销售策略。将现代营销理念如网络营销、绿色营销等融合到品牌营销策略中，选择合乎服装品牌优势的销售渠道，根据季度的变化和节日订制合理的促销策略以推广服装产品，获得有利的市场占有率。营销策略主要以文字表述为主，表述内容要清晰有条理，策略的可实施性要强。

（详细内容见第六章，计划二周内完成）

四、封底

封底是策划案的最后一页，运用与封面一样的硬卡纸来制作。封底的页面设计上要与封面有所差别以示策划案的结尾。

第四节　服装品牌策划营销案例

一、案例1

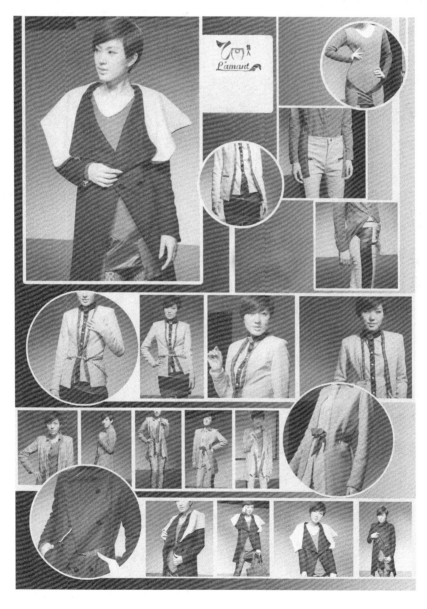

目　录

一、市场调研

二、品牌意境

三、市场定位

　　（一）品牌介绍

　　（二）目标消费群

四、产品定位

五、价格定位

六、设计主题

　　（一）职业干练系列

　　（二）高贵优雅系列

　　（三）色彩波段

七、新品发布

八、店铺陈列

九、营销规划

　　（一）品牌推广关键词

　　（二）品牌推广策略

　　（三）广告宣传

十、详细推广方案

　　方案一：L'amant年度盛典

　　方案二：L'amant巡回改造

十一、附属品设计

十二、结语

附录

一、市场调研

每一个城市都有她独有的时尚,这种时尚,像一枚耀眼的勋章别在这个城市的胸口上,霸气或者婉约,庄重或内敛,都昭然若揭。为期两天的杭州市场调研,我们切身感受到了属于杭州的时尚。杭派女装简约、优雅、浪漫,无处不透露出江南水乡的文化气息。

杭州大厦里的一些国际奢侈品牌,带着强大的不可撼动的气场,显露着杭州国际化。

个性化的模特姿势,将人物与服装巧妙而细致地融合在一起,更好地突出服装的风格,通过店铺陈列营造出一种场景,仿佛在娓娓地向你诉说着一个动人的故事……

店铺橱窗用衣服包裹住几何体,体现出线条感与时代感,传递一种精致、干练的生活态度。

武林路一带引领时尚的大牌在款式、面料、色彩、店铺陈列等方面都彰显出其独有的品质。然而,与武林路的奢华与气派相比,杭州四季青服装批发市场则是以中低档服装为主,那边的服装包罗了各式各样的大众潮流,驼色妮子大衣、斗篷装、军装风、毛绒大棉服等大行其道,这些款式既能从外形上承接大牌某些精华,又能从价位上满足广大消费者的消费水平。从服装城里热闹的场景体现出了这些款式受到了广大女性消费者强烈追捧,业内人士称为"爆款"。

时尚的情人,我们的情人,你们的情人。

关于L'amant情人,我们还有更多的精彩需要演绎,时尚而又聪慧的你们,做好隆重迎接她的准备了吗?

二、品牌意境

我是为你存在的火焰,
爱情就像一场爱输的游戏。

生命中住着一个不安分的灵魂，
想念或怀念，众人纷说。
上帝也曾嘲弄耻笑我，
但是现在一切已谢幕。
精致的裁切，微妙的转折，
奢华褪去浮夸，职场即染风情，
理智的性感与坚定的优雅相携而至，
再没人打扰我和L'amant，
我想找到L'amant，
我只想找到L'amant。

三、市场定位

（一）品牌介绍

分类		详细说明
简介	品牌名称中文	情人
	品牌法文名称	L'AMANT
	形象色调	黑色、灰色、驼色、米白色
	产品风格	时尚、简洁、优雅
	消费群体	20～35岁职场女性
市场定位	穿着场合	上班、聚会、逛街
	按收入定位	月收入在4000以上的都市职业女性
	销售终端	实体专卖店（直营连锁）、网上销售（宣传品牌）、特许加盟店
	卖场地址	步行街和百货商场等商业中心

（二）目标消费群

20～35岁的时尚而干练的职场女性。具体人群为：初入职场的新人、踏进职场的女性、职场达人、职场女强人。其心理特征表现为独立自信，年轻却又成熟，有独特品位，对时尚和流行嗅觉灵敏；其服饰爱好为追求时尚、简洁、干净、利落，却不失精心设计感，易于搭配出多种不同风格。

四、产品定位

职业干练	毛织	10款	职场系列以简约、干练相结合，纱线（面料）质感注重品质感，穿着为上班、商务出行场合。 产品廓型：合体型和稍宽松型。 设计元素：梭织与毛织相拼，针法变化，领型变化，梭织以手感较好的精细棉及混纺、记忆丝料
	梭织	20款	
高贵优雅	毛织	5款	高贵、优雅为本系列风格，主要适用于上班、聚会等穿着场合。 产品廓型：合体，体现女人优柔圆美的曲线。 设计元素：结构突出肩部，设计元素有闪光亮片，钻石、蕾丝花边、钉珠等。 面料风格：具有垂感的混纺面料，手感舒适的面料，浮雕效果的提花料，千鸟格，夹金银葱的面料，格仔、顺毛呢等
	梭织	15款	

五、价格定位

类别	最低价/元	适中价/元	最高价/元
衬衫	300	500	800
夹克、西服	800	1200	1500
风衣	2000	3500	5000
棉衣	1000	2000	3000
短裙、短裤	300	600	1000
连衣裙	500	1000	2000
长裤	800	1500	2000

六、设计主题

（一）职业干练系列

- 精致、完美是女人一生追求的品质生活。
- 黑色、灰色顺应了2010秋冬季的沉静寂寞。
- 驼色、深褐色渐变为冰冻的大地灰色。
- 成熟的杏色作为辅助的色彩，为寒冷的冬季增加暖意。
- 羊绒、防护性后整理面料，及毛织与不同材质的拼撞。
- 在视觉上给人以自然和韵律感。

（二）高贵优雅系列

- 各种不同层次的红色和黑灰色混在一起，
- 给人一种很迷人的感觉，并作为高贵优雅系列的主色调。
- 本系列要营造一种闪亮的效果，
- 用具有亮光感的材质面料与辅料是最好不过了！
- 黑色与灰色是一种很好的底色！
- 很好的衬托了红色！
- 显得庄重而华贵！

（三）色彩波段

系列	货品色系
职业干练	
高贵优雅	

　　考虑到季节性和南通轻纺市场的局限性，我们组决定使用黑色、浅灰、深灰、驼色作为重点色，面料主要采用呢子、针织面料、卡其布。

七、新品发布

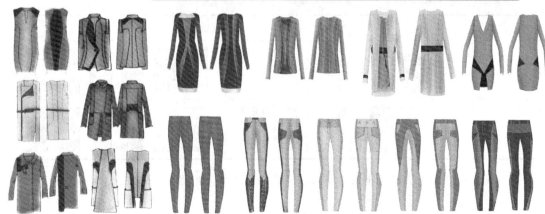

八、店铺陈列

九、营销规划

（一）品牌推广关键词

（1）情感沟通　让用户感受到我们的真诚和努力。

（2）全方位　让L'amant无处不在（公关宣传、产品包装、全面合作、情感互动、口碑传播等）。

（3）多角度　购买感受、品牌理念、服务意识、企业文化、社会责任等。

（二）品牌推广策略

（1）设计一系列的报纸广告（软性文章和硬性招商广告），拍摄并制作一系列专题画册和影片，以供推广活动时使用。

（2）设计精美的经销商加盟手册，扩大品牌效应。

（3）策划详细的店员培训手册、产品推广手册。

（4）主办服装展，针对不同身份的宾客赠送有宣传性质的礼品。

（5）商场开展促销活动，网上电子折扣券发行，员工特价场，现金返还活动。

（6）公益活动支持、户外展示、开展针对企业文化的征文活动，提高品牌知名度。

（三）广告宣传

1.广告语：Je voudrais trouver l'amant. Simplement trouver l'amant.

2.形象代言人：范冰冰

3.户外广告推广

"S"型牌——大型楼顶、路边的超大型广告牌。6000元/年。

"B"型牌——商场电梯侧、楼侧、立柱式等中型广告牌。3000元/年。

"P"型牌——人行道灯箱、灯柱灯箱、电话亭、车亭等小型广告牌。10000元/年。

4.网络推广

服装品牌专业推广网站——穿针引线、淘宝网、人人网、新浪微博、开心网,5000元/年。

5.媒体推广

老资格的品牌推广媒体,描绘特色产业,扩大品牌影响力,更好地为招商引资服务。70000元/年。

新晋服装品牌推广报,行业针对性强,客户跟踪全面;报刊免费直投给全国各地。12000元/年。

十、详细推广方案

方案一:L'amant年度盛典

(一)活动传播对象

1.拥有L'amant会员卡的消费者

2.行业精英

3.职场白领

4.优秀应届毕业生

5.媒体杂志工作者

(二)活动目的

1.以L'amant年度盛典为契机,提高公众对L'amant的认知程度、品牌好感和口碑;

2.提升会员对品牌忠诚度;

3.提升企业职员对品牌的首选度;

4.为各大企业交流提供平台;

5. 为企业和应届毕业生交流提供机会。

（三）活动时间

2012年6月6日　晚6:30入场

（四）活动地点

金石国际大酒店一楼大厅

（五）活动主题

1. 主题：寻"秘"

2. 主题阐述：寻找L'amant的秘密，寻找职场成功的秘籍。

（六）活动内容

第一个环节

嘉宾入场签到，颁发号码牌，拍照

嘉宾红毯入席，媒体拍照

屏幕展示红毯走秀照片

评选十大穿衣美人，活跃气氛

给十位获选嘉宾颁发小礼品

第二个环节

品牌走秀，嘉宾自由自助餐
工作人员都穿L'amant特质工作服
最后品牌代言人范冰冰走秀
第三个环节
时尚达人，现场选一位嘉宾或者工作人员进行现场改造
启动巡回改造仪式（到各大企业为企业职员进行服装改造，提升企业形象）
第四个环节
名人访谈，各个企业精英介绍自己的企业及成功经验
有优秀应届毕业生自由提问环节

（七）活动执行流程

时间	内容
5月16日～6月1日	发放邀请函，确认嘉宾及场地，做好活动安排
6月6日7:00～18:00	布置现场，做好来宾接待准备
6月6日18:00～21:00	确认盛典准备情况，有序地开启盛典
6月6日21:00后	现场整理，同时L'amant员工讨论总结

（八）活动宣传

1.酒店入口、外墙、电子大屏幕等显眼处设立L'amant盛典宣传片。
2.发放杂志宣传手册。
3.邀请各大媒体宣传并参加盛典。

（九）预算

物品	数量	单价	合计
邀请函	200张	10元/张	2000元
现场布置道具	/	/	50000元
餐饮	250人	300元/人	75000元
酒店租赁	1家	50000元/天	50000元
代言人及模特	11人	10000元/模特	600000元
劳务费	50人	200元/人	10000元
总计			787000元

方案二：L'amant巡回改造

（一）节目详情

1.节目名称：《L'AMANT时尚改造》
2.节目形式：以现场录播为主，到各大企业进行巡回改造

3. 节目主旨：全方位改造，多角度宣传；展示不一样的职场魅力女性装扮，提升品牌知名度和企业文化形象！

4. 节目目标：提高公众对 L'amant 和各大企业的认知程度和口碑；提升企业职员对品牌的首度。

5. 节目定位：立足中国，辐射全球，针对各个企业不同的企业文化，对他们的职场穿着打扮进行指导，加强各大企业之间的联系，方便应聘者跟企业交流。

6. 目标受众：行业精英 待业青年 应届毕业生。

7. 节目长度：45分钟。

8. 单集节目构成：纪录片形式。

9. 播出时时段：每周六20:00～20:45。

10. 播出周期：周播。

11. 节目集数：待定。

12. 制作方式：前期交流洽谈，后期实地录制。

13. 版权所有：策划人与制作人所有。其他单位未经允许不得擅自宣传、录制。

（二）设置策略

1. 主持人：清新自然，贴近生活。符合大多数民众审美标准。

2. 节目顾问：L'amant 集团设计团队。

3. 节目包装：整个栏目以黑色和红色为主给人一种干练，时尚和成熟的感觉。

4. 栏目周期：每周一期。

5. 工作人员设置：制作人，统筹人，摄制组，后期。

十一、附属品设计

（一）吊牌设计

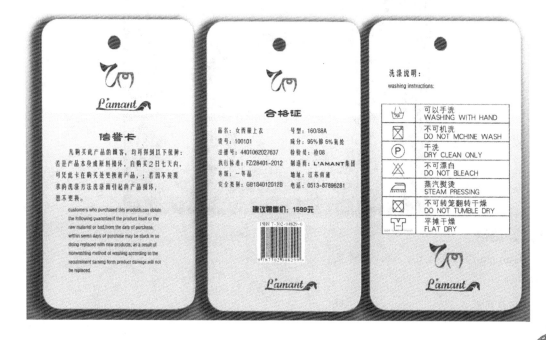

（二）VI设计

（三）名片设计

（四）手提袋设计

十二、结语

L'amant情人在这里，你，在哪里？

附录

调查问卷

L'amant问卷调查表

访问地点：　　　　　访问时间：　　　　　访问员：

您好！这份问卷是为了了解各位希望L'amant女装品牌消费者心目中的形象以及服装消费心理的调查，希望您给予支持，谢谢您的帮助！

1. 您的年龄？
   A.19岁或以下　　B.20～29岁　　C.30～39岁　　D.40～49岁　　E.50岁或以上

2. 您的职业？
   A.公司普通职员　　B.高级管理人士　　C.专业人员（医生、律师、会计师、工程师等）
   D.国家公务员　　E.学生　　F.主妇　　G.教师
   H.私营业主/自由职业者　　I.其他_____

3. 您的月收入范围在：
   A.2000元以下　　　　　　　　B.2001～5000元
   C.5001～10000元　　　　　　D.10000元以上

4. 您是否会随着潮流的变化，调整自己的选择标准，尝试更多新的款式：
   A.是　　　　　B.否

5. 您通常通过什么渠道了解近期的流行趋势。
   A.时尚杂志推荐　　B.周围人的影响　　C.网络咨询　　D.商店里销售的款式
   E.电视、报纸等媒体时尚类栏目　　F.广告　　G.其他_____

6. 您印象中这个品牌是以什么风格呈现？
   A.干练　　B.优雅　　C.可爱　　D.淑女　　E.性感
   F._____

7. 请问您所购买的女装（单品），一般处于以下哪项区间内？
   A.200元以下　　　　　　　　B.200～500元
   C.500～800元　　　　　　　 D.800元以上

8. 请问您每季一般购买几套女装？
   A.1套一下　　B.1套　　C.2套　　D.3套　　E.3套以上

9. 您会选择哪种"时机"购买时尚女装？
   A.看到喜欢的就买，没有特别时间　　B.新品推出的第一时刻
   C.商品打折时　　D.大型商场促销活动　　E.换季出清时

10. 您在购买女装时最主要考虑的因素是：
    A.款式新颖　　B.穿着舒适　　C.价格合理　　D.质量可靠

11. 您习惯于用以下哪种方式购买女装？
    A.专卖店　　B.商场专柜　　C.网上购物　　D.电视购物

12. 您觉得此品牌参与社会各类公益、赞助活动对您的购买影响
    A.很大　　B.大　　C.一般　　D.没影响

13. 您是否会留意这个品牌的宣传以及橱窗陈列，并推荐给朋友
    A.会　　B.不会　　C.视情况而定

谢谢合作！

二、案例2

不器服饰品牌企划案
THE R&D PLANNING OF BUQI CLOTHING COMPANY
&2014 PRE-AUTUMN CLLECTION-SPEAKLESS

目 录

一、品牌策划
  （一）品牌命名
  （二）品牌理念
  （三）品牌故事
  （四）品牌定位
  （五）消费定位
  （六）品牌LOGO
  （七）品牌传播策划

二、商品策划
  （一）国内市场环境
  （二）消费群体分析
  （三）竞争分析
  （四）产品策划
  （五）"STP"战略策划

三、服装设计
  （一）系列一：不语
  （二）系列二：辞树
  （三）系列三：出陶
  （四）其他单品设计

四、成衣工艺
  （一）结构图制作
  （二）成衣展示

五、营销策划及产品推广
  （一）营销策划
  （二）品牌推广
  （三）品牌延伸

一、品牌策划

（一）品牌命名：不器

子曰：君子不器。寻君子之道，入不器之境。是说君子不能像器具那样，作用仅仅限于某一方面。

（二）品牌理念

"不器"追求"内修外展，不流于形"的理念，简洁含蓄又兼具中国古韵文化特色。不拘泥于单一呆板形式，采用体系化的多变设计手法，将不同设计点完美结合。

（三）品牌故事

灵感来源于儒家"君子不器"鄙薄刻板科学技术的思想，排斥固定廓型对服装的约束，致力于表现服装面料本身独特的气质，注重"本源"，自然衬托出穿着者本身的内在修养与气质。"不器"意在不拘泥于一种形式，跳脱出西方刻板式裁剪传统，服装以素净的面料、简单的纹样、简洁的线条构造出自由舒适的外在形态。

（四）品牌定位

设计以深厚的中华民族文化传统为底蕴，结合当下流行时尚，使现代设计与古典风情相对独立而又和谐统一。以棉、麻为主导，融合扎染、刺绣图案、别致配饰，巧妙配合手工艺术，结合都市文化女性的生活环境、心理需求，冠以"不器"创新、独特的设计观念，创造出简洁含蓄、舒适实用、兼具文化艺术特质及时尚品位的风格。

（五）消费定位

目标人群：年龄分布在25～35岁，有文化素养，崇尚古韵，思想独立，情感细腻，并且有一定经济基础的现代都市知性女性。

产品类别：成衣、配饰

产品风格：禅意、水墨、清雅脱俗

产品价格：500～1500元

区域定位：江浙沪的一线城市作为试水市场，根据市场反应做出调整。

线路设想：

主题线路——根据每一季的主题设定强化设计的主题线路，具有流行性与品牌辨识度。

（六）品牌Logo

简洁的色彩与构造，诠释了含蓄与禅意的水墨意境；展现了自由舒适的品牌理念。

（七）品牌传播策划
1.品牌形象推广定位
诗意灵动、自然之美。

2. 广告策略

文艺风、意境清雅的广告片和宣传片，使品牌韵味具象化。每一系列配合独特的广告语，丰富延伸品牌内涵。

3.VI设计
吊牌、洗水唛

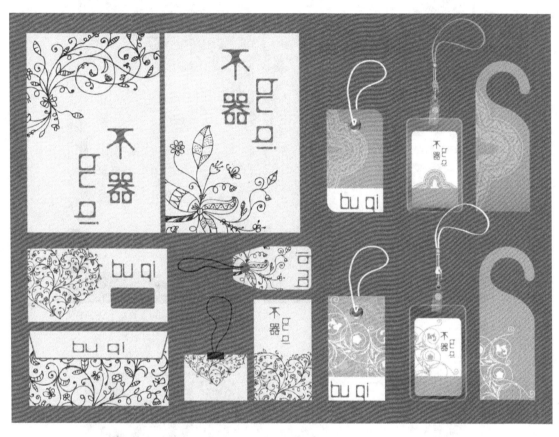

手袋、包装盒

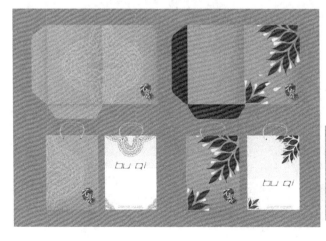

商业表格

文件夹

文具用品

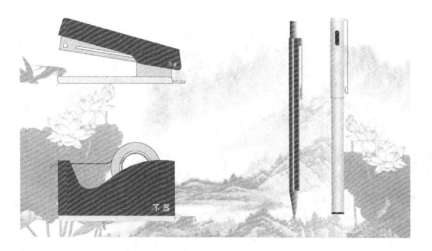

名片

会员卡

资料袋

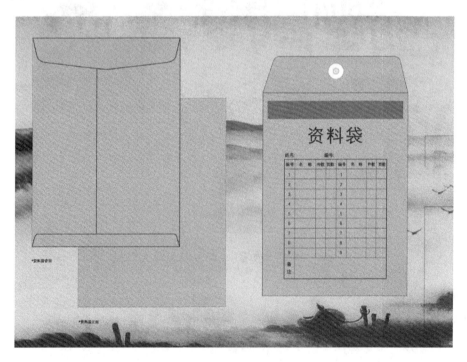

标签

胸卡

信封

纸杯

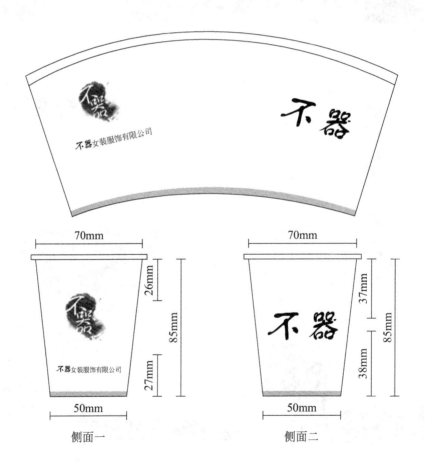

侧面一　　　　　　　　侧面二

4.陈列设计

店铺设计、橱窗陈列。

（1）店铺流行风格

① 简约主义、古典自然；

② 运用各种空间规划，让消费者强烈感受宽敞感；

③ 加入舒适休闲的家具设施；

④ 销售商品不是唯一，宣传品牌文化也是重点，寻求品牌的长远发展。

（2）店铺选址

选址原则

① 商业活动频繁；

② 人口密度高；

③ 客流量大；

④ 交通便利；

⑤ 人流聚集或聚会较多；

⑥ 同类店铺聚集；

⑦ 整体消费与品牌定位相符。

选址示例：

杭州大厦购物中心

杭州大厦购物中心

上海南京西路

上海南京西路

（3）店铺外观布局设计

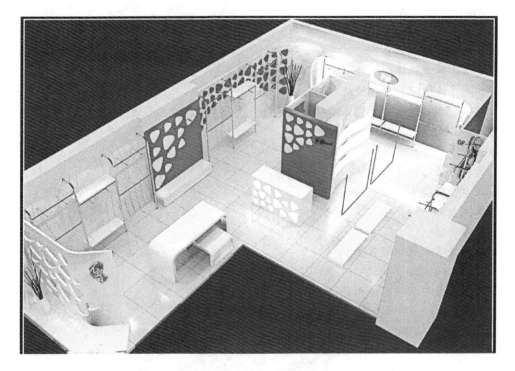

（4）店铺陈列设计
店铺道具设计和规划布局
假人模特橱窗展示

陈列架——当季热销产品

装饰品——营造氛围、宣传品牌文化

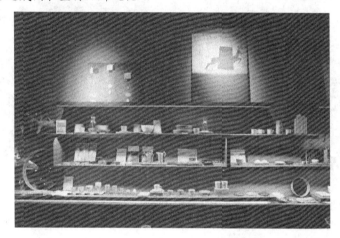

桌椅——提供休息、装饰

陈列搭配设计

灯光与背景音乐设计

多处使用白炽灯,使店铺明亮,不做多余渲染,还原衣服本来色彩。背景音乐使用轻柔、舒缓的轻音乐,如:月光边境、dying in the sun、琵琶语等。

橱窗陈列设计

以一到两个模特为主，辅以配饰或艺术品，搭配简单的背景。

二、商品策划

（一）国内市场环境

在中国，庞大的人口基数本身就是一个服装市场的一个有利因素，随着2004年我国人均GDP超过1000美元之后，中国服装市场进入了精品消费时代。也就是说现在的服装消费已经不仅仅是为了满足人们最基本的生存需求，而向更高的心理需求、自我满足需求跃进。

1. 女装在服装市场中的重要地位

有关调查显示，中国77.3%的已婚女性决定着家庭的吃、穿以及日常用品的选购，22.7%的已婚女性在家庭贵重物品的采购中起主要决定作用。46.5%的已婚女性个人收入由自己支配，将收入交给丈夫支配的仅占2.2%。中国女性用于购买服装服饰的花费排在消费的第一位，其余依次是用于通信、旅游、健身、化妆品以及购买书籍的费用。

2. 问卷调查结果简要分析

（1）年龄　本次被调查的人群年龄大致分布在20～60岁之间，之中26～30岁年龄段所占比例最大为50.79%。

（2）职业　被调查者中公司职员所占比例最大为50.79%，排第二的为科教文卫人员占20.63%。

（3）月收入构成中6000～8000元所占比例最大为36.51%。2000元以下占3.17%，2000～4000元占25.40%，4000～6000元占23.81%。

（二）消费群体分析

不器品牌的消费定位在25～35岁、年收入25000～60000元的时尚文艺女性，这部分人群消费潜力很大。

她们崇尚女性独立，在职场上从容干练，内心却是柔弱温情，她们喜欢购买符合自己气质的服饰，以获得安全和满足；她们大多受过高等教育，具有较高的品位，有点小资情调，对潮流风尚十分敏感，并对自己的品位和个性相当自信；她们中的单身女性经济压力较小，购物更加随心所欲，对自己真正喜欢的东西却从不吝啬。

1. 重视外观形象，求美心理强烈

相对于其他群体的女性，对自身形象更加注重。她们或正当青春年华，对自己的容貌和别人的评价非常在意；或刚刚过了青春时节，十分害怕老去，对美丽的追求更加孜孜不倦。

2. 典型的感性消费特质——非理性消费、情绪消费

当代白领女性在工作上充满压力、渴望释放的特点，以及她们手中较为独立和宽裕的可支配收入，使她们的感性消费现象更为突出。

93.5%的女性有过非理性消费行为。

52.8%的女孩曾经因为发了工资钱袋鼓了而突击消费。

46.1%的女性心情不好或者开心的时候进行情绪化消费。

尽管非理性消费花了不该花的钱，但79.0%的女性事后持无所谓或不后悔的态度。

3. 口碑传播的超强影响力

白领女性大多受过高等教育，对当今遍地开花、无孔不入的商家广告越来越持较高的警惕和排斥心理。感性的她们越来越倾向于寻求自己较熟悉的信息渠道，尤其是较熟悉的朋友言传身教式的推荐。据统计，年轻女性中有55.5%的人因为"和朋友逛街受朋友影响"而购买了本来不打算或不需要的产品或服务。

4. 注重细节，比较挑剔

大多数白领女性认为，有品位的女人一定是精致的。她们往往要求自己从外衣，到鞋子，小饰品，内衣，乃至睡衣，都要做工精良、细节完美。甚至一件衣服的一个外露的线头，都能直接影响她们的购买行为。

5. 对价格非常敏感

这与大多数女性天生善于持家算计的意识、爱贪小便宜的心理有关，也是由于许多白领女

性具有强烈的品牌意识，所钟爱的品牌大多比较昂贵，她们的收入不足以使她们自由而频繁地购买这些品牌。

一旦这些品牌有折价促销，她们会比平时更感兴趣。另一方面，若一个高档品牌一年到头频频打折，她们也会丧失对该品牌的信任。

6. 注重全方位的消费体验

对于许多白领女性来说，她们爱上的是一种购物的乐趣，而不仅仅是所购买的东西本身。逛街对她们来说，既是一项释放压力、放松心情的活动，也是为了购买美丽的衣物饰品，以增添自己的美丽风采。她们希望商场的视觉、听觉、触觉、嗅觉等方方面面，都能使她们体验到尊重、舒适、愉悦、贴心、成就感等她们所喜欢的感觉。

（三）竞争分析

- 优势：原创设计，天然面料，集设计、生产、加工、营销一体
- 劣势：消费群体少，价格偏高
- 机会：同类品牌较少，设计师原创品牌开始流行
- 威胁：马可女士"例外"的成功案例将会引发新品牌的加入

SWOT法分析

外部因素 ＼ 内部能力	优势（Strength） ·原创品牌，风格独特 ·多选取天然面料，亲肤舒适 ·集设计、生产、加工和营销为一体	劣势（Weakness） ·由于风格款式限定，消费群体较小 ·相比其他风格品牌服装，价位较高 ·面料及做工导致成本提高
机会（Opportunity） ·同类品牌较少 ·设计师原创品牌开始流行 ·国际市场的强烈需求	SO —结合设计理念，不断发场品牌文化 —在舒适的基础上创造时尚的款式 —结合国际流行趋势，品牌国际化	WO —开拓国际市场，做领军者 —注重品质，高价格必须出高质量 —控制价格的同时保证原料品质
风险（Threats） ·新品牌的加入 ·网络上的原创品牌增多竞争大 ·品牌起步影响力较小	ST —不断开拓创新，坚持努力，做大做强 —吸收容纳新文化 —弘扬品牌的特色，让人印象深刻	WT —维护已有客户，并且开发潜在客户 —严把质量关，树立良好口碑 —做好宣传工作，增强品牌力量

（四）产品策划

各类产品对应面料介绍

产品种类	面料	
短上衣	·多采用新型面料"壁棉"是为这季主题专门做的仿墙壁肌理的棉织物，主要成分是棉，纺织密度大，手感硬挺，干爽，防风保温性能强	
长风衣	·风衣也有采用呢制面料，手感柔软，舒适	

续表

产品种类	面料	
毛衣	·采用毛织物和线织物两种，如柔霜羊毛，其质地柔软、舒适，在风格上也很高雅 ·线织物为手工编制织物，用细线编织成粗线再针织成衣，线织物塑形性好，毛衣的立体感强	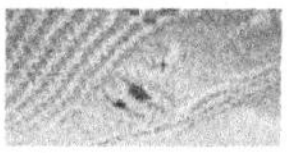
长裙	多采用棉织物，以舒适性为主，没有采用硬挺的壁棉，多用柔软质地的棉织物，如露岩棉、暖弹棉	
半截裙		
衬衣	多采用棉织物，以舒适性为主，多用柔软质地的棉织物，如暖弹棉	
裤子	多采用新型面料"壁棉"是为这季主题专门做的仿墙壁肌理的棉织物，主要成分是棉，纺织密度大，手感硬挺，干爽，防风保温性能强	
围巾	多采用麻织物，如壁麻、流沙麻、细纱麻，来表达一种自由、舒适的生活态度	
帽子	采用皮革和针织两种材质	
包	采用皮革、针织	 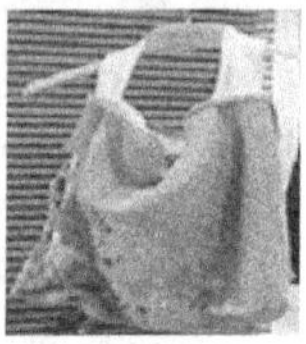

本季度产品种类、价格及数量

产品种类	价格/元	数量/款
短上衣	1968～2798	11
长风衣	1998～3298	3
毛衣	1698～2698	9
衬衫	1698～2268	4
裤子	1368～1998	6
长裙	1598～2998	3
半截裙	1298～2688	2
围巾、帽子	598～1598	7
项链、手链	998～1998	3
腰带	528	1
包	968	1

产品线分析——色彩组合：

别致的色彩，源自对时尚的解读。主要是专色和冷色调，午夜蓝色调、土色调和深粉色的对比，并以此创造一个有趣的世界。

经典世界的特征是淡化的色彩效果。在这一节，干净和泥土的色彩占主要地位。他们似乎想实践好奇的组合。

墙壁的色彩、棕色和蓝绿色调混合在一起，结合雾灰色给人一种神秘感。

（五）"STP"战略策划

步骤：市场细分（Segmenting）→目标市场（Targeting）→市场定位（Positioning）

1.市场细分

（1）市场细分的概念和方法

（2）勾勒细分市场的轮廓

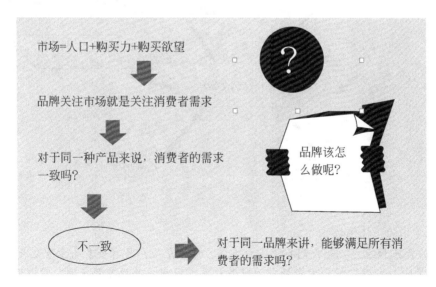

① 市场细分的概念。不器女装依据消费者需求的差异性和相似性，按照求大同存小异的原则，将整体消费者划分为若干个不同的消费者群（如女作家、女艺术家）减少各部分的内部差异性，使其表现出较多的同质性。

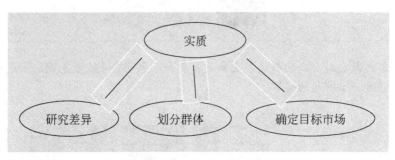

② 市场细分的方法

细分标准	具体因素
地理特征	地区、地理气候、城市或乡村、交通运输
人文因素	年龄、职业、性别、教育、家庭、宗教、生活阶段、收入
心理因素	生活方式、性格、社会阶段
行为因素	追求利益、信赖程度、对销售因素的敏感程度

2.目标市场

（1）目标市场的含义、原则、依据和策略

（2）评估细分市场，确定目标市场

① 目标市场的概念。在市场细分的基础上，不器女装所选择的消费者群体。

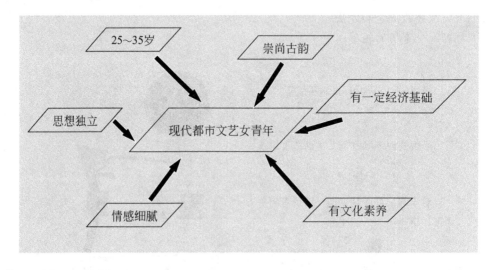

② 目标市场的选择依据

a.品牌的资源和能力。等我们品牌实力雄厚、资源充足，具有较多高素质生产技术人员和经营管理人员时，可以选择较大市场作为服务对象，采用差异性市场策略，现在刚开始起步，我们就采用密集型市场策略，集中使用有限资源。

b.竞争对手采用的市场策略。品牌采用何种策略往往视竞争对手情况确立，如果对手已采用差异化策略，我们就要对市场进行再一步细分基础上，采用差异性更大的市场策略或以密集性策略与之抗衡。

③目标市场的营销策略

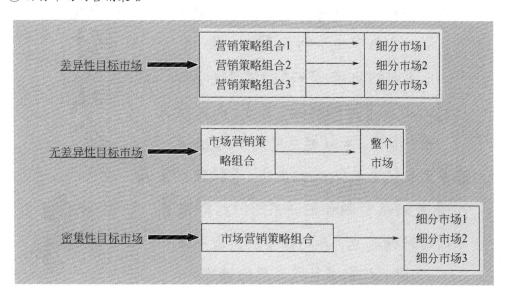

分析得出，"不器"比较适合无差异性目标市场，只向市场推出单一的、标准化的品牌产品，并以一种统一的销售方式来销售，从而取得价格上的优势。

3.市场定位

（1）进行品牌定位、价格定位、设计师定位、季节定位。

（2）同类品牌市场定位的比较。

市场定位的步骤：

①品牌定位。设计以深厚的中华民族文化传统为底蕴，结合当下流行时尚，使现代设计与古典风情相对独立而又和谐统一。以棉、麻为主导，融合扎染、刺绣图案、别致配饰，巧妙配合手工艺术，结合都市文化女性的生活环境、心理需求，冠以"不器"创新、独特的设计观念，创造出简洁含蓄、舒适实用、兼具文化艺术特质及时尚品位的风格。

②设计师定位。设计师同样有自己的目标市场和借以赢得目标消费者风格和特色。如例外设计师马可眼中的女性："只有特点，没有缺点"，在他的服装上，看不到太多花哨、艳俗的东西。线条简洁流畅，装饰较少，利用本身的大块面剪裁和中性的颜色表达都市新女性的独立与自信。

时装设计师是流行趋势的归纳者，从生活中获得灵感，选择符合消费者评价标准的时装式样，时装设计师也是流行的引导者。

③季节定位。作为原则，季节定位与品牌及设计师定位必须统一和协调。季节定位的目标市场应保持稳定，季节定位是季节商品策划的起始点。

不器女装在季节定位上本着市场的需求，及时更新各个季节，消费者需求的各类服装产品。

三、服装设计

系列一：不语

笔墨渲染之下
每一笔的晕染都是自然独一无二的杰作
亦如宣纸下的水墨画一般
自由的轨迹，轻柔的晕染轮廓
形成斑驳有序的纹路，整齐，而又凌乱
用手摩挲，可以感受它的起起伏伏
像是大自然里最纯粹的生命，有特殊的基调
普通的版型融合的是不同的精雕细琢
从面料到选色，再到细节的考量与设计
每一处都是自然真实的情意

设计理念

不语

"不器" 2014 秋冬系列——不语
"buqi" 2014 a/w cllection——buyu

黛山看不厌，流水趣何长
穿着者本身就如一幅画，素妆淡眉，水墨之感入眼即成
大衣线条利落，廓型宽大，长至膝下，勾勒高耸山峰之形
立领、圆肩、马蹄袖，简单干练，融入本季流行元素
上身大曲线分割，明暗对比
白色面料上水墨扎染，山形朦胧
膝下裙摆为白色雪纺面料，压皱、细褶
高山流水，起风走动时，如水蜿蜒
两种面料相互搭配，形成硬朗与柔软的对比，柔中带刚
契合"不器"之"内修外展"的设计理念

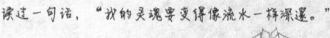

读过一句话，"我的灵魂要变得像流水一样深邃。"

风衣款式中性简洁，低调而有风度
面料肌理明显，手感粗犷敦厚
内层纯棉底料，柔软温暖
灰黑色调，去除柔美线条，衣身大廓型用直线勾勒
简单利落，深沉而有韵味，内敛中带着坚忍

内搭立领盘扣设计，交领假两件设计
墨色晕染，深深浅浅

下装配宽松阔腿裤，面料为棉麻混纺质地
面料柔软度大，磨洗工艺，颜色泛白，做旧的感觉
脚踝处浓墨渐染开来，行云流水
仿若大地上孕育生命的河流，沉静恒久

面料工艺

面料选择

最早的服用天然纤维面料，距今有一万年以上，其纤维强韧，具有透气、抗菌、不粘身的优良特性，面料天然光泽，不易褪色缩水。麻质感粗犷、易生皱，是自然随性的代表。

面料

85%聚酯纤维15%羊毛

两种面料的搭配，舒适透气，保暖佳，面料软软的，垂感特别好，手感软糯细腻，触感一流，穿在身上也不会扎身，松松的穿在身上，透过肌肤，贴近内心，感受她的自然、纯朴。

吊染

面料、服装产生由浅渐深或由深至浅的柔和、渐进、和谐的视觉效果。简洁、优雅、淡然的审美意趣，让人体味到一缕中国传统浅降山水画的墨韵余香。

系列二：辞树

设计理念

如何让你遇见我，在这最美丽的时刻，为这，求佛让我们结一段尘缘
佛於是把我化成一棵树，长在你必经的路旁，阳光下，斑斑驳驳洒落前世的期盼
设计这一系列时，想象着温婉如玉、守静如芷的姑娘可以穿上它们，演绎一段美好的时光
上衣膽横宽松的廓型，舒适贴肤的棉麻面料，翡翠绿色更显生机
裙子是合体修身的版型，线条利落，裙褶延伸到小腿下，仿佛能铺落清晨树下品尝的水珠
裙身晕染开的绿色，不是平铺直叙的颜色，有神秘淡远害羞的温柔
它们的美好，需要静静欣赏

不器 2014s/s collection——辞树

树长于宁静，花开于恣意
穿一件惬意盎然的毛衣，在早春的凉意里自在漫步
选纯棉纱线，提供一份舒适
配以简单的正反针，织出修长宽松的衣身
门襟一粒扣随意搭起，衣褶恰到好处
恰如穿着它的你，不慌不忙地站在时光的风口
看花叶掉落，静待尘缘

内搭黄绿色长裙
领口斜向小准领，胸前翠绿色晕染开来
腰间系带，内片裙摆细密压褶，外片自然垂摆
行走间，裙摆摇曳，时繁时简
宛若早春一枝刚抽芽的柳枝，萌动却内敛

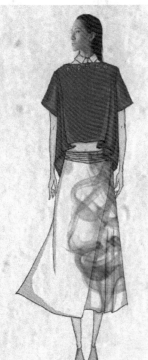

幽深的绿，属于盛夏的翠竹，竹叶沉香散逸在月夜，有温文儒雅，虚怀若谷的情怀。

上衣宽松，衣摆重叠垂落，假两件、露脐

白色双层扣搭半身裙，腰间细密刺绣纹路
高开叉，裙摆内繁外简，紧契"不哭"内秀外敛之韵
无风时，仿若轻云闭月，衬着上衣的竹意，沉静简单
遇风则讯，墨染的绿色舒展开来，线条衣纹曲折
飘渺若山间竹林清远的笛声

面料工艺

面料选择

采用棉麻混纺面料，细微的颗粒感纱线，结成粗粝的质感，充分展现布衣的精神，诠释了复古与现代的一种碰撞。

拼接工艺

选用面料的拼接，拼接处加上小碎褶的细节。

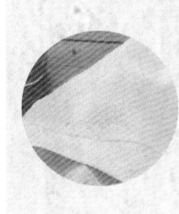

白色棉麻，与上装布衣理念相呼应，质地柔软，通透性好。

腰部刺绣，绣线形成细密纹路，乱中有序。

系列三：出陶

设计理念 不器

有说陶与瓷是火的艺术，窃以为远不止此，想想看，那些粗粝的黏土经过焠、淘、捩、拉等工序，终于成为精巧的质朴的或温润的器物，怎不叫人满心欢喜。在这样愉悦的心情下，我创作了这一系列。系列中通过吊染、刺绣等传统工艺的运用营造出陶的质朴与宁静，也是对传统文化的继承与发扬。

"不器" 2014 秋冬系列——出陶

面料工艺

面料

在各种麻类纤维中,苎麻纤维最长最细。纤维外观颜色洁白,有丝样光泽透气性好,传热快,吸水多而散湿快具有凉爽感。轻盈舒适,自然脱俗。

面料

85%聚酯纤维15%羊毛

两种面料的搭配,舒适透气,保暖佳,面料软软的,垂感特别好,手感软糯细腻,触感一流,穿在身上也不会扎身,松松的穿在身上,透过肌肤,贴近内心,感受她

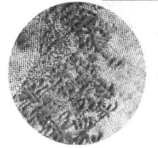

刺绣

胸前、袖口周围的精致刺绣,稀疏的针脚前后呼应,低调优雅。绣花针脚干净,没有牵扯凌乱的绣线,一针一线都是一丝不苟的精细。

其他单品设计

不器——单品设计

四、成衣工艺

（一）结构图制作

单品1

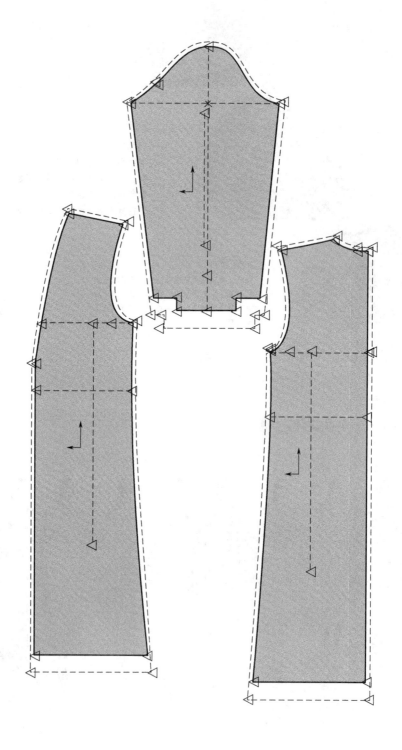

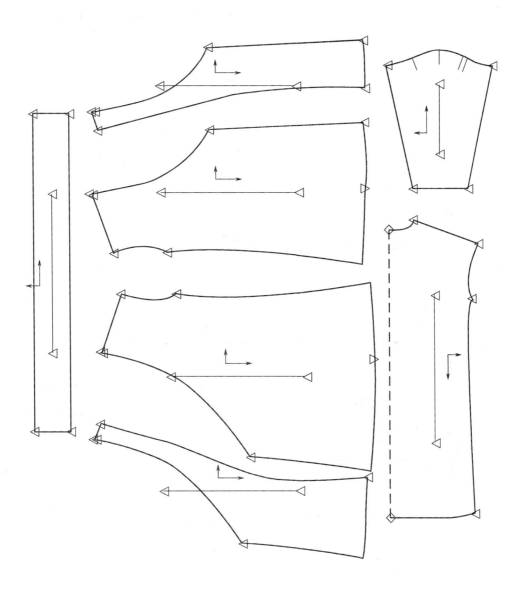

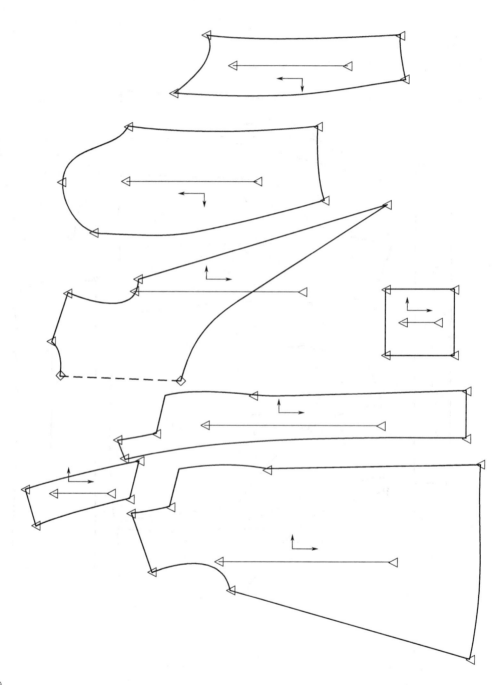

品牌 3

单品4

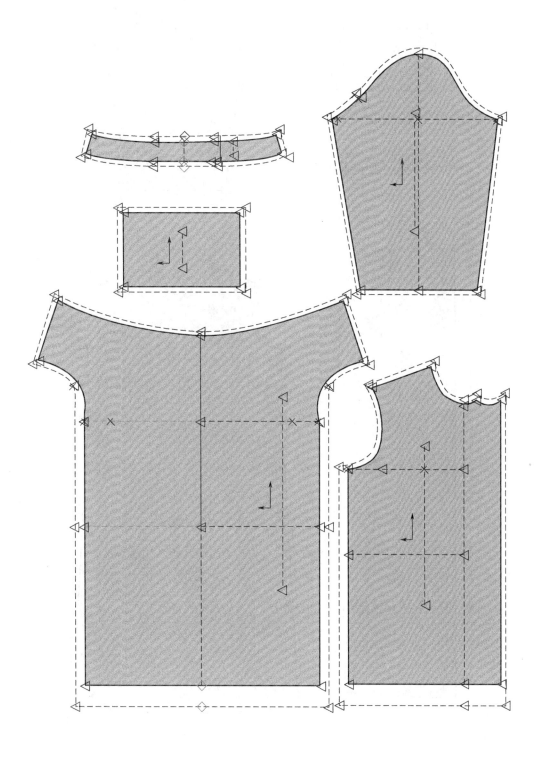

单品5

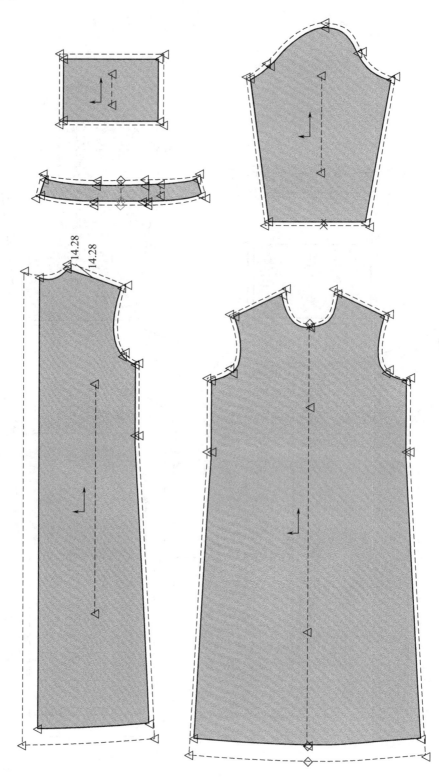

单品6

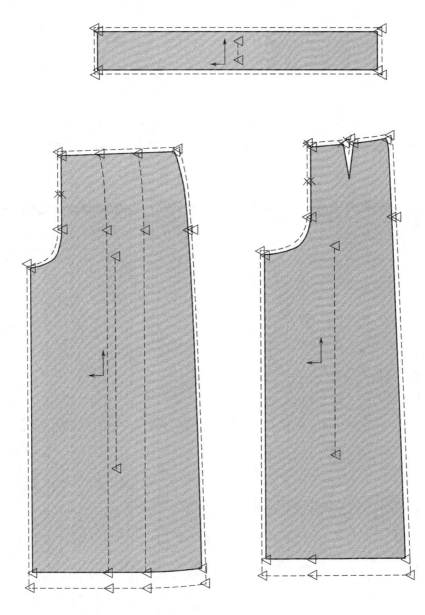

单品7

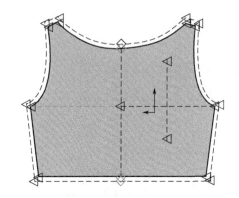
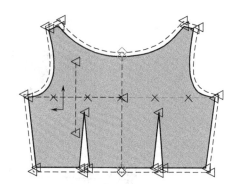
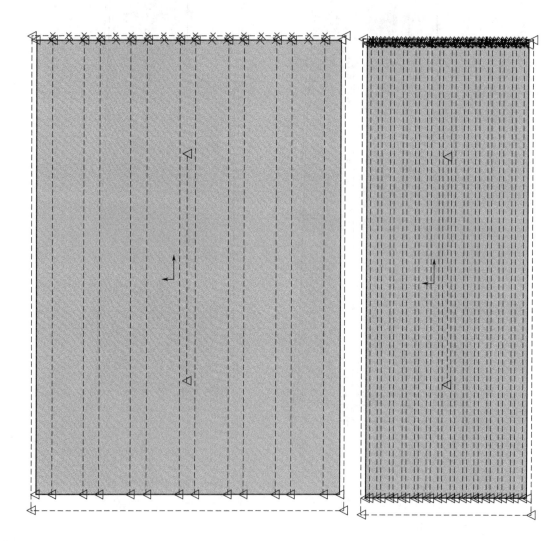

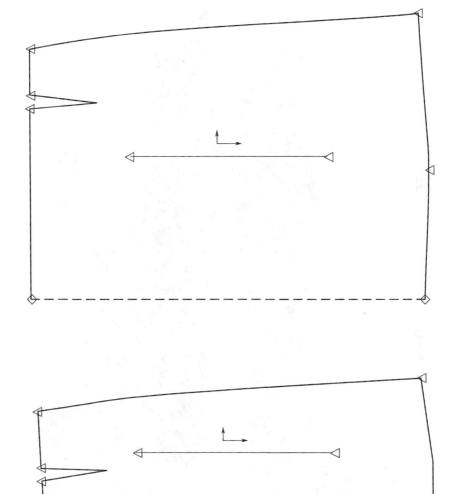

单品 8

（二）成衣展示
套装1

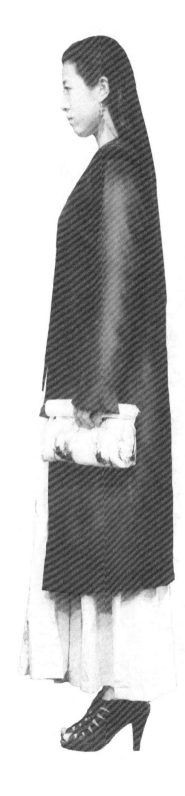

套装 2

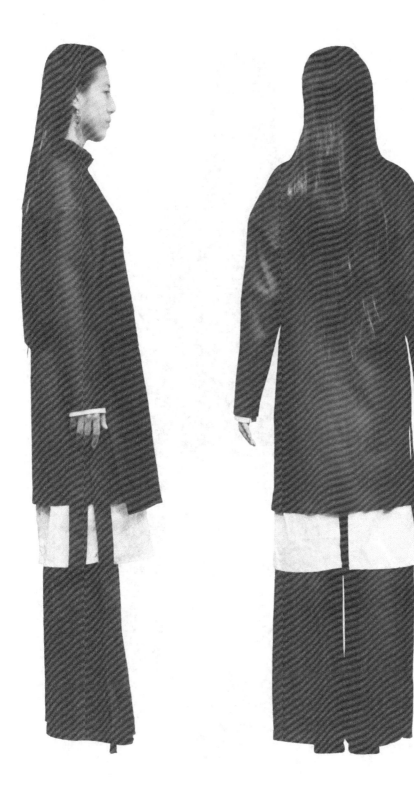

套装3

① 服装品牌综述
② 服装品牌调研
③ 服装品牌策划
④ 产品设计——服装品牌
⑤ 品牌推广——服装品牌运作
⑥ 商品营销——服装品牌
⑦ 模拟训练——品牌做策划与营销为某一服装

套装4

五、营销策划及品牌推广

（一）内容结构

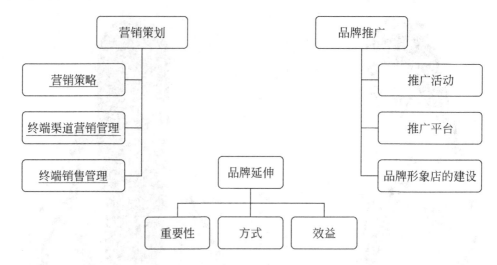

（二）分支组成

1. 分支一

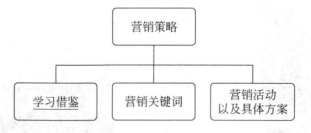

2. 分支二

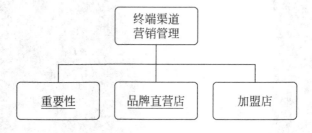

3. 分支三

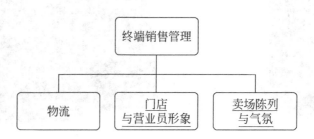

（一）营销策划

1.营销策略方案

（1）营销理念

①"不器"准确把握到了中国新一代高端阶层愈发成熟并趋于内敛，"No Logo"（无品牌标签）渐成风尚这一脉搏，与西方"加法的奢侈"不同，例外注重的是属于东方的"减法的奢侈"，反对LOGO化与过度物质化。

②低调的张扬，凭借"机遇"凸显品牌价值。

在宣传上，"不器"借鉴学习于业内知名原创自主品牌"例外"。

"第一夫人"高雅、时尚、深具文化内涵的服饰被各国民众热议，并产生一种"流行潮"。追根溯源后，大家才发现这是一家国内自主品牌，就是"例外"。

相比自家宣传，这种各大媒体的主动、积极、持续地报道更有宣传效果。

③不做广告，我们选择的发展道路就是通过店铺和一些"别人不能想象的活动"深入受众的内心。

④不用代言人会让消费者有更大的想象空间。

例外没有代言人，所有热爱例外的顾客都是例外的生动演绎。"例外"从没有品牌代言人，但与讲求独立、个性的艺人有着密切的合作。以点带面，生动诠释。

（2）营销策略

①网络营销

一是官网宣传品牌文化价值。

二是设立相应的网店，在网店中可自行开发互动软件，比如虚拟着装体验。搜集顾客的人体数据建模然后放到软件的选择中，让顾客自行选择使用。当顾客"穿上"不器的服装时，软件会弹出小助手，根据顾客的搭配做出评价，并为其推荐相应的饰品，或是根据顾客的服装选择推荐相应的发型等。此处的小助手会对应每一位注册顾客的喜好，人体数据，购买记录等。会在顾客每次登陆时提醒"不器"新款服装的出生，以及最新的线上线下活动动态。

三是设计师微博，名人微博名人效应。

②绿色营销

"不器"在整个营销过程中会充分体现环保意识和社会意识，向消费者提供科学的、无污染的、有利于节约资源服装面料和包装。积极支持宣传环保公益。采用少污染的生产销售方式，引导消费者注意环境保护并满足其身心健康的需求。

③个性化营销

除了建立消费者个人数据库和信息档案，与消费者建立更为个人化的联系，及时地了解市场动向和顾客需求外，"不器"会接受一些个性化的私人定制。当然这也涉及在品牌延伸中的向上延伸方法，这类个性化的营销，针对的是高端奢侈的市场。

④设计师营销

设计师是服饰品牌的灵魂，"不器"设计师的禅意的理念和原创设计会使"不器"在女装服饰之林中的别具一格。

2.终端渠道营销管理

（1）重要性 "得渠道者得天下"。终端销售是企业品牌第一时间反馈到消费者心中的第一接触点，是企业能否获取最大利润的前沿。

（2）品牌直营店建设 "不器"直营店管理。

① 管理体系建设和团队成员管理。
② 员工激励和奖励计划。
③ 顾客关系与档案管理，实施数据库营销。
④ 人才培训及培养晋升计划。
⑤ 优质服务管理，彰显品牌价值和形象。
（3）加盟店的管理　指导与支持而非管制，管理中心要给予加盟商经营上的指导和帮助，并规范他们的市场行为，维护企业品牌形象，维护整个区域代理、加盟商的整体利益。
终端渠道销售管理。
① 物流
"不器"采取划分区域的方式，分别在江浙沪建立物流配送中心，总公司统一发货到各地物流，各地一级市场物流再向二、三级市场物流中心配送。
公司内部建立电子商务系统，供加盟商快捷方便的订货，在门店内设立POS收银系统，加快物流周转以及门店销售情况的信息透明化，使企业更好地管理终端门店。
② 营业员形象
"不器"的品牌定位决定了她的营业员必须是大气、有涵养的。当顾客入店时，起简单的引导作用，要举止得体，给顾客足够的空间，不可以喧宾夺主。并且，营业员需淡妆佩戴当季配饰，起到模特作用，需有一定的服饰专业知识，亲切诚恳。不仅应具有穿着服饰的知识，服装保养的知识，还应懂得消费心理学。
③ 卖场陈列与气氛
背景音乐选择一些典雅的、优美动听、轻松愉快的音乐，有利于放松顾客的心情，舒缓工作生活中的压力，给他们绝佳的购物氛围和体验（陈列等参考ppt中的一些图片，或是最后的店铺三维立体图）。
④ 运营模式创新
运营店之间互通有无，尽可能给顾客带去便利。比如顾客在浙江出差在当地"不器"体验店买了衣服，但他回上海后，发现该款衣服并不适合他，他可以选择就近退到上海体验店中。

（二）品牌推广
1.推广活动
（1）首秀发布会
时装发布会主要有四大作用：促销商品、传达信息、树立形象、娱乐大众。所以，成功的时装发布会必然能有利于商品的销售，还能给观者传达许多有益的信息，此外，树立起独有的品牌，使得人们获得愉悦与享受。
"不器"首秀发布会策划
活动时间：2014年2月20日19:00整
活动地点：上海金茂君悦大酒店
活动形式：首秀发布会
活动人数：150人
嘉宾邀请：
名人明星——吸引消费者的关注，带动品牌效应
品牌经销商——第一时间了解服装企业，并取得订货意向
权威媒体——活动前期的新闻发布和后期的现场实况通报

前期宣传方式：

平媒宣传——报刊的宣传

动态宣传——把本次发布会的相关信息，通过合作媒体进行网络宣传

不器新品首秀发布会策划宣传海报：

尊敬的＿＿＿＿＿（女生/先生）：

不器女装2014新品首秀发布会将于2014年2月20日在上海金茂君悦大酒店（详细地址：上海浦东新区世纪大道88号）隆重举行。诚邀您前来共享时尚盛典。

恭请莅临指导！

2014年1月15日

本次发布会主题：融

不器的设计者把中国文化的精髓融合了在这一次的新品首秀发布会上，不仅是视觉飨宴，还是一次文化时空旅行。

融是一种艺术一种态度，象征着和谐与长远。本次的首秀发布会将带您体味到不器的设计理念与精神文化。将古与今、中与外、虚与实、繁与简、动与静、商业与艺术互融，这既是本次首秀发布会的特色，也是不器女装秉承的设计理念。

活动主旨

作为一个新生的服装品牌，举行首秀发布会与上巳节活动的首要目的在于打出品牌的知名度，让不器服装在人们心中留有清晰印象，引发品牌效应，启动市场对品牌的特别关注，促进订单的交易。并且经过模特现场演绎，全方位展示品牌特色和设计理念，增强经销商的信心，促进市场销售。通过媒介的宣传报道，向消费者传递新品信息，增加消费者对品牌的认知度和好感度。

首秀发布会活动时间安排

18:00　应邀嘉宾依次入场签名，媒体照相

18:50　主持人暖场，介绍不器品牌

18:55　播放不器新品宣传片

19:00　主持人介绍本次活动主题，欢迎嘉宾代表

19:30　灯光荧幕调整到位，首秀活动正式开始

20:30　走秀及舞蹈表演结束，设计师上台发表感言
20:40　主持人总结活动，感谢来宾
21:00　媒体及经销商采访交流
21:30　不器首秀发布会正式结束，欢送各位来宾

活动现场布置

融——不器女装2014年新品首秀发布发布会活动场景布置为类似古代城墙下的街道，以素雅的清代建筑外墙为背景。开场灯光暖黄，投射在墙上，远远望去，青瓦、素墙、古巷曲径通幽，勾勒出古今交错的意境。粉墙黛瓦上穿插投影着古今中外互相交融的美感。

户外广告：在活动会场入口设置户外广告，营造会场的热烈气氛

主题墙：将本次活动的主题LOGO背景板放置于星光大道的尽头，让每位来宾都感受到活动的震撼意向

签到墙：每次来宾在此签名，彰显尊贵身份

服装展示区：本次发布会的最新款式，面料将亮相于此

舞台布置：舞台背景板最醒目的是服装企业表示和服装发布会的主题，同时也起着广告宣传的作用灯光的设计根据时装秀的类型而变换音乐是通过服装发布会的听觉环境，对服装发布会的主题起着强化和提示的作用，通过专业的音乐制作，根据服装发布会模特的妆型要求不同，造型师和编导共同策划。

重要环节流程：

嘉宾到场签到

嘉宾签到，暖场：

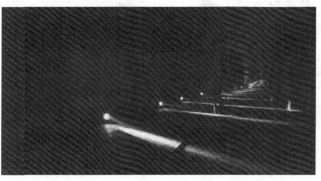

进入不器精心营造的时尚首秀，来宾在签到墙上签到，观赏新品走廊和企业介绍，深入了解公司，等待服装发布会的开始。

媒体入场，进行活动前期的采访与报道。

品牌发布

于活动前5分钟，主持人上台暖场，介绍不器服装品牌，播放不器服装的宣传片。19:00音乐响起，主持人介绍本次活动，介绍到场的各位嘉宾代表。

节目表演

在走秀中场加入的中国古典舞蹈表演赏心悦目的舞蹈带您体验不器品牌的设计风格与灵感。

模特走台与时装发布

全体走秀模特和设计师上台致谢，发布会结束。

活动总结：

中国文化的一点一滴都融在了看似平凡，不起眼的瓦砾，沙土，纸张，笔墨等等之中，融合了无尽的意义，几千年的文化简练而庄重的表现出来，古与今在这一刻交融。每一个细节都

诉说着背后的历史故事，而又无法说得清楚明确，不器新品发布会做到了这虚与实的融合。看到的服装，图片，灯光，会场布置，听到的音乐都是实在的；而感受到的，从中领悟到的变化以及背后的设计创作都是虚的。黑，白，本白，米白，浅咖，熟褐，冷灰，藏青和藕紫为主的素色服装，没有的花哨配饰，没有刻意营造S曲线，却带出女性随性，感性的性感。无论是会场还是服装，简单的整体设计，繁复精致的细节设计，都是最佳的繁简融合。一场艺术质量保证带您体验不器服装的魅力。

（2）寒食节活动

寒食节是在夏历冬至后一百零五日，清明节前一二日。是日初为节时，禁烟火，只吃冷食。并在后世的发展中逐渐增加了祭扫、踏青、秋千、蹴鞠、牵勾、斗鸡等风俗，寒食节前后绵延两千余年，曾被称为民间第一大祭日。现在，很多地区将寒食节与清明节等同。寒食节是踏青出游的佳节，所以选择这个节日展开不器女装的品牌推广活动。

活动主题

这个城市很大

舒展的空间却狭小

物资很丰富

心灵却总觉得不着地面

选择和想法很多

却忘记了如何割舍

今天，让我们带您一起

走进一场灵魂的旅行

感悟万物本质之美

活动时间安排

13:00 ~ 13:20　欢迎会，欢迎宾客到场集中

13:20 ~ 14:30　参观介绍不器市集生活区

14:30 ~ 15:30　游客自由观看，动手体验市集生活

15:30 ~ 16:00　参观2014春夏新品辞树系列展示

16:00 ~ 17:00　游客交流各自的旧物与情感，留下纪念

17:00 ~ 17:20　主办方致辞结束，感谢到场游客

活动简介：

发布会的地点选在郊外生活区。在这里，衣、食、住、行简朴地呈现，回归本质。沿着竹子、稻草和木头，您能在这里体味到不器女装的设计灵感来源。

当游客步入不器生活市集，踏上石卵路时，就开始了一段感悟生活的旅程。放松心情，抛开尘世，在这里体味生命的本质。

　　走进自然才能更加明白2014年春秋新品辞树系列的内在意义,才能更深入不器女装的文化内涵。再欣赏新品展示,一定会是另一番感受。会慢慢体味到设计师的灵感来源,细细品味出每一件单品的设计亮点。

　　快速的城市穿梭、闪烁的红绿灯、汽车来往咆哮、拥挤的商场、匆匆擦身而过的陌生人;怡人的绿意、青山绿水模糊了地平线、迎面而来的背包客投以同道者的微笑……把这次旅行写进你的生活清单,那将是收获丰盛的心灵旅行。

每位来客都被邀请携带一件有意义的生活旧物来到不器生活市集。大家把旧物的故事与情感写在一张小白布上，留下分享的火种。新的故事就会在这里展开。陈年的老照片、熏黑的煤油灯、泛黄的漫画书……细细诉说老去的年代。年少时的写生油画记录曾经叛逆爱流浪的自己，奶奶留下的信盒承载的是几代人的情愫……

这些故事都将成为设计师的灵感
这些故事将会继续延续着

2. 推广平台

（1）建立品牌形象店　通过在目标城市的黄金商业地带开设大型的企业服装品牌形象店，能更加直观的让消费者感受企业实力以及对"不器"品牌的认知度。

（2）网络推广　包括官方网站，官方微博，网上店铺等。

（3）传统媒介以及体验式服务推广　参与一些电视台、电影公司、电视剧合作；通过杂志，报纸等传统媒介进行的文化推广；进行社会公益活动等公共活动推广以及企业文化；服装款式和服务等体验式服务推广活动。

（三）品牌延伸

1. 重要性

（1）是企业推出新产品，快速占有并扩大市场的有力手段，是企业对品牌无形资产的充分使用。

（2）加快每一季新款服装的定位。

（3）有助于强化品牌效应，增加"不器"品牌这一无形资产的经济价值。

（4）增强核心品牌的形象，整体的营销投资达到理想经济规模时，核心品牌的主力品牌都因此而获益。

（5）最大限度扩大品牌知名度和影响力。当"不器"每新增加一种产品势必增加使用人群。借助母品牌的影响力，进入新的行业或产品后，机会成本降低，传播快速，商业风险减小。原有的顾客资源、渠道、研发、采购优势可以借用。

2. 方式

（1）在产业上延伸　"不器"设计生产自己的成品服装，然后可以顺由这条线做原材料的一些开发。比如一些生态环保的面料、新型面料的开发，面料的二次设计等。即做一些原材料的设计与生产。一方面自产自用，另一方面可以销售给其他设计师使用。

（2）在产品质量档次上延伸　包括以下三种延伸方法：向上延伸，即在产品线上增加高档次产品生产线，使"不器"进入高端奢侈市场；向下延伸，即在产品线中增加较低档次的产品。利用"不器"声誉，吸引购买力水平稍低的顾客慕名购买这一品牌中的中低端产品。

（3）扩散法延伸　单一品牌扩散延伸到多种产品上去，成为系列品牌。这对于刚成长起来的名牌非常有意义。"不器"服装款式风格偏小众，在主品牌不变的情况下繁衍发展更多的子副品牌，一方面副品牌可以尽享主品牌的影响力，充分利用原来主品牌的品牌资源；另一方面利用副品牌为延伸产品传递一个新的推广概念和个性形象，提高品牌知名度、抢占市场份额。比如在"不器"推出当季服装的同时，可以推出香水、手表、眼镜、鞋子、包袋、帽子等产品同时上柜销售。

参考文献

[1] 李俊.服装商品企划学.北京：中国纺织出版社.2009.
[2] 刘晓刚.品牌服装设计.上海：东华大学出版社.2011.
[3] ［美］莎伦.李.塔特.服装.产业.设计师.北京：中国纺织出版社.2008.
[4] 唐虹.服装商品企划.北京：化学工业出版社.2014.
[5] 于国瑞.服装产品设计.北京：中国纺织出版社.2012.
[6] 陈晓鹏.服装设计管理教程.北京：东华大学出版社.2013.
[7] 杨以雄.服装市场营销.北京：东华大学出版社.2010.